Delft Architectural Studies on Housing

Nieuwe open ruimte in het woonensemble

New Open Space in Housing Ensembles

DASH – Delft Architectural Studies on Housing – is a new periodical entirely devoted to housing design. Taking as its starting point the historical and current situation in the Netherlands, *DASH* investigates and interprets national and international developments in the design of housing.

Over the past few centuries, the Netherlands has built up a housing tradition that is renowned throughout the world. The names of architects such as Berlage, Oud, Van den Broek and Bakema have become familiar both at home and abroad, as have their projects. The work of the present generation of Dutch architects can also bank on a warm reception among designers, magazine editors and academics. This reputation, however, stands in sharp contrast to what is going on just below the surface. Although housing still is one of the most important and largest assignments for architects in the Netherlands, today's practice is limited to a repetition of existing solutions and leaves unanswered many contemporary issues, such as those related to density, privacy or mobility. One can definitely speak of stagnation in the development of Dutch residential architecture.

With its new periodical *DASH*, the Chair of Architecture and Dwelling of Delft University of Technology (TU Delft) intends to bring the richness of housing design back on centre stage. That goal ties in with the important role that TU Delft's Faculty of Architecture has already played in Dutch housing for decades. As an educational institute for many generations of architects, but also as a cradle of scientific research, the TU Delft is inseparably connected with Dutch housing.

Inquiry into historical and contemporary projects and conditions is the central focus of *DASH*. New types of housing but also existing models and changing trends will be thoroughly charted and examined. The target is the future: with thought-provoking analyses, *DASH* aims to give new impetus to innovative housing design.

Themes that *DASH* will be covering include the relation between public, collective and private space in both the city and the building; the significance of image and space in design; and the development of views on housing over the last 50 years. Sustainability, materials and details will also be given generous coverage in *DASH*.

DASH is put out twice a year as a bilingual publication. Each issue is devoted to a special theme. The contents are divided into substantive articles such as essays, studies and interviews and an extensively documented analysis of selected projects relevant to the theme.

DASH aims to occupy a central position in the academic community as well as among designing and commissioning parties. For clients, architects and academics, *DASH* is a tool for tackling the contemporary housing assignment in an innovative manner and for developing and disseminating new information on housing design.

DASH (Delft Architectural Studies on Housing) is een nieuwe periodiek, geheel gewijd aan het woningontwerp. Vanuit de Nederlandse traditie en actualiteit worden nationale en internationale ontwikkelingen in het woningontwerp onderzocht en geduid.

In de afgelopen eeuwen is in Nederland een woningbouwtraditie ontstaan die befaamd is over de hele wereld. In binnen- en buitenland zijn architecten als Berlage, Oud, Van den Broek en Bakema een begrip geworden, evenals hun projecten. Ook het werk van de hedendaagse generatie Nederlandse architecten kan op warme belangstelling rekenen van ontwerpers, tijdschriftenredacties en wetenschappers.

De verworven reputatie staat echter in schril contrast met wat zich net onder de oppervlakte afspeelt. Hoewel de woningbouw nog steeds een van de belangrijkste en grootste opgaven is voor Nederlandse architecten, beperkt de praktijk zich tot een herhaling van bestaande oplossingen en laat zij veel actuele vragen met betrekking tot onder andere verdichting, privacy of mobiliteit onbeantwoord. Er kan zonder meer gesproken worden over een stagnatie in de ontwikkeling van de Nederlandse woningarchitectuur.

De leerstoel Woningontwerp van de TU Delft wil met de nieuwe periodiek *DASH* de rijkdom van het woningontwerp weer blootleggen. Dat streven past in de belangrijke rol die de faculteit Bouwkunde van de TU Delft al decennia lang speelt in de Nederlandse woningbouw. Niet alleen als opleidingsinstituut voor vele generaties architecten, maar ook als bakermat van wetenschappelijk onderzoek is de TU Delft onlosmakelijk met de Nederlandse woningbouw verbonden.

Onderzoek naar historische en hedendaagse projecten en condities staat in *DASH* centraal. Nieuwe, maar ook bestaande woningtypen en schakelingen zullen uitvoerig onderzocht en in kaart worden gebracht. Het doel is de toekomst: met tot de verbeelding sprekende analyses wil *DASH* een impuls geven aan een verdere vernieuwing van het woningontwerp.

Thema's die in *DASH* aan bod komen, zijn onder meer de relatie tussen openbare, collectieve en private ruimte in zowel de stad als in het gebouw, de betekenis van beeld en ruimte in het ontwerp en de ontwikkeling van opvattingen over het wonen in de laatste 50 jaar. Ook aan duurzaamheid, materialiteit en details zal in *DASH* ruim aandacht worden besteed.

DASH verschijnt tweemaal per jaar als tweetalige uitgave. Aan elk nummer is een thema verbonden. De inhoud valt uiteen in inhoudelijke stukken als essays, studies en interviews, en een uitgebreide projectendocumentatie waarin een voor het thema relevante selectie van voorbeeldprojecten is geanalyseerd.

DASH wil zowel in de academische gemeenschap als tussen de ontwerpende en opdrachtgevende partijen een centrale positie innemen. Voor opdrachtgevers, architecten en wetenschappers is *DASH* een instrument om de hedendaagse opgave op een vernieuwende manier te lijf te gaan en om nieuwe kennis over het woningontwerp te ontwikkelen en uit te dragen.

Redactioneel
Editorial

Nieuwe open ruimte voor het wonen
New Open Space for Living

Dit eerste nummer van *DASH* is gewijd aan het voor Nederland relatief nieuwe fenomeen van publieke ruimte binnen het woonensemble. De combinatie van woningbouw met publieke of collectieve ruimte kent op zichzelf een lange voorgeschiedenis. Een mooi, historisch voorbeeld wordt gevormd door de Hollandse hofjes van liefdadigheid uit de zeventiende en achttiende eeuw. Pas met de komst van de auto in de vorige eeuw en het teloorgaan van de straat als stedelijke ontmoetingsruimte wordt de kwaliteit van de directe woonomgeving een problematische kwestie in het debat over de moderne stad. Het nieuwe aspect van de hier bijeengebrachte projecten betreft de bewuste inzet van een autovrije, publieke ruimte met een herkenbare, architectonische identiteit die vorm geeft aan een eigentijdse manier van bouwen en wonen. Behalve een antwoord op de vraag naar kwalitatief hoogwaardige publieke ruimte, is de nieuwe open ruimte tevens een antwoord op verschillende, op zichzelf staande ontwikkelingen zoals nieuwe leefstijlen, marktgericht bouwen door private partijen, en een vraag naar hoge dichtheden in combinatie met grondgebonden woningen.

Ondanks de lange, historische lijnen van het discours over de moderne stad en het wonen, zijn er ook duidelijke verschillen en breuklijnen waar te nemen. Het gaat in deze projecten bijvoorbeeld niet meer om de collectieve hoven van de Amsterdamse School of het beroemde Spangen blok van Michiel Brinkman die op de emancipatie van de arbeidersklasse waren gericht; het gaat evenmin om de klasseloze, informele gezelligheid van het woonerf, de stadsvernieuwing en de architectuur van de 'nieuwe dakvormen' van de jaren zeventig. De wellicht belangrijkste breuk ligt echter bij de transformatie van het Hollandse bouwblok. Terwijl bij deze traditionele typologie een strikte scheiding tussen privé- en openbare ruimte wordt gemaakt – tussen de hof met privé-tuinen, balkons en waslijnen en de straat met repeterend vormgegeven huizen, ramen en entrees – wordt met de nieuwe open ruimte het bouwblok geopend. Deze keer wordt het bouwblok echter niet geopend om ruimte te maken voor een collectief domein als in de genoemde historische voorbeelden, maar om een nieuwe relatie tussen het publieke en het particuliere te accommoderen. De strikte scheiding tussen privé en openbaar verdwijnt en maakt plaats voor een nieuwe dubbelzinnigheid binnen het woonensemble, een spanning tussen het publieke en het particuliere domein. De open ruimten van de ensembles zijn toegankelijk voor meerdere groepen stedelingen naast de bewoners; er is een mate van gerichtheid op het omliggende, openbare domein en niet alleen naar binnen op een collectief; er is een spanning tussen de individualiteit van de woningen, het collectief en de 'buitenwereld' die de status van de nieuwe open ruimte een dubbelzinnig karakter geeft.

Deze spanning tussen het publieke en particuliere vraagt bij elk project steeds weer om andere, vaak inventieve oplossingen. De verschijningsvorm van de nieuwe open ruimte wisselt dan ook per project. Wel geeft een aantal van dezelfde vragen steeds een belangrijke richting aan de oplossingsvormen voor de nieuwe open ruimte. Het gaat om de trits woning - publieke ruimte - stad, en daarmee samenhangend om zulke gewone dingen als de plek van de auto, de voordeur van de woning, de vormgeving van voor- en achterkanten, en de wijze van aanhaken op het omringende stedelijke weefsel van de ensembles. Maar het gaat

This inaugural issue of *DASH* is dedicated to a relatively new phenomenon in the Netherlands: the introduction of public space inside the housing block. In itself, the combination of housing and public or collective space has a long history. The Dutch almshouses of the 17th and 18th centuries are a beautiful, historic example. But it was not until the advent of the car in the 20th century and the demise of the street as an urban meeting place that the quality of the immediate surroundings became an issue in debates on the modern city. What is new about the projects assembled here is the deliberate deployment of a pedestrian, public space with a distinctive, architectural identity that paves the way for a contemporary style of building and living. Not only does this new open space meet the demand for a high-quality public space, it is also a response to various autonomous developments, such as new lifestyles, market-oriented project development by private parties and a demand for high-density construction coupled with ground-accessed homes.

vooral om de architectonische bepaling van de overgangen tussen het particuliere en het publieke.

Hoewel sociologische en economisch-stedenbouwkundige aspecten een belangrijke rol spelen bij het gebruik en de betekenis van de nieuwe open ruimte is het doel van deze studie om de nieuwe open ruimte als architectonische opgave aan de orde te stellen. *DASH* plaatst zich hiermee in de traditie van de plananalyse zoals deze sinds de jaren zeventig aan de TU Delft is ontwikkeld. Twee voorbeelden van toonaangevende publicaties die deze onderzoekstraditie heeft voortgebracht, zijn het onlangs opnieuw uitgebrachte *Raumplan versus Plan Libre* van Max Risselada, en de *Atlas van het Hollandse Bouwblok* van Susanne Komossa et al. Deze twee laten ook de hoofdingrediënten van het Delftse plananalyse-onderzoek zien: historisch-theoretische contextualisering en nauwgezette analyse en vergelijking van het architectonisch-stedenbouwkundig ontwerp. Op deze manier wil *DASH* het ontwerpinstrumentarium van de architect verrijken en uitbreiden en een impuls geven aan de dagelijkse ontwerppraktijk.

Besides historical continuities in the discourse on the modern city and living, we can also see some clear differences and ruptures. For example, the projects discussed here no longer revolve around the collective courtyards that sought to emancipate the working classes, such as those known from the Amsterdam School or architect Michiel Brinkman's well-known Spangen block in Rotterdam. Nor do they revolve around the classless, informal atmosphere of the residential street, home zones and the urban renewal from the 1970s. But perhaps the greatest rupture lies in the transformation of the Dutch residential block. Whereas its traditional typology creates a strict division between private and public space – between the courtyard with its private gardens, balconies and clotheslines and the street with its repetitive patterns of houses, windows and entrances – the new open space actually opens up the block. But this time the intervention is not aimed at creating room for a collective domain, as in the aforementioned historic examples, but at accommodating a new relationship between the public and the private. The strict division between public and private disappears and makes way for a new ambiguity within the housing block: a tension between the public and private domains. The open spaces of these blocks are now accessible to various groups of urbanites as well as to the residents. And the developments are no longer only focused on the interior, the collective, but also engage with the adjacent public domain. The tension between the individuality of the homes, the collective and the 'outside world' lends this new open space an ambiguous character.

In each new project this tension between the public and the private calls for different, often inventive solutions. The architectural expression of the new open space therefore changes with each project. That said, a number of recurring issues suggest solutions for this new open space. These are the triad 'home – public space – city', in conjunction with such everyday things as parking spaces, front doors, the design of front and rear and the way in which the blocks engage with their surrounding urban fabric. But paramount here is the architectural articulation of the transitions between public and private.

Although sociological and economic planning aspects play an important role in the deployment and meaning of the new open space, this study aims to formulate the architectural questions at stake. *DASH* thus inserts itself into the tradition of design analysis as developed at Delft University of Technology since the 1970s. Two of the leading publications to come out of this research tradition are *Raumplan versus Plan Libre* by Max Risselada, which was republished recently, and the *Atlas of the Dutch Urban Block* by Susanne Komossa *et al.* Both contain the main ingredients of the Delft-based research into design analysis: careful comparative analysis of the architectural design within its historic and theoretical context. This way *DASH* hopes to enrich and expand the architect's design tools, and boost the day-to-day practice of design.

Karin Theunissen

Nieuwe open ruimte in het woonensemble

New Open Space in Housing Ensembles

Inleiding

De afgelopen jaren is een nieuwe generatie woningbouwensembles ontstaan. Ondanks grote verschillen in hun verschijning hebben deze ensembles één belangrijk kenmerk gemeen: de 'nieuwe open ruimte' tussen de afzonderlijke woongebouwen die het ensemble zijn architectonische identiteit geeft. Deze nieuwe ensembles kunnen gekarakteriseerd worden door de open ruimte, die door de compositie van de woongebouwen binnen het ensemble ontstaat, bijvoorbeeld de centrale binnenhof van De Grote Hof in de wijk Ypenburg bij Den Haag, de reeks pleintjes van de Mariaplaats in Utrecht of de *parterre*[1] in Zwanenwoud bij Heerenveen.

De open ruimte is in verschillende opzichten een nieuw verschijnsel binnen de Hollandse traditie van het bouwblok en het wonen. Zo is ze anders van formaat, vorm en architectonische expressie dan tot nu toe werd gemaakt. Bovendien is deze ruimte nieuw qua invulling en gebruik: er is sprake van veranderende verhoudingen tussen het publieke en particuliere domein. De nieuwe open ruimte impliceert ten slotte fundamentele veranderingen in de woonomgeving als geheel: in de samenhang tussen woning, woonomgeving en stad. Dit onderzoek richt zich op de compositie van deze nieuwe open ruimte, en haar architectonische en stedenbouwkundige betekenis. Doel is de nieuwe open ruimte zelf als architectonische opgave aan de orde te stellen, in antwoord op eigentijdse maatschappelijke ontwikkelingen.

In deze studie wordt de nieuwe open ruimte onderzocht aan de hand van acht woningbouwensembles. Op het eerste gezicht lijken de bestudeerde projecten volkomen verschillend. Zij maken deel uit van uiteenlopende opgaven: ze zijn binnenstedelijk, liggen aan de rand van de stad of zelfs in het landelijk gebied. Ze maken deel uit van een bouwblok of vormen zelf een bouwblok. De meeste ensembles zijn voornamelijk opgebouwd uit laagbouwwoningen, maar er zijn ook combinaties met appartementengebouwen en woontorens. Wat de ensembles bindt, ligt echter niet in hun morfologische of typologische karakteristiek, maar in de 'ontwerpeenheid': het onderscheidende element van waaruit het ontwerp is gedacht. De ontwerpeenheid is een van de bepalende aspecten van de woningbouw die veranderen in de loop der tijd: van de kavel naar de rij, van het blok naar de straat, van het stadvernieuwingsproject naar het woongebouw, en nu naar de open ruimte tussen de woongebouwen. De hier besproken ensembles worden gelezen vanuit dit sturende thema van de open ruimte.

Publieke ruimte en maatschappelijke context

Het fenomeen van de nieuwe open ruimte moet worden gezien in relatie tot de discussie over publieke ruimte en wonen in de stad, zoals die wordt gevoerd sinds architecten zich bezig houden met de vormgeving van de moderne stad. Om de aard van deze ruimte te begrijpen, moet deze dan ook tegen de achtergrond van dit debat worden geplaatst. Sinds enige decennia wordt het debat over de publieke ruimte gepolariseerd door zowel een regressief idealisme betreffende de begrippen 'identiteit' en 'gemeenschapszin', als een verlammend besef van onmacht ten aanzien van de maakbaarheid van de samenleving, samengevat in Koolhaas' vaak aangehaalde vonnis: 'De straat is dood.'[2]

Binnen dit debat zijn er echter ook meer genuanceerde geluiden te horen. Manuel de Solà-Morales beschrijft hoe het belang van de uniforme publieke ruimte van de moderne stad is afgenomen ten gunste van een differentiatie van deze ruimte: 'De rijk-

Introduction

In the past few years, a new generation of housing ensembles has emerged. Despite great differences in appearance, these new complexes have one important characteristic in common: the 'new open space' within them that is created by the arrangement of the buildings and which gives the ensemble its architectural identity – as, for example, the central inner courtyard of the De Grote Hof in the Ypenburg district near The Hague, or the series of little squares that are part of the Mariaplaats in Utrecht, or the *parterre*[1] in Zwanenwoud near Heerenveen.

This open space is a new phenomenon within the Dutch tradition of residential blocks in several ways. In size, shape and architectural expression, it is different from what was previously built. Moreover, it is new in terms of layout and use: it would seem that the relation between the public and the private domain is changing. Finally, the new open space implies fundamental changes in housing conditions as a whole: in the relation between the home, its surroundings and the city. This investigation focuses on the composition of the new open space and its significance for architecture and urban design, with the aim of examining the new open space as an architectural answer to contemporary social developments.

Eight residential complexes have been taken as examples. At first sight, these projects seem to be completely different: some are in inner cities, others lie at the edge of a city or even in rural areas; they can be part of a residential block or form a block themselves. Most are primarily comprised of low-rise housing, but some also have combinations of mid-rise apartment blocks and high-rise residential towers. The common factor shared by these complexes, however, is not their morphological or typological characteristics, but their 'unity of design', the distinctive element upon which the design is based. Unity of design is one of the defining aspects of housing that changes over the course of time: from the lot to the row, from the block to the street, from urban renewal project to residential building, and now to the open space between the residential buildings. The housing ensembles discussed here are considered from this guiding theme of open space.

Public Space and Social Context

The phenomenon of the new open space must be seen in relation to the discussion on public space and urban living, which has been going on ever since architects have been engaged with designing the modern city. To understand the nature of this space, it must be placed against the background of this debate. Over the past several decades, the debate on public space has been polarized by both a regressive idealism concerning the concepts of 'identity' and 'community spirit', and a paralyzing sense of impotence with regard to the manipulability of society, summed up in Koolhaas's oft-quoted verdict: 'The street is dead.'[2]

Within this debate, more nuanced voices are also to be heard, however. Manuel de Solà-Morales describes how the importance of uniform public space within the modern city has lessened in favour of a differentiation of this space: the wealth of a city is that of its collective spaces, of all the places where daily life goes on.[3] He mentions shopping malls and amusement parks in particular. The question is whether the 'broadened spectrum of the collective city' that he desires can also include the residential domain.
Also important to this study is the work of urban sociologist Arnold Reijndorp, particularly the book *In Search of New Public Domain*, which he wrote in collaboration with Maarten Hajer.[4] For Hajer and Reijndorp, the public domain in a multiform society is characterized

dom van een stad is die van de collectieve ruimtes, die van alle plekken waar het dagelijkse leven zich afspeelt.'[3] Hij noemt in het bijzonder winkelcentra en attractieparken. Het is de vraag of de door hem gewenste 'spectrumverbreding van de gemeenschappelijke stad' ook het woondomein kan omvatten.

Belangrijk voor deze studie is ook het werk van stadssocioloog Arnold Reijndorp, vooral het boek *Op zoek naar nieuw publiek domein* dat hij samen met Maarten Hajer schreef.[4] Hajer en Reijndorp benoemen als kenmerk van het openbare domein in een pluriforme maatschappij, dat het gebruikt kan worden door verschillende groepen ('stammen' volgens de Solà-Morales). Belangrijk daarvoor is dat het openbare domein op verschillende wijze geïnterpreteerd kan worden; conflicten moeten, en kunnen, niet worden uitgesloten, maar wel gereguleerd. Hajer en Reijndorp spreken ook van 'parochiale ruimte'. In navolging van de Amerikaanse sociologe Lofland[5] omschrijven zij deze als 'ruimten die weliswaar openbaar toegankelijk zijn, maar duidelijk de ruimte vormen van een bepaalde groep: wie er als vreemde binnenwandelt, voelt zich een, vaak ongewenste, gast'. Juist deze dominantie van een bepaalde groep biedt de ervaring van publiek domein, stellen de auteurs. Publiek domein veronderstelt volgens hen een sfeer van uitwisseling en confrontatie, en daarmee de onderlinge nabijheid van verschillende sferen. De vraag is nu: hoe open zijn die gedomineerde domeinen, welke betrekkingen gaan ze aan met andere en wat kan daaraan ontworpen worden.

Een derde invalshoek biedt het werk van Ivan Nio. Hij is, samen met Reijndorp, een van de auteurs van het boek *Buitenwijk; stedelijkheid op afstand*.[6] Dit boek beoogt, tegenover vaak bestaande vooroordelen, meer realistische en onbevooroordeelde inzichten te bieden in hedendaagse stedelijkheid of wel het wonen in de netwerkstad. Het artikel van Nio over de buitenwijk Ypenburg is echter cynischer van toon; hierin beschrijft hij de publieke ruimte van deze Vinex-locatie 'als een contramal van binnengebieden', waarin 'het brandpunt verschoven is van het openbare gebied naar het woondomein'.[7] Hiermee zou de betekenis van de openbare ruimte worden uitgehold

Uitgesproken negatief ten slotte zijn auteurs als Lieven De Cauter. In 'De capsulaire beschaving' schetst hij een samenleving van angst, afsluiting en simulatie die haar burgers terugdringt in capsules, geïsoleerde eenheden.[8]

Waar in dit debat kunnen we de hier besproken woningbouwensembles plaatsen? Wordt een afscheiding van het publieke domein nagestreefd? Zijn het vormen van de bekritiseerde, besloten enclaves in de stad of op het platteland, een verdediging tegen het stedelijke geweld en de globaliserende samenleving? Of is het soms de bedoeling om opnieuw vorm te geven aan een collectief samenleven, zoals waarmee in de jaren zestig en zeventig van de 20e eeuw werd geëxperimenteerd? Of zijn misschien andere interpretaties mogelijk?

Zwanenwoud, Heerenveen: de parterre als karakteriserend element van het ensemble
the parterre as characteristic element of the ensemble

De Grote Hof, Pijnacker-Nootdorp: de grote hof als karakteriserend element van het ensemble
the large courtyard as characteristic element of the ensemble

Mariaplaats, Utrecht: de reeks pleintjes als karakteriserend element van het ensemble
the series of small squares as characteristic element of the ensemble

Het gesloten bouwblok als historische achtergrond

Naast de maatschappelijke context moet de verschijning van de nieuwe open ruimte gezien worden in het licht van de traditie van het Hollandse bouwblok en het wonen aan de straat.[9] De verschillende varianten laten alle in meer of mindere mate bewerkingen zien van het principe van het gesloten bouwblok, waarbij de relatie tussen woning en woonomgeving telkens opnieuw wordt vastgesteld.

Het traditionele, Hollandse gesloten bouwblok wijkt in belangrijke mate af van de bekendere en complexere bloktypologie van

Diagram van de ontwikkeling van de ontwerpeenheid
Diagram showing the development of the design unit

de Franse of Duitse stad. Een van de hoofdprincipes van het Hollandse bouwblok is dat de stedelijke ruimte 'exclusief' wordt verkaveld, letterlijk 'uitsluitend': het gesloten blok brengt een absolute scheiding aan tussen de 'buitenwereld' van het openbare domein en de 'binnenwereld' van het private domein. Het Hollandse bouwblok heeft een formele buitenkant, waar de woningtoegangen liggen aan de openbare ruimte, en een informele binnenkant met privétuinen. De architectonische articulatie volgt deze tweedeling nauwgezet: de expressie van de buitenkant is formeel en gaat over het geheel. Door samenbindende elementen als een kroonlijst, vlakke gevels en een ritmering van ramen en deuren gaan de individuele woningen op in de compositie van het totale blok. De vormgeving van de binnenkant daarentegen is eerder functioneel, met balkons, houten puien, waslijnen en tuinen.

De genoemde exclusiviteit, waarbij aan de binnenzijde van het blok niet of nauwelijks plaats is voor (semi-)publieke activiteiten, heeft in de Nederlandse woningbouwtraditie een voorloper in de typologie van het grachtenhuis of Hollandse koopmanshuis. Dit huis heeft aan de gracht of straat een zogenaamd 'voorhuis' of 'straatkamer' met een dubbele hoogte.[10] Het voorhuis is zowel een stedelijke ruimte, bestemd voor de handel, als een buffer tussen de stad en het privéleven dat zich afspeelt in de 'binnenhaard'.[11] In de beroemde Hollandse interieurschilderkunst van de 17e eeuw, vooral van Pieter de Hooch, is de straatkamer vaak verbeeld. Dit wonen-aan-de-straat is kenmerkend voor de Hollandse wooncultuur: de straatkamer met een voordeur aan de straat en een eigen stoep zijn de architectonische elementen van de uitwisseling tussen het huis en het stadsleven.

Dit stadstype – het weefsel van gesloten bouwblokken, straten en particuliere huizen vanaf de straat ontsloten – vormt de basis van de Nederlandse steden tot in het begin van de 20e eeuw. In andere Europese landen is het appartementengebouw al vanaf de 18e eeuw ingevoerd. Op het moment dat ook in Nederland woningen gestapeld worden, wat pas in de tweede helft van de 19e eeuw gebeurt in de nieuwe arbeiderswijken, wordt gestapeld binnen de kavel met een houten trap achter de voordeur. Pas na de invoering van de Woningwet in 1901 worden ook in Nederland gestapelde woningen gebouwd met portiekontsluitingen. Ook dan leidt de Hollandse drang tot wonen-aan-de-straat tot ingenieuze oplossingen, zoals de Haagse portiek, een twee- tot driedubbel hoge opening in de gevel, waarin een buitentrap leidt naar de eerste verdieping, waar zich de voordeuren van de bovenwoningen bevinden.

Aan het begin van de 20e eeuw neemt, als gevolg van de toevloed van bewoners naar de steden en de komst van de auto, de kwaliteit van de straat als verblijfsruimte in belangrijke mate af. Le Corbusier geeft een dramatisch beeld van de 19e-eeuwse stadsstraat in het artikel 'La rue': 'La rue est une rigole, une fissure profonde, un couloir resserré' (de straat is een goot, een diepe spleet, een nauwe gang).[12] Als alternatief voor de *rue corridor* ontwerpt Le Corbusier zijn *Ville Radieuse*, niet als een publiek domein of een ontmoetingsruimte, maar als een stralende stad, waar licht, lucht, ruimte en vooral ook ordening is. Een vooral visuele stad, waarnaar men kan kijken vanuit het appartement of vanuit de auto-capsule.

In de Nederlandse stedenbouwpraktijk is de straat aan het begin van de 20e eeuw echter nog springlevend. De Berlagiaanse stedenbouw is gebaseerd op het gesloten bouwblok en de straat. De benodigde verdichting wordt verkregen door woningen te

by the fact that it can be used by different groups (or 'tribes', as De Solà-Morales calls them). What is important here is that the public domain can be interpreted in various ways; conflicts must not – and cannot - be avoided, but *can* be regulated. Hajer and Reijndorp also speak of 'parochial space'. Following the example of the American sociologist Lofland,[5] they describe this as a space that is indeed accessible to the public but clearly forms the territory of a particular group: those who walk in as strangers often feel themselves to be unwelcome guests. This domination by a particular group is exactly what offers the experience of public domain, according to the authors. Public domain presumes an atmosphere of exchange and confrontation, they say, and along with that, the mutual proximity of different atmospheres. The question now is: how open are these dominated domains, what relation do they have with other domains and to what extent can they be designed?

A third approach is offered by the work of Ivan Nio. He, together with Reijndorp, is one of the authors of the book *Buitenwijk; stedelijkheid op afstand* (Suburb; Urbanity at a Distance).[6] Against often existing prejudices, the book is an attempt to offer more realistic and unbiased insights into contemporary urban living, or 'living in the network city'. Nio's article on the suburb of Ypenburg 'In search of the new suburb' is more cynical in tone; here, he describes public space on this Vinex estate as a counter-template of the spaces within the building blocks, in which the focus is shifted from the public area to the residential domain.[7] This, according to Nio, erodes the meaning of public space.

Finally, there are distinctly negative authors such as Lieven De Cauter. In *The Capsular Civilization*, he describes a society of fear, seclusion and simulation that forces its citizens back into capsules, isolated units.[8]

Where in this debate can we place the residential complexes described here? Do they attempt to partition themselves off from the public domain? Should they be considered as closed enclaves in the city or countryside; the criticized defence against urban violence and a globalizing society? Or are they new expressions of a collective society, such as were experimented with in the 1960s and '70s? Or are even other interpretations perhaps possible?

The Perimeter Block as Historical Background

In addition to the social context, the emergence of the new open space must be seen in light of the tradition of the Dutch residential block and dwellings that directly border the street.[9] To a greater or lesser degree, the different varieties all show adaptations of the principle of the perimeter block, whereby the relationship between residential units and the residential area is continually re-established. The traditional Dutch perimeter block differs substantially from the better-known and complex block typologies of French or German cities. One of the main principles of the Dutch housing block is that the urban space is allocated 'exclusively', in the literal sense of 'excluding': the closed block makes an absolute division between the 'outside world' of the public domain and the 'inside world' of the private realm. The Dutch residential block has a formal exterior, where the entrances to the dwellings open onto the public domain, and an informal, inner side with private gardens. The architectural articulation scrupulously follows this dichotomy: the expression of the exterior is formal and encompasses the whole. Through connecting elements such as a cornice, regular façades and rhythmic patterns of windows and doors, the individual dwellings are absorbed into the composition of the total block. The design of the inner side, on the other hand, is more

Pieter de Hooch (1629 - na 1683), Binnenhuis met vrouwen bij een linnenkast, 1663, Rijksmuseum (permanente bruikleen van het Amsterdams Historisch Museum)
Pieter de Hooch (1629 - after 1683), Interior with Women beside a Linnen Chest, 1663, Rijksmuseum (on permanent loan from the Amsterdams Historisch Museum)

stapelen volgens variaties op het Haagse portiek-principe. De auto vraagt nog geen specifieke aanpassing.

Pas in de naoorlogse wederopbouwperiode leiden ook in Nederland de principes van de functionele stad en een hevige woningnood tot grootschalige hoogbouwwijken, waar de directe relatie tussen woning en straat is verdwenen. Op het gemis aan betekenisvolle, publieke ruimte in deze 'straatloze' wijken komt al snel veel kritiek. Een hernieuwd bewustzijn van het belang van goede, openbare ruimte leidt in de stadsvernieuwing van de jaren zeventig tot experimenten met nieuwe, openbare of collectieve ruimten.[13] In de uitbreidingswijken van die tijd resulteert dezelfde experimenteerdrift in de nieuwe typologie van het woonerf. De kritiek op deze nieuwe, openbare ruimten is veelal dat ze onduidelijk en informeel zijn, zowel in vorm en aanzicht als in gebruik.[14]

Recente vernieuwingen

De jaren tachtig van de vorige eeuw laten een omslagpunt zien in de architectuur, en in de woningbouw in het bijzonder. De kwaliteit van de openbare ruimte wordt steeds meer aangeduid als de centrale opgave voor zowel architectuur als stedenbouw. Een aantal ontwerpen markeert verschillende fasen in de ontwikkeling naar een beter begrip van de rol van stedenbouw en architectuur in de kwaliteit van de openbare ruimte. Van de weeromstuit leeft in eerste instantie het gesloten bouwblok op, door de roep, ook internationaal, om goede openbare ruimte.[15] Na de periode van hybride verkavelingsvormen, woonerven en 'bloemkoolwijken' is aan het einde van de jaren tachtig het gesloten bouwblok opnieuw de maat der dingen, zo lijkt het. De zoektocht naar een nieuwe 'stedelijkheid' leidt echter ook tot andere initiatieven.

Met het project Kruisplein van Mecanoo, gerealiseerd in 1985 op een grootstedelijke locatie in Rotterdam, wordt het thema van de publieke ruimte en van de compositie van de gevel opnieuw op de agenda gezet. Het ontwerp voorziet in twee woongebouwen, die een bescheiden, terzijde liggende, openbare ruimte doen ontstaan naast de drukke Westersingel en West-Kruiskade, terwijl de gevels een relatie aangaan met de omringende stad.[16] Een andere ontwikkeling betreft laagbouw in hoge dichtheid, waarop in de jaren tachtig intensief wordt gestudeerd.[17] Dit leidt tot nieuwe patiowoningtypen, zoals rond 1991 in de wijk Nieuw-Sloten in Amsterdam, en zal later, rond 2001, leiden tot de dichtbebouwde rug-aan-rug kavels van de binnenstedelijke haveneilanden Borneo en Sporenburg, ook in Amsterdam.

Uiteindelijk maakt de zogenaamde grondgebonden woning een herintrede in de Nederlandse binnenstadspraktijk. Een eerste aanzet wordt gegeven door het Amsterdamse woningbouwproject van Rudy Uytenhaak in de Tsaar Peterstraat uit 1990. De bovenverdiepingen worden hier weliswaar ontsloten door traditionele galerijen aan de achterkant, maar aan de straat bevindt zich een bijzondere plint van woningen in anderhalve laag hoog met voordeuren aan de straat, geïnspireerd door de huizen met beneden pakhuizen in deze oude handelsstraat.

De centrale opgave krijgt steeds duidelijker contouren: woningen bouwen in een hogere, stedelijke dichtheid met een eigen voordeur aan de straat. Het gaat er daarbij om de nadelen van de gemeenschappelijke portiek- of galerijontsluiting te vermijden én om de straat betekenis te geven. Het werkt dus naar twee kanten: vanuit de woning naar de straat, en vanuit de straat naar de woning. Met de 'straatkamerwoningen' in de wijk de Horsten in

functional, with balconies, wooden fronts, clotheslines and gardens.

The above-mentioned exclusivity, which leaves little or no space on the inner side of the block for (semi-)public activities, has a predecessor in Dutch housing tradition in the typology of the canal house or Dutch merchant's house. This type of building has a so-called 'front house' or 'street room' facing the canal or street that is two storeys high.[10] The front house is both an urban space, used for business, and a buffer between the city and the private life that takes place in the *binnenhaard*, the inner room(s).[11] Famous 17th-century Dutch paintings of interiors, particular those of Pieter de Hooch, often portray the street room. Dwellings that directly border the street are characteristic of Dutch culture: the street room, a front door opening straight onto the street and a private doorstep are the architectural elements of the interchange between the home and city life.

This urban type – a fabric of closed blocks surrounded by streets and private houses opening onto them – formed the basis of Dutch cities until the beginning of the 20th century. In other European countries, apartment buildings had already been introduced as early as the 18th century. By the time dwellings were also stacked above one another in the Netherlands – which didn't occur until the second half of the 19th century in the new working-class neighbourhoods – stacking was done within the building, with wooden stairs behind the front door. Only after the introduction of the Housing Act in 1901 were stacked dwellings with outside doors of their own also constructed in the Netherlands. Here too, the Dutch urge to live in dwellings that border the street led to ingenious solutions, such as the 'Hague walk-up entrance', a two- or three-storey-high opening in the façade in which a recessed stairway leads to the first floor, where the front doors of the upper-floor dwellings are located.

At the beginning of the 20th century, as a result of the influx of inhabitants to the city and the coming of the automobile, the quality of the street as a place-to-be deteriorated considerably. Le Corbusier sketches a dramatic portrait of the 19th-century city street in the article 'La rue': 'La rue est une rigole, une fissure profonde, un couloir resserré' (the street is a gutter, a deep crevice, a narrow corridor).[12] As an alternative for the *rue corridor*, Le Corbusier designed his *Ville Radieuse*, not as a public domain or a meeting place, but as a radiant city, where there is light, air, space and, above all, order: a primarily visual city, which people can gaze at from their apartments or from the capsules of their automobiles.

In Dutch urban design practice, however, the street was still alive and kicking at the beginning of the 20th century. The Berlagian urban design was based on the perimeter block and the street. The necessary density was achieved by stacking dwellings in variations on the Hague walk-up principle. The automobile did not as yet demand any specific adjustments.

It was not until the era of post-war reconstruction that the principles of the functional city in combination with an extreme housing shortage also led to large-scale high-rise districts in the Netherlands, in which the direct relation between the dwelling and the street disappeared. Much criticism was soon levelled at the lack of meaningful public space in these 'streetless' districts. A renewed awareness of the importance of good, public space during the urban renewal of the 1970s led to experiments with new public or collective spaces.[13] In the urban expansion districts of that era, the same urge for experimentation resulted in the new typology of the *woonerf*, known in English variously as home zones, living streets or residential streetscapes. An oft-heard criticism of

17e-eeuwse huizen aan de Bloemgracht in Amsterdam
17th-century houses on Bloemgracht in Amsterdam

Haagse portiek, Den Haag
Hague walk-up, The Hague

Inzending voor de Kruispleinprijsvraag (1980) van Mecanoo
Entry for the Kruisplein competition (1980) by Mecanoo

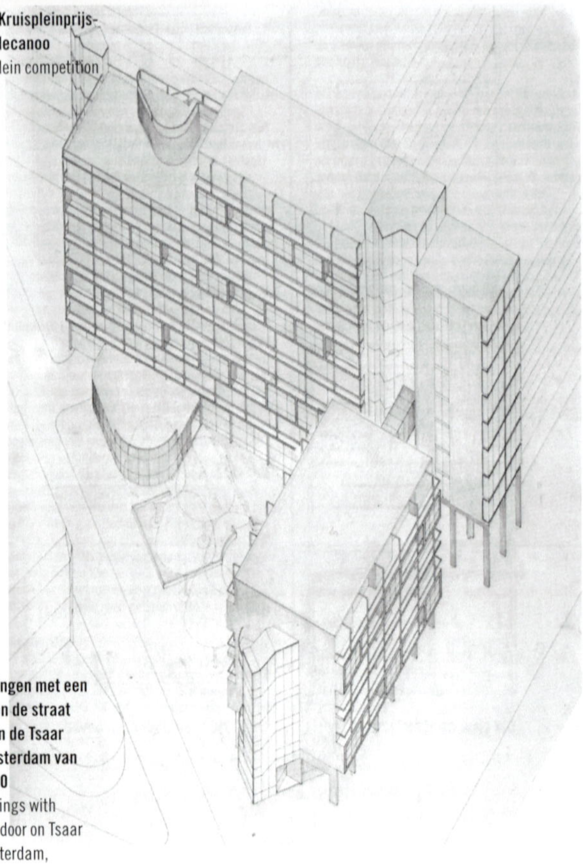

Beganegrondwoningen met een eigen voordeur aan de straat in woningbouw aan de Tsaar Peterstraat in Amsterdam van Uytenhaak uit 1990
Ground-floor dwellings with a street-side front door on Tsaar Peterstraat in Amsterdam, designed by Uytenhaak in 1990

Smalle wonigen (4 m) over vijf lagen, met elk een voordeur aan de straat en een tuin. Project van KCAP op het GWL-terrein in Amsterdam, 1993-1998
Narrow dwellings (4 m) in five levels, each with a front door at street level and a garden. Project by KCAP in Amsterdam's GWL-terrein, 1993-1998

Appartementengebouwen van drie lagen, waarin ook de bovengelegen appartementen een voordeur en een kamer aan de straat hebben. Project van Hebly Theunissen Architecten in Rotterdamse wijk Nederhorst, 1996
Three-floor apartment buildings, in which the upper apartments also have a front door and a room at street level. Project by Hebly Theunissen Architecten in the Rotterdam neighbourhood Nederhorst, 1996.

Rotterdam uit 1996 van Hebly Theunissen Architecten worden appartementengebouwen gerealiseerd in drie lagen, waarbij ook de appartementen op de tweede en derde verdieping een eigen voordeur met een kamer aan de straat hebben. Op het GWL-terrein in Amsterdam wordt in een plan van KCAP en West 8 een hoge dichtheid gerealiseerd met behulp van smalle rijwoningen (4 m breed) in vijf lagen, waarbij complexe stapelingen toch aan iedere woning een voordeur en een tuin weten te bieden.[18]

Blokmaten en doelgroepen

De nieuwe open ruimte kan gezien worden als een antwoord op de vraag naar grondgebonden woningen en de zoektocht naar een nieuwe stedelijke woonomgeving. Daarnaast heeft ze ook te maken met contextuele gegevenheden, zoals de beschikbare blokmaten op een locatie, en de verandering van doelgroep en opdrachtgever.

De morfologische context van de stadsvernieuwing gold de 19e-eeuwse ring die wordt gevormd door ondiepe bouwblokken: tweemaal een woningrij en twee tuindiepten, samen ongeveer 40 m. In de stadsvernieuwingsprojecten zien we dezelfde logica dikwijls terugkomen: twee randen met woningen aan de straat en tuinen in het binnengebied van het blok. In de jaren negentig verschuift de opgave naar de oudere stadskernen en de verlaten bedrijfsgebieden naast het centrum van de stad, waar de blokmaten onregelmatig en relatief diep zijn.

Daarnaast verandert de opgave eind jaren tachtig van een overheidsgestuurde volkshuisvesting naar marktgerichte particuliere woningbouw. De nieuwe doelgroep van kopers en huurders op de vrije markt stelt hogere eisen aan de woning en de directe woonomgeving.

Het gevolg van deze beide veranderingen is dat niet meer kan worden volstaan met de oude typologie van het gesloten bouwblok met zware gestapelde bouw langs de randen, en evenmin met de combinatie van randbebouwing en woningen op het binnenterrein. Er moeten nieuwe verkavelingstypologieën worden bedacht. De context van grotere blokmaten en nieuwe doelgroepen is de aanleiding voor de omdraaiing van de traditionele bloklogica: in het binnengebied van de blokken worden vóórkanten met de toegangen tot de woningen gesitueerd en daarmee ontstaat de nieuwe open ruimte.

De ontwerphistorie van vooral de Mariaplaats en de Rietlanden laat de ontwikkeling hiervan zien: in eerste instantie wordt in beide locaties een randbebouwing getekend. Pas na aandringen van buurtbewoners en anderen wordt de open, op het binnengebied georiënteerde bebouwing ontworpen, die ook gerealiseerd is.[19]

De projecten met nieuwe open ruimte, die buiten de restrictieve context van de bestaande stad zijn ontwikkeld, zoals IJburg, Ypenburg en Zwanenwoud, worden door een andere logica gestuurd. In deze 'vrije' context wordt het introduceren van nieuwe open ruimte niet bepaald door bestaande blokmaten, maar vanuit een opvatting over de stad en een eigentijdse manier van wonen, al dan niet expliciet gemaakt door ontwerpers en opdrachtgevers.

De ontwerpers van het Haveneiland op IJburg hebben doelbewust diepe bouwblokken getekend van ongeveer 70 tot 90 m diep, om programmatische differentiatie en flexibiliteit te kunnen accommoderen. In de tweede plaats streefden ze ernaar een secundair weefsel van hoven, pleinen en tuinen te realiseren, parallel aan het gridpatroon van straten. Ton Schaap, één van de stedenbouwkundigen van IJburg, noemt het 'buiten-je-huis-op-

these new public spaces is that they are ambiguous and informal, both in form and appearance as well as in use.[14]

Recent Innovations

The 1980s mark a turning point in architecture, and particularly in housing. The quality of public space is increasingly being designated as the central task of both architects and urban designers. A number of designs mark different phases in the development towards a better understanding of the role of urban design and architecture in the quality of public space. The call for good public space in first instance led to the resurgence, also internationally, of the closed residential block.[15] After the period of hybrid allotment forms, home zones and 'cauliflower districts' (branching clusters of houses connected by winding lanes often ending in cul-de-sacs), at the end of the 1980s it looked as though the closed block had again become the measure of things.

The search for a new 'urbanity' also led to other initiatives, however. With Mecanoo's Kruisplein project, completed in 1985 at a central location in Rotterdam, the theme of public space and the composition of the façade was once again on the agenda. The design comprises two residential buildings, whose placement creates a modest public square adjacent to the busy Westersingel and West-Kruiskade, while the façades form a relation with the surrounding city.[16] Another development was high-density low-rise construction, which was intensively studied in the 1980s.[17] This led to new patio dwelling types, such as were built around 1991 in the Nieuw-Sloten district in Amsterdam, and later, around 2001, would lead to the densely built back-to-back allotments on the inner-city harbour islands of Borneo and Sporenburg, also in Amsterdam.

Ultimately, the so-called 'street-linked' dwelling made its re-entrance in Dutch inner-city housing practice. A first impulse was given by Rudy Uytenhaak's residential project in Tsaar Peterstraat in Amsterdam of 1990. Here, although the upper storeys open onto traditional outdoor galleries at the back of the building, the street side has a special plinth of dwellings that are one-and-a-half storeys high and have front doors opening onto the street, inspired by the houses in this old commercial neighbourhood with warehouses on their lower levels.

The key task is increasingly coming into focus: to build homes with a strong link to the street in a higher, urban density – both avoiding the disadvantages of the shared walk-up or gallery and giving the street significance. Thus, it works both ways: from the home to the street, and from the street to the home. With the 'street room dwellings' in the De Horsten district in Rotterdam, built by Hebly Theunissen Architecten in 1996, three-storey apartment houses were constructed in such a way that the apartments on the second and third floors also have their own front door opening onto a room at street level. On the GWL terrain in Amsterdam, a high-density plan by KCAP and West 8 was realized with narrow row houses (4 m wide) of five storeys high, which manage to offer every home a front door and a garden through the use of complex stacking methods.[18]

Block Sizes and Target Groups

The new open space can be seen as an answer to the demand for street-linked dwellings and the search for a new urban residential environment. Moreover, it also has to do with contextual matters, such as the existing size of blocks on a location and changing target groups and clients.

The morphological context of urban renewal in the 1970s and

straat-zitten-gevoel', evenals het idee van de 'dwaalroute' van Guy Debord als inspiratiebronnen voor Haveneiland.[20]

De Grote Hof maakt deel uit van wijk de Venen in de buitenwijk Ypenburg. De maat van het superblok refereert aan de voormalige kassencomplexen. De stedenbouwkundige visie voor dit gebied vroeg bovendien om het beeld van een Normandische boerderij, die als een groot, ommuurd complex in het landschap ligt.[21] De ontwikkelaars en stedenbouwkundigen van Zwanenwoud vroegen om een eigentijds landgoed van luxe appartementen, omringd door openbaar groen, die echter pas in de uitwerking van Soeters' ontwerp die specifieke dubbelzinnige uitwerking kreeg van een nieuwe open ruimte.

Het debat over stedelijke kwaliteit en openbare ruimte speelt gedurende de hele 20e eeuw een rol en gaat een steeds belangrijker plaats innemen. Je kunt het zien als een doorgaande ontwikkeling, vanaf de miskenning van het belang van openbare ruimte in de jaren twintig tot aan de hausse aan publicaties, congressen en onderzoeken over openbare ruimte nu. Het thema van de relatie tussen de woning en de straat, gekoppeld aan het probleem van dichtheid in de stad, is in Nederland inherent aan deze discussie over openbare ruimte. De nieuwe open ruimte in de hier bestudeerde ensembles, die een herdefiniëring is van de relatie tussen woning, stad en publieke ruimte, vormt een nieuw hoofdstuk in deze ontwikkeling.

'80s was the 19th-century 'ring' of urban districts characteristic of most Dutch cities that was formed by shallow blocks: two rows of houses and two lengths of garden, together about 40 m deep. In urban renewal projects, we often see the same logic returning: two outer edges of houses along the streets and gardens in the inner area of the block. In the 1990s, the assignment shifted to the older city centres and abandoned business premises near the centre of the city, where the sizes of the blocks are irregular and relatively deep. What's more, at the end of the 1980s the task shifted from government-controlled public housing to market-oriented private housing. The new target group of buyers and renters on the free market puts higher demands on the dwelling and its immediate surroundings.

The consequence of these two changes is that the old typology of the perimeter block with heavily stacked construction along its edges is not sufficient, no more than the combination of buildings on the edges and dwellings on the inner terrain. New types of allotments must be conceived. The context of larger block sizes and new target groups leads to the reversal of the traditional logic about blocks: the front sides with entrances to the dwellings are situated in the inner area of the blocks, and this gives rise to the new open space.

The design history of the Mariaplaats and the Rietlanden particularly shows this development: in the first instance, buildings were conceived for the edges in both locations. Only after people in the neighbourhood and others insisted, were the buildings oriented towards the open inner area designed and realized.[19]

The projects with new open space that have been developed outside the restrictive context of the existing city, such as IJburg, Ypenburg and Zwanenwoud, are driven by a different logic. In this 'free' context, the introduction of new open space is not determined by existing block sizes, but by a notion about the city and a contemporary way of living, whether or not explicitly expressed by the designers and clients.

The designers of the Haveneiland in IJburg purposely created deep blocks of approximately 70 to 90 m in order to accommodate programmatic differentiation and flexibility. In addition, they strove to realize a secondary fabric of courts, squares and gardens, parallel to the grid pattern of streets. Ton Schaap, one of the urban designers of IJburg, mentions the 'feeling of sitting-on-the-stoop outside your house', and also Guy Debords idea of the 'rambling route', as sources of inspiration for Haveneiland.[20]

De Grote Hof is part of the De Venen district in the suburb of Ypenburg. The size of this superblock refers to the glasshouse complexes that were originally located here. Moreover, the urban design vision for this area was based on the image of a Normandy farm, which sits like a large walled complex in the landscape.[21] The developers and urban designers of Zwanenwoud called for a contemporary estate of luxury apartments surrounded by public greenery, which, however, only gained the specific hybrid effect of a new open space through the realization of Soeters' design.

The debate on urban quality and public space has played a role throughout the entire 20th century and will become increasingly important. It can be seen as an ongoing development, starting with the lack of appreciation of the importance of open space in the 1920s to the boom in publications, conferences and research on public space today. The theme of the relation between the home and the street, coupled with the problem of density in the city, is inherent to this discussion on public space in the Netherlands. The new open space in the ensembles studied here, which is a redefinition of the relation between residence, city and public space, form a new chapter in this development.

Noten

1 Parterre (± 1650, Fr.): vlak, gecultiveerd terrein.

2 R. Koolhaas en B. Mau, *S,M,L,XL*, New York: Monacelli Press, 1995, 1253.

3 Manuel de Solà-Morales, 'Openbare en collectieve ruimte. De verstedelijking van het privé-domein als nieuwe uitdaging', oorspronkelijk in *La Vanguardia*, maart 1992, vertaling Els Bet in *OASE* 33, 1992.

4 Maarten Hajer en Arnold Reijndorp, *Op zoek naar nieuw publiek domein*, Rotterdam: NAi uitgevers, 2001.

5 Ibid., 'Parochialisering: de these van het verval', 84-92. Eerder heb ik hun werk uitgebreider geïnterpreteerd in het artikel 'Re-opening the Dutch city block: recent housing project as experiments in the public domain', *ARQ*, volume 10, nrs 3/4, 2006.

6 Arnold Reijndorp, Vincent Kompier, Stefan Metaal, Ivan Nio en Birgit Truijens, *Buitenwijk. Stedelijkheid op afstand*, Rotterdam: NAi Uitgevers, 1998.

7 Ivan Nio, 'Op zoek naar de nieuwe buitenwijk', in: Hans Venema (red.), *Buitenplaats Ypenburg, een bevlogen bouwlocatie*, Bussum: Uitgeverij Thoth, 2000.

8 Lieven De Cauter, *De Capsulaire beschaving*, Rotterdam: NAi uitgevers, 2005.

9 Voor een geschiedenis van het gesloten bloktype, zie: J.Castex, J.C.Depaule en Ph. Panerai, *Formes Urbaines: de l'ilot à la barre*, Parijs: Dunod, 1977 (vertaald als: *De rationele stad*, Nijmegen: SUN, 1984).

10 A. Hebly en K. Theunissen, *Bouwen in de Stad*, Den Haag: POS, 1989.

11 K. Theunissen, 'A Loggia facing the city', in: H. Cornelissen (red.), *Dwelling as a figure of thought*, Nijmegen: SUN, 2005; in dit korte artikel interpreteer ik de Hollandse traditie van een 'stedelijkheid vanuit het huis' door middel van het Hollandse koopmanshuis.

12 Le Corbusier, 'La rue', in: *Urbanisme*, Parijs: G. Crès, 1925.

13 Enkele voorbeelden zijn: het binnenstraatje van het Gaffelblok in het Oude Westen, Rotterdam; woningbouw in Nieuwegein van Jan Verhoeven, 1976-1980; de Wandelmeent in Hilversum van Leo de Jonge en Pieter Weeda, 1977; de Kasbah in Hengelo van Piet Blom, 1974.

14 Zie bijv.: Hebly en Theunissen, *Bouwen in de Stad*, op. cit. (noot 10); Carel Weeber, 'Formele objectiviteit in stedebouw en architectuur als onderdeel van rationele planning', *Plan*, nr. 11, 1979, 26-35.

15 Zie bijv. de IBA, Internationale Bauaustellung Berlin onder leiding van Joseph Kleihues, rond 1987.

16 Cocky Blauw, W. Patijn e.a., *Prijsvraag Jongerenhuisvesting Kruisplein*, Rotterdam: DROS, 1981.

17 Bijv. H. de Bock, J. van Kampen, K.Overmeire en M. Risselada, *Ontwerpstudies, Kompakte Laagbouw nr. 2, Typenkatalogus*, Rotterdam: Dienst Stadsontwikkeling en Volkshuisvesting, 1987.

18 GWL-terrein Amsterdam, stedenbouwkundig ontwerp KCAP, 1993-1998; woningen o.a. van Liesbeth van der Pol en van Neutelings Riedijk Architecten.

19 Zie ook mijn artikel 'Re-opening the Dutch city block', op. Cit (noot 5).

20 De uitspraken van T. Schaap zijn ontleend aan een rondetafelgesprek dat november 2007 werd gevoerd in het kader van het onderzoek naar de nieuwe open ruimte. Onder de naam 'Het woonblok heropend' namen allerlei deskundigen deel aan het gesprek: Ton Schaap, Ivan Nio, Like Bijlsma, Willemijn Wilms Floet, Dirk van den Heuvel, Stijnie Lohof en Arjan Hebly. De aan dit gesprek ontleende inzichten zijn verwerkt in deze publicatie en leidden o.a. tot de bijdragen van de mede-auteurs. Over de dwaalroute, zie ook: Ton Schaap, 'Amsterdam', *Forum*, Rotterdam: Uitgeverij 010, 2008, 14.

21 Frits Palmboom en Hans Venema, *Buitenplaats Ypenburg, stedenbouwkundig plan*, 1994.

Notes

1 *Parterre* (± 1650, French): flat, cultivated terrain.

2 R. Koolhaas and B. Mau, *S,M,L,XL* (New York: Monacelli Press, 1995), 1253.

3 Manuel de Solà-Morales, 'Public and Collective Space: The Urbanization of the Private Domain as a New Challenge,' originally published in the Spanish newspaper *La Vanguardia*, March 1992.

4 Maarten Hajer and Arnold Reijndorp, *In Search of New Public Domain* (Rotterdam: NAi Publishers, 2001).

5 Ibid., I interpreted their work in greater depth in an earlier article, 'Re-opening the Dutch city block: recent housing project as experiments in the public domain', *ARQ*, volume 10, no. 3/4, 2006.

6 Arnold Reijndorp, Vincent Kompier, Stefan Metaal, Ivan Nio and Birgit Truijens, *Buitenwijk. Stedelijkheid op afstand* (Rotterdam: NAi Publishers, 1998).

7 Ivan Nio, 'Op zoek naar de nieuwe buitenwijk', in: Hans Venema (ed.), *Buitenplaats Ypenburg, een bevlogen bouwlocatie* (Bussum: Thoth Publishers, 2000).

8 Lieven De Cauter, *The Capsular Civilization* (Rotterdam: NAi Publishers, 2005).

9 For a history of the perimeter housing block type, see: J.Castex, J.C.Depaule and Ph. Panerai, *Formes Urbaines: de l'ilot à la barre* (Paris: Dunod, 1977).

10 A. Hebly and K. Theunissen, *Bouwen in de Stad* (The Hague: POS, 1989).

11 K. Theunissen, 'A Loggia Facing the City', in: H. Cornelissen (ed.), *Dwelling as a Figure of Thought* (Nijmegen: SUN, 2005); In this short article, I interpret the Dutch tradition of 'city life in the home' by means of the Dutch merchant's house.

12 Le Corbusier, 'La rue', in: *Urbanisme* (Paris: G. Crès, 1925).

13 A few examples: the inner street of the Gaffelblok in the Oude Westen, Rotterdam; housing by Jan Verhoeven in Nieuwegein, 1976-1980; the Wandelmeent in Hilversum by Leo de Jonge and Pieter Weeda, 1977; the Kasbah in Hengelo by Piet Blom, 1974.

14 See, for example, Hebly and Theunissen, *Bouwen in de Stad*, op. cit. (note 10); it was Carel Weeber who criticised the new housing schemes of those years as 'the new cosiness'.

15 See, for example, Joseph Kleihues, et al., *International Building Exhibition Berlin 1987. IBA 1987*, extra edition of *Architecture + Urbanism*, 1987, no. 5.

16 Cocky Blauw, W. Patijn, et al., *Prijsvraag Jongerenhuisvesting Kruisplein* (Rotterdam: DROS, 1981).

17 For example: H. de Bock, J. van Kampen, K. Overmeire and M. Risselada, *Ontwerpstudies, Kompakte Laagbouw no. 2, Typenkatalogus* (Rotterdam: Dienst Stadsontwikkeling en Volkshuisvesting,1987).

18 GWL terrain in Amsterdam, urban design by KCAP, 1993-1998; dwellings by Liesbeth van der Pol and Neutelings Riedijk Architecten, among others.

19 See also my article. 'Re-opening the Dutch city block', op. cit. (note 5).

20 T. Schaap's statements are derived from a round-table discussion on the subject of investigating the new open space that took place in November 2007, entitled 'Het woonblok heropend'. A variety of experts participated: Ton Schaap, Ivan Nio, Like Bijlsma, Willemijn Wilms Floet, Dirk van den Heuvel, Stijnie Lohof and Arjan Hebly. The insights gained from this discussion were gathered in this publication of *DASH* and led among other things to the contributions by Like Bijlsma, Nynke Jutten en Willemijn Wilms Floet. On the 'rambling route', see also: Ton Schaap, 'Amsterdam', *Forum* (Rotterdam: 010 Publishers, 2008), 14.

21 Frits Palmboom and Hans Venema, *Buitenplaats Ypenburg, stedenbouwkundig plan*, 1994.

Willemijn Wilms Floet

Hofjes van liefdadigheid
Dutch Almshouses

De vereniging van arm en rijk in stadsjuwelen
The Convergence of Rich and Poor in Urban Treasures

Een hof is een architectonische eenheid van bebouwing rondom een (autoluw) plein (Van Dale – Groot woordenboek der Nederlandse taal)

Door de jaren heen is de hof in Nederland regelmatig naar voren geschoven als model van verstedelijking.[1] Zo bestempelt de architect Mels Meijers in 1916 hofjes van liefdadigheid als het enige Hollandse voorbeeld van 'blokbouw' voor de opgave van de massawoningbouw die voortkwam uit de Woningwet van 1901. Hij voorspelt dat hofbebouwing als typologie 'een nieuwe toepassing gaat vinden'.[2]

Ook in de hedendaagse woningbouwarchitectuur staat de hof in de belangstelling. Je kunt daarvoor het economische argument van hoge dichtheden in binnenstedelijke situaties aandragen, maar er zijn ook andere overwegingen. Hoven bieden een semi-openbare, besloten woonomgeving, waarin de auto buiten beeld is. De sociale veiligheid die in de typologie besloten ligt, maakt de hof voor een vergrijzend en individualiserend Nederland steeds aantrekkelijker. De recente belangstelling van architecten en ontwikkelaars voor de architectonische representativiteit van de woonomgeving is ook een mogelijke reden voor de herwaardering van de hof.

Hofjes van liefdadigheid staan bekend als een typisch Hollands fenomeen. Deze particuliere vorm van armenhuisvesting bestaat sinds de 14e eeuw en komt tot bloei in de (Gouden) 17e en 18e eeuw. Amsterdam, Leiden en Haarlem tellen er de meeste, maar ze zijn van Groningen tot Maastricht te vinden.

Bijzondere eigenschap van de hofjes van liefdadigheid is dat armenhuisvesting gepaard ging met de representatie van de stichter. Rijke lieden uit hogere burgerlijke kringen, zonder erfgenamen, besloten al bij leven hun kapitaal na te laten aan een nieuw te bouwen hofje, waar arme bejaarden (meestal vrouwen) kosteloos konden wonen. De meeste hofjes dragen de naam van de stichter, wiens naam zo voortleeft en wiens reputatie tot uitdrukking kon worden gebracht in de architectonische verschijning. De 'eenvoudigste' hofjes liggen verstopt op binnenterreinen en zijn vanaf de straat slechts via een onopvallend poortje toegankelijk. De 'rijkste' hofjes manifesteren zich als statige panden langs de gracht.

In deze bijdrage wordt een beknopt typologisch overzicht gegeven van het charitatieve hofje als architectonisch en stedelijk artefact. Het aspect van de representatie wordt besproken aan de hand van drie, door rijke particulieren gestichte, Haarlemse hofjes, met ieder een eigen karakter. De door de stedelijke overheid gestichte Proveniershof in Haarlem is het vierde voorbeeld dat in deze analyse is meegenomen. Aan de basis van het overzicht ligt een aantal ruimtelijke elementen dat kenmerkend wordt geacht voor de hofjestypologie. In alle voorbeelden komen ze terug, zij het in verschillende vorm, materialisering en onderlinge afstemming. Daarnaast is de positie van de hof in het stedelijk weefsel en de toegankelijkheid belangrijk geweest in de analyse van de onderzochte hofjes.

Ruimtelijke elementen van een hofje

Centraal in een hofje staat de door woningen omsloten binnenruimte. De vorm, de afmetingen en de inrichting bepalen het karakter van de hof. In de meest sobere vorm is de hof een langgerekte steeg. De kleinste, rechthoekige en vierkante hofjes hebben het karakter van een geplaveide cour, de grotere dat van een tuin. De grootste wekken soms zelfs de indruk van een park. Langs de bebouwing loopt een pad met daaraan de voordeuren van de huizen. In het midden bevindt zich meestal een siertuin met bloem- en grasperken, enkele bomen, een zonnewijzer of water-

A hof is an architectural unit of buildings surrounding a court with restricted traffic (Van Dale Dictionary of the Dutch Language)

Throughout the years, the *hof* has regularly been proposed as a model for urbanization in the Netherlands.[1] In 1916, for example, the architect Mels Meijers pointed to the *hofjes van liefdadigheid* dating from the Middle Ages as the only Dutch example of residential blocks suited to the public housing task ensuing from the Dutch Housing Act of 1901. He predicted that the hof model would 'find a new application'.[2]

The hof is also receiving lots of attention in contemporary residential architecture. One might propose the economic argument of high density in inner cities as reason for this, but there are also other considerations. Courts offer a semipublic, closed environment in which there are no cars. The social safety offered by this typology makes the hof increasingly attractive in a nation whose population is growing older and more individualized. The recent interest shown by architects and developers in the architectural representativeness of the residential environment is also a possible reason for the revaluation of the court model.

Hofjes van liefdadigheid are a typical Dutch phenomenon. This particular form of charitable housing for the poor, in which a courtyard is surrounded by almshouses, has existed since the 14th century and became popular in the Dutch Golden age of the 17th century and in the 18th century. The cities of Amsterdam, Leiden and Haarlem have the most *hofjes*, but they can be found from Groningen to Maastricht. A special characteristic of the *hofje van liefdadigheid* is that charitable housing was coupled with the fact that it represented the founder. Rich people from the upper classes who had no heirs would, while still alive, bequeath their capital to the construction of a new *hofje*, where poor elderly people (usually women) could live for free. Most of the hofjes are named after their founder, whose name would thus live on and whose reputation would be exemplified by the architecture. The 'plainest' of the hofjes are tucked away on an inner parcel of land and only accessible from the street via a nondescript gate. The 'richest' of the hofjes manifest themselves as stately buildings along the canals.

This article gives a brief overview of the charitable hofje as an architectural and urban artefact. The representative aspect is discussed on the basis of three hofjes in Haarlem, each with a distinctive character, that were founded by wealthy private individuals. The fourth example in this analysis is the Proveniershof in Haarlem, which was established by the municipal government. This overview is predicated upon a number of spatial elements that are considered characteristic of the hofje typology. They are found in all four examples, albeit in varying forms, materials and similarities. Moreover, the hof's location in the urban fabric and its accessibility has been an important factor in the analysis of the hofjes in our study.

Spatial Elements of a Hofje

The central focus of a hofje is the courtyard surrounded by houses. Its shape, dimensions and layout determine the character of the courtyard. In its most sober variant, the courtyard is an elongated alley. The smallest rectangular or square hofjes have the character of a paved court, while the larger ones are like a garden. The largest hofjes sometimes even give a park-like impression. A pathway runs alongside the buildings, giving access to the front doors of the houses. In the middle of the hofje there is usually an ornamental garden with flowerbeds and grass patches, a few

Plattegrond historisch centrum Haarlem met hofjes
City map of historical centre of Haarlem with Hofjes

1 Hofje van Noblet
2 Hofje Van Oorschot
3 Teylershof
4 Proveniershof

pomp. Soms zijn de perken in gebruik als bleekveld of moestuin, en is het er in de winter compleet anders dan in de zomer. De meeste tuinen – en ook de bebouwing - zijn geordend via symmetrie-assen.

De huizen vormen het materiaal dat de tuin omsluit. De gevels zijn rustig, ritmisch geleed door een herhaling van ramen, deuren, dakkapellen en schoorstenen, bijeengehouden door een zadeldak. De architectonische eenheid van de hof domineert de individuele woning. Die betreft traditioneel een eenkamerwoning, met een alkoof om te slapen en een keukentje achterin. De woning is georiënteerd op de hof, de achtergevel is blind of slechts voorzien van bovenlichten, hooguit bedoeld voor daglichttoetreding. De woningen zijn één verdieping hoog, met daarboven een zolder. Bij uitzondering is er een tweede of derde bouwlaag voor bovenwoningen of een extra etage.

Het woningaantal werd natuurlijk bepaald door het beschikbare kapitaal en bouwgrond. Het kleinste hofje telt vier woningen (Sionshofje in Leiden, 1641). Een veel voorkomend huizental van 12 of 13 woningen wordt in verband gebracht met een Bijbelse verwijzing naar Jezus en zijn apostelen.[3] Het grootste hofje bestaat uit 60 huisjes (Hofje van Nieuwkoop in Den Haag, 1661). De door de stedelijke overheid opgerichte Proveniershof in Haarlem telde er 69. (Van Brants-Rushofje in Amsterdam: 48 woningen, Deutzenhofje in Amsterdam: 32 woningen, Arend

trees, a sundial or water pump. In the past, the patches were sometimes used as fields for bleaching linen or vegetable gardens, and in the wintertime the atmosphere in the court was completely different than in the summer. Most of the gardens – and also the buildings – are laid out on symmetrical axes. The houses form the material that encloses the garden. The façades are restful and regular, rhythmically articulated by the repetition of windows, doors, dormers and chimneys, held together by a pitched roof. The architectural uniformity of a hofje dominates the individual unit. Traditionally, this is a one-room house with a sleeping alcove and a kitchenette at the back. The house faces the courtyard; the rear wall is blind or only has windows at the top, intended to let in daylight at most. The houses are one storey high with an attic above that. Very exceptionally, there is a second or third story for other dwellings upstairs or an extra floor.

Naturally, the number of houses in a hofje was determined by the available money and building lot. The smallest hofje in existence comprises four houses (Sionshofje in Leiden, 1641). The often-recurring number of 12 or 13 houses is associated with a biblical reference to Jesus and his apostles.[3] The largest hofje consists of 60 houses (Hofje van Nieuwkoop in The Hague, 1661). The Proveniershof built by the municipal government of Haarlem numbered 69 houses. (And the Van Brants-Rus Hofje in Amsterdam: 48 houses, the Deutzen Hofje in Amsterdam: 32 houses, the Arend

Maartenshof in Dordrecht: 38 woningen, Hof Meermansburg in Leiden: 30 woningen).

De representatie van een hofje wordt bepaald door de manier, waarop huisjes en tuin zijn samengebracht in een groter geheel. Een centrale rol speelt hier de regentenkamer, een representatieve ruimte ter nagedachtenis van de stichter en bedoeld voor vergaderingen van het bestuur van het hofje. Deze kamer is luxe ingericht met erfstukken en portretten van de stichters en regenten. De regentenkamer is gesitueerd op een voorname plaats in het geheel, vaak aan de straat, boven de toegangspoort.

Enkele hofjes beschikken over een kapelletje of een lijkhuisje. Deze elementen kunnen ter verbijzondering dienen. Andere extra's zijn decoratieve elementen als een omlijsting, een zuilenstelling, een overdekte galerij of een klokkentoren.

Situering hofjes en toegankelijkheid

Hofjes van liefdadigheid komen voor in vier soorten stedenbouwkundige situaties: verborgen in stedelijke bouwblokken, als zelfstandig bouwblok, als deel van een stedelijk bouwblok, en als onderdeel van een complex of ensemble. De laatste categorie betreft vooral voormalige kloosters en stadhouderlijke hoven, en blijft hier buiten beschouwing.[4]

De ruimtelijke enscenering tussen de straat en de hof is van belang voor de toegankelijkheid, en de private of openbare sfeer van een hofje. Voorbeelden, waar dit tot een architectonische opgave is gemaakt, zijn het Hofje van Pauw in Delft (1707), waar de route naar het hofje wordt begeleid door een gemetselde muur, en het Samuel de Zee's hofje in Leiden (1723). Daar is de toegang vanaf de straat een onopvallende houten deur, waarachter zich een door twee hoge gemetselde muren geflankeerde steeg bevindt die zicht biedt op een stralend wit poortgebouw. Na de donkerte van de poort openbaart zich vervolgens het groene interieur van de hof.

De verborgen hofjes op binnenterreinen zijn meestal gebouwd in grote tuinen of boomgaarden achter grote stadshuizen die in bezit waren van de stichters. Ook werden voormalige kloostertuinen voor dit doel gekocht, die na de Alteratie van 1578[5] vervielen aan de stedelijke overheid. Er zijn voorbeelden van hofjes die als ingewikkelde puzzels slim zijn ingepast in bijeengesprokkelde kaveltjes. Deze situatie komt veel voor in de dichtbebouwde historische binnenstad van Leiden. Een witgeschilderde plint is in deze situatie bedoeld voor lichttoetreding, maar ook als bindend element in de architectonische articulatie van de hof. De toegang tot deze hofjes is vaak onopvallend: een houten deur met daarachter een lange smalle steeg, of een zijdeur in een regulier pand.

Hofjeswoningen zijn volgens de zuivere typologie georiënteerd op het binnenterrein. In het uitzonderlijke geval, dat een hofje zo groot is als een compleet bouwblok, betekent de verschijningsvorm van de straatgevels een extra ontwerpvraagstuk. Het heeft fortachtige verschijningen opgeleverd, zoals het Hofje van Nieuwkoop in Den Haag en de Arend Maartenshof in Dordrecht.

De Haarlemse Proveniershof, uit het begin van de 17^{e} eeuw, heeft een bijzondere opzet met rug-aan-rug geschakelde woningen, voor een deel in twee bouwlagen. Sommige van de woningen zijn gericht op de straat, andere op de hof. De ruime maat van de hof (36 x 56,5 m) en de grote oude bomen vormen een stadsparkje. De hof is openbaar toegankelijk via een onopvallende open poort (ontworpen door stadsarchitect Lieven de Key), die stedenbouwkundig op de meest logische plek is gesitueerd aan een pleintje. Secundaire, gesloten ingangen liggen aan de steeg

Maartenshof in Dordrecht: 38 houses, the Hof Meermansburg in Leiden: 30 houses.

The allure of a hofje is determined by the manner in which the houses and garden are combined to make a greater whole. Occupying a central role here is the regents' room, a space dedicated to the memory of the founder and intended as a meeting place for the hofje's board of regents. This room is luxuriously furnished with heirlooms and portraits of the founders and regents. The regents' room is situated in a prominent place in the complex, often above the entrance gate facing the street.

Several of the hofjes have a little chapel or a mortuary, which could serve as differentiating elements. Other extras are decorative elements such as a framework, colonnades, a covered gallery or a bell tower.

Location of Hofjes and Accessibility

Hofjes are found in four types of urban-planning situations: hidden within an urban block, as an independent block, as part of an urban block, and as part of a complex. The last category primarily concerns former monasteries, convents and vice regal courts, and are not taken into consideration here.[4]

The spatial configuration of the area between the street and the hofje has an impact on the accessibility and the private or public atmosphere of a hofje. Examples of where this has been made an architectural issue are the Hofje van Pauw in Delft (1707), where the route to the hofje is accompanied by a brick wall, and the Samuel de Zee's Hofje in Leiden (1723). There, the entrance from the street is an inconspicuous wooden door, behind which an alley flanked by two high brick walls offers a view of a dazzling white gatehouse. After the visitor emerges from the darkness of the gateway, the green interior of the courtyard reveals itself.

The hidden hofjes on inner terrains are usually built in large gardens or orchards located behind urban mansions that were owned by the founders. Former monastery and convent gardens, which after the Alteration of 1578[5] fell to city governments, were also often bought for this purpose. There are examples of hofjes that have been cleverly fit like complicated puzzles onto combined parcels of land. This often occurs in the densely built-up historic centre of Leiden. A white painted plinth serves to introduce light in these situations, but also as a binding element in the architectural articulation of the hofje. The entrance to these hofjes is often inconspicuous: a wooden door opening onto a long, narrow alley, or a side door in a normal building.

In the pure type of hofje, the almshouses are oriented towards the inner court. In the exceptional case that a hofje was as large as a complete city block, the street façades posed an extra design problem. This often resulted in a fort-like appearance, such as the Hofje van Nieuwkoop in The Hague or the Arend Maartenshof in Dordrecht. The Proveniershof in Haarlem, dating from the beginning of the 17th century, has a special layout with linked houses built back to back, part of which are two stories high. Some of the houses face the street, others the courtyard. The spacious size of the courtyard (36 x 56.5 m) and the large old trees are in fact a little city park. The courtyard is accessible to the public through a discrete open gateway (designed by city architect Lieven de Key), which from an urban-design point of view is situated at the most logical place: on a square. Secondary, closed entrances are located in the alleyway between two rings of buildings on the north side of the hof, and at another place in between the buildings. In the buildings on the south side of the hof, passageways built

Hofje van Noblet, 1761
Situatie/Situation

Terugliggende straatgevel
Recessed front

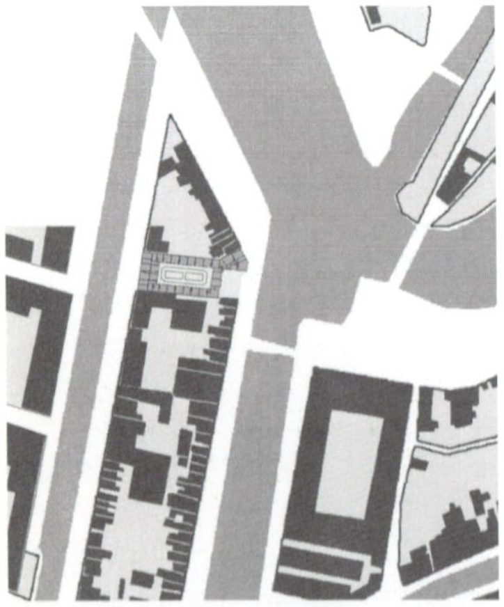

Het Hofje Van Oorschot, 1769
Situatie/Situation

Hof en stad
Hof and city

Teylershof, 1787
Situatie/Situation

Teylershof vanaf het Spaarne
Teylershof from the Spaarne

Proveniershof, Haarlem, 1706
Situatie/Situation

Toeganspoort
Entrance gate

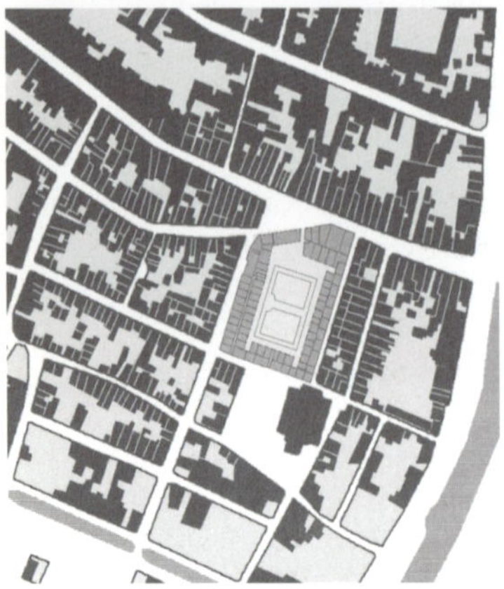

tussen twee bebouwingsringen aan de noordkant van de hof, en op een andere plaats tussen de bebouwing door. In de bebouwing aan de zuidkant zijn aan de zijde van de hof tussen de huizen gangen opgenomen die een deel van de woningen aan de straatkant op de hof betrekken.

Meestal vormen hofjes van liefdadigheid een deel van een bouwblok. Dit is het geval, wanneer enkele naast elkaar gelegen panden of kavels aangekocht konden worden. Meerdere hofjes zijn gerealiseerd in bouwblokken die tegen de stadsmuur liggen, omdat de grond hier goedkoper was. Deze hofjes liggen vaak meer geïsoleerd en hebben een grotere dieptemaat.

De hof manifesteert zich aan de straat op drie mogelijke wijzen. Soms als een gesloten, gemetselde muur, waarin een monumentale, versierde poort theatraal de toegang tot de hof markeert. In een ander geval wordt de gehele straatgevel gevormd door een poortgebouw, waarvan het Van Brouckhovenhofje in Leiden (1641), ontworpen door Arent van 's-Gravesande een voorbeeld is. Ook doet zich de situatie voor dat de hof wordt gemaskeerd en de straatgevel wordt 'vermomd' als een niet van de naastgelegen panden te onderscheiden patriciërswoning. Een voorbeeld hiervan is het Amsterdamse Van Brants-Rushofje uit 1733, ontworpen door Daniël Marot.

Voorbeeld van een Haarlems hofje, dat op een bijzondere manier is geïntegreerd in een bouwblok, is het Hofje van Noblet (1761, 20 woningen, hof 11,5 x 29 m). Het is gelegen tussen twee grachten, vlak bij een bocht in de rivier het Spaarne. Om de mooie locatie te benadrukken en het hofje zichtbaar te maken in de stad, is de bebouwing teruggelegd ten behoeve van een voortuin. Een tweede argument voor de voortuin was dat de hof anders in verhouding te lang en te smal zou zijn geworden. Bovendien krijgt zo de regentenkamer, opgenomen in het aangrenzende huis waar de familie Noblet toen al woonde, een bijzondere status. Het monumentale voorkomen van de hofgevel aan de voortuin is schijn: achter het middenrisaliet zit een gewoon huisje, en van de twee grote deuren is er één de echte toegang tot de hof, de ander is nep. De dubbele huisjes aan de andere gracht zijn later in de ontwerpfase toegevoegd. Daarvóór stond er het koetshuis van de familie Noblet. De gevel hier is sober, de voordeuren van de huisjes bevinden zich in de poorten, niet aan de straat.

Een interessante afgeleide categorie zijn de hofjes waar de hofruimte direct aan de straat grenst. In deze opzet krijgt de groene hof betekenis voor de stedelijke ruimte, zoals dat ook te zien is in stadspaleizen als Paleis Noordeinde in Den Haag. In Haarlem zijn twee van dit soort 'open hofjes' gebouwd: het Hofje Van Oorschot en de Teylershof.

Het Hofje Van Oorschot (1769, 17 woningen, hof 23,5 x 34 m) is gelegen aan een knooppunt van wegen in het hart van de binnenstad, op het terrein van een in onbruik geraakte kerk. De open zijde van de hof is gericht op de belangrijkste straat en in de zichtlijn met de St. Bavokerk, die het hart vormt van het stadscentrum. De scheiding tussen hof en straat bestaat uit een hek van smeedijzer en natuurstenen palen. De deuren in het hek worden alleen geopend bij begrafenissen, de dagelijkse toegangen tot de hof zijn kleine deuren aan weerszijden, opgenomen in een gemetselde muur die de woningen privacy verschaft. In het winterseizoen wordt de blik van de voorbijganger getrokken door het fronton boven de regentenkamer, die centraal achter in de hof is gesitueerd. In het zomerseizoen wordt de aandacht opgeëist door het groen. Om het aanzien van de hof groter te laten ogen, zijn twee gespiegelde woningen via één deur ontsloten.

between the houses on the courtyard side provide access to the courtyard for some of the houses on the street side.

Dutch almshouses usually form one part of an urban block. This is the case when several buildings or lots situated next to each other could be purchased. A number of hofjes were realized in blocks that adjoined the city wall, because the land was cheaper there. These hofjes often are situated on more isolated locations and have a greater depth to them.

The hofje manifested itself to the street in three possible ways. Sometimes it was as a closed, brick wall in which a monumental, decorated gateway theatrically marked the entrance to the courtyard. In other cases, the entire street façade was comprised of a gatehouse, an example of which is the Van Brouckhovenhofje in Leiden (1641), designed by Arent van 's-Gravesande. There are also situations in which the hofje is 'disguised' as an aristocratic house that is indistinguishable from the buildings on either side. An example of this is Amsterdam's Van Brants-Rus Hofje from 1733, designed by Daniël Marot.

An example of a hofje in Haarlem that is integrated in a block in a special way is the Hofje van Noblet (1761, 20 houses, courtyard 11.5 x 29 m). It is situated between two canals, close to a bend in the Spaarne River. To emphasize the beautiful location and make the complex noticeable in the city, the buildings were recessed to make space for a front garden. Another argument for the front garden was that the courtyard would otherwise have been proportionally too long and narrow. Moreover, this gave the regents' room situated in the adjacent house, where the Noblet family was still living at the time, a special status. The monumental appearance of the facade looking onto the front garden is simply cosmetic: behind the *middenrisaliet* (a protruding facade on the middle part of the building) is an ordinary house, and only one of the two large doors is the real entrance to the courtyard – the other is fake. The double houses on the other canal were added at a later phase in the construction. Before that, the coach house of the Noblet family stood on this site. Here, the façade is sober; the front doors of the houses are located in the gateways, not on the street.

An interesting subcategory is the hofjes where the courtyard directly adjoins the street. In this setup, the green courtyard had significance for the urban space, as can also be seen in city palaces like the Noordeinde Palace in The Hague. Two of this type of 'open hofjes' were built in Haarlem: the Hofje Van Oorschot and the Teylershof.

The Hofje Van Oorschot (1769, 17 dwellings, courtyard 23.5 x 34 m) is situated at a junction of streets in the centre of the city, on the grounds of a church that had fallen into disuse. The open side of the hof looks onto the most important street and is in the sightline of the St Bavo Church, which marks the centre of the city. The division between the courtyard and the street consists of a wrought-iron fence and stone posts. The doors in the fence are only opened for funerals; the normal entrances to the hof are small doors on either side, in brick walls that offer the dwellings some privacy. In the wintertime, the bypasser's gaze is drawn to the fronton above the regents' room, which is situated centrally at the back of the courtyard. In the summertime, the greenery demands all of the attention. In order to make the hofje appear bigger, two mirror-image dwellings are accessed through one large door.

The Teylershof (1787, architect Leendert Viervant, 24 houses, courtyard 18.5 x 45.5 m) is situated next to and oriented towards the river Spaarne, on the grounds of a beer brewery. What catch the eye are the large Doric columns and frontispieces, which are of

De Teylershof (1787, architect Leendert Viervant, 24 woningen, hof 18,5 x 45,5 m) is gelegen aan en georiënteerd op de rivier het Spaarne, op het terrein van een bierbrouwerij. In het oog springen de grote Dorische kolommen en frontispices, met een grotere schaal dan die van de huisjes en ook de andere panden aan het Spaarne. Om de hof, respectievelijk de straat te bereiken moet men trap op, trap af gaan. De hof ligt netto 0,6 m boven straatniveau, de entree 1 m. De regentenkamer is opgenomen in de grootschalige bebouwing aan het Spaarne. Zowel achter het Hofje Van Oorschot als de Teylershof lag een tweede hoftuin, een boomgaard. Op de plaats van eerstgenoemde is in 1874 een school gebouwd, op de plaats van de tweede bouwde Teyler in 1885 huurwoningen, die via een kleine poort met de hof verbonden zijn.

Stille oases

De woonomstandigheden in een hof(je) zijn vandaag de dag anders dan vroeger: het is geen vorm van liefdadigheid meer, er wonen niet meer alleen bejaarden en ook het stichtelijke aspect is niet meer aan de orde. Naar het huidige welvaartspeil zijn de oude hofjeswoningen te klein, donker en vochtig. Het gebrek aan privacy kan ook bezwaarlijk zijn.[6] Veel historische hofjes zouden in de jaren zeventig het loodje hebben gelegd, als er niet een herwaardering was gekomen voor historische bebouwing.

Wonen op een hofje is geliefd, vanwege de bijzondere sfeer op het binnenterrein en de eenheid van de bebouwing en tuin: hofjes zijn stille oases te midden van stedelijke drukte. Ondanks de duidelijke en eenvoudige typologie kan de sfeer in een hofje heel uiteenlopend zijn. De maat, maatverhoudingen, de inrichting van de hof, de toegang en de architectonische expressie van de samenhangende bebouwing zijn bepalende factoren.

In het 'ergste' geval was een bewoner ondergeschikt aan het dominante en pronkzuchtige uiterlijk vertoon van de rijke weldoener. Dan vormden de woningen slechts een achtergrond, waartegen het pand van de stichter en de regenten gloriërend afstak. Soms werd het geld uitgegeven aan een rijk gedecoreerde straatgevel, of werd het oog misleid, zoals bij het Hofje van Noblet.

a larger scale than the houses, and also of the other buildings on the Spaarne. In order to gain access to the hofje or the street, one must walk up or walk down a flight of steps. The hofje lies at a height of 60 cm above street level; the entrance lies at 1 m. The regents' room is incorporated in the large-scale building on the Spaarne. At the back of both the Hofje Van Oorschot and the Teylershof there was a second garden, an orchard. On the site of the first orchard, a school was built in 1874; on the site of the second, Teyler built rental dwellings in 1885, which were connected to the hof via a small gateway.

Peaceful Oases

The living conditions in Dutch almshouses are different today than they were in the past: they are no longer a form of charity, not only elderly people live in hofjes nowadays and the devotional aspect is no longer applicable. Judged by present-day standards of living, the old hofje houses are too small, dark and damp. The lack of privacy can also be a drawback.[6] Many of the historical hofjes would have been consigned to the dust heap by the 1970s if a revaluation of historical buildings hadn't occurred around the same time.

Living in a hofje is popular now, because of the special atmosphere in the inner courtyard and the unity of the buildings and garden: hofjes are peaceful oases in the middle of urban bustle. Despite the clear, simple typology, the atmosphere in hofjes can vary tremendously. The size, proportions, the layout of the courtyard, the entrance and the architectural expression of the connected buildings are determining factors.

In the past, in the 'worst' case scenario, residents were subordinate to the dominant and ostentatious display of the wealthy benefactor. The houses only served as a background against which the building of the founder and the regents made a glorious contrast. Sometimes money was spent on a richly decorated façade facing the street, or the eye was misled, as in the case of the Hofje van Noblet.

But the expression of status could also be very positive. In the palace-like Hofje Van Oorschot, residents were part of a complex

Jacob Elias la Fargue (1735-?). Afbeelding uit 1770 van het Spaarne met het Hofje van Noblet, de Zanderstoren en molen 't Fortuin
Illustration from 1770 of het Spaarne with the Hofje van Noblet, the Zanderstoren and windmill 't Fortuin

Maar het uitdrukken van status kan ook heel positief zijn. In de paleisachtige Hof Van Oorschot is de bewoner deel van een complex met allure, zonder dat hier sprake is van de eerder genoemde ondergeschiktheid. Dit geldt net zo voor de Teylershof die eveneens in open verbinding staat met de stad, ook al manifesteert de grote classicistische poort zich wel erg opzichtig. De Proveniershof, waar geen stichter wordt gerepresenteerd, en de bebouwing niet een hiërarchisch, maar een additief geheel vormt, biedt degene die binnenkomt een informeel, openbaar karakter, terwijl het omvangrijke complex in de stad nauwelijks opvalt.

Alleen wanneer een hofje deel is van het stelsel van openbare ruimten, kan het voor de stad van betekenis zijn. Hiervan is letterlijk sprake in het geval het hofje publiek toegankelijk is en een openbaar karakter heeft. Maar dit is ook het geval, als er een visuele verbinding bestaat tussen hof en stad. De Nederlandse hofjestraditie, waar het gaat om uiterlijk vertoon door middel van architectuur, biedt een rijkdom aan voorbeelden.

with allure, without there being any question of the above-mentioned subordination. This was equally true for the Teylershof, which similarly maintains an open connection with the city, even though the large classicist gateway comes across as extremely flamboyant. The Proveniershof, where there is no founder to represent and where the buildings form an additive rather than a hierarchal whole, offers those who enter an informal, public atmosphere, while the extensive complex is hardly noticeable in the city.

Only when a hofje is part of the system of public spaces can it have significance for the city. This is literally the case when the hofje is accessible to the public and has an open character. But it is also true if there is a visual connection between the hof and the city. When it comes to outward display through architecture, the Dutch hofje tradition offers a wealth of examples.

Noten

1 De gebouwtypologie 'hof' komt in Nederland voor in de volgende tradities: kloosters, grafelijke hoven, hofjes van liefdadigheid, speculatiebouw en ten slotte als massawoningbouwopgave in de vorm van een bewerking van het gesloten bouwblok. Zie ook: W.Wilms Floet en E. Gramsbergen, *Zakboek voor de woonomgeving*, Rotterdam: Uitgeverij 010, 2001.
In hoeverre de Nederlandse volkswoningbouwarchitecten aan het begin van de 20e eeuw in hun projecten expliciet en/of impliciet refereerden aan de historische hofjes, moet nog onderzocht worden. In de uitgebreid gepubliceerde en bestudeerde Duitse massawoningbouwarchitectuur en Engelse tuinstadarchitectuur van de late 19e eeuw, figureerden hoven met een andere achtergrond. Zie voor een aanzet hierover: F. Claessens, *De stad als architectonische constructie. Het architectonisch discours van de stad (Duitsland 1871-1914)*, Delft: Publicatieburo Bouwkunde, 2005 (proefschrift); F. Smit en A. Mulder, *De droom van Howard, verleden en toekomst van de tuindorpen*, Rijswijk: Elmar, 1991.

2 M.J. Meijers, 'De architectuur en de woningbouw', deel I t/m X, *Bouwkundig Weekblad* 27 (1916) t/m 9 (1917).

3 D.P.M. Graswinckel, *Nederlandsche hofjes*, Amsterdam: Albert de Lange, 1944, 36.

4 H. M. Türck, *Die Leidener Wohnstiftungen vom 15. bis 17. Jahrhundert*, Aken, 1989 (proefschrift), 210.

5 Bij de Alteratie in 1578 werd de rooms-katholieke godsdienst verboden ten faveure van het gereformeerde geloof, alle kloosterbezittingen vervielen aan de stedelijke overheid.

6 Zoals ook Hilde de Haan opmerkt in *de Volkskrant* (10 januari 2008), naar aanleiding van het pas opgeleverde Haarlemse Enschedé hofje, ontworpen door Henk Döll.

Literatuur

Ilse Dorren, *Langs hofjes, routes in Nederland en België*, Utrecht - Antwerpen: Kosmos - Z&K Uitgevers, 1994
D.P.M. Graswinckel, *Nederlandsche hofjes*, Amsterdam: Albert de Lange, 1944
Botine Koopmans, *De verborgen stad – 115 hofjes in Den Haag*, Den Haag: De Nieuwe Haagsche, 2005 (systematische, maar beperkte documentatie van de stedenbouwkundige inbedding)
Dr. Gerda H. Kurz, *Haarlemse hofjes*, Haarlem: Schuyt, 1972
R. Lopes Cardozo, R. Spruit, F. Suyderhout en T. Weerheim, *Hofjes in Nederland*, Haarlem: Gottmer, 1977
Monumenten in Nederland, Zwolle: Waanders, 1998-2006 (serie)
H. M. Türck, *Die Leidener Wohnstiftungen vom 15. bis 17. Jahrhundert*, Aken, 1989 (dissertatie)
Van verschillende hofjes bestaan monografieën, meestal gemaakt ter gelegenheid van een jubileum.
In verschillende steden zijn wandelingen uitgezet langs hofjes.
Zie ook de website http://www.hofjesberaad.nl/literatuur/literatuur.html

Notes

1 The 'hof', or court typology of building is found in the Netherlands in the following traditions: monasteries and convents, royal courts, almshouses (*hofjes van liefdadigheid*), speculative building and finally, as large housing projects in the form of a closed block of residential buildings. See also: W.Wilms Floet and E. Gramsbergen, *Zakboek voor de woonomgeving* (Rotterdam: 010 Publishers, 2001).
The extent to which Dutch architects at the beginning of the 20th century explicitly and/or implicitly referred to the historical hofjes in their public housing projects must still be investigated. In the extensively published and studied German public housing and the English garden city architecture of the late 19th century, courtyards had a different background. For an initial discussion of this, see F. Claessens, *De stad als architectonische constructie. Het architectonisch discours van de stad (Duitsland 1871-1914)*, dissertation (Delft: Publicatieburo Bouwkunde, 2005); F. Smit and A. Mulder, *De droom van Howard, verleden en toekomst van de tuindorpen* (Rijswijk: Elmar, 1991).

2 M.J. Meijers, 'De architectuur en de woningbouw', instalments I-X, *Bouwkundig Weekblad* 27 (1916) through 9 (1917).

3 D.P.M. Graswinckel, *Nederlandsche hofjes* (Amsterdam: Albert de Lange, 1944), 36.

4 H. M. Türck, *Die Leidener Wohnstiftungen vom 15. bis 17. Jahrhundert*, dissertation (Achen, 1989), 210.

5 With the Alteration in 1578, the Roman Catholic faith was forbidden in favour of the Protestant faith; all monastery property was taken over by the municipal authorities.

6 As Hilde de Haan also remarked in the newspaper *De Volkskrant* (10 January 2008), in reference to the recently completed Enschedé Hof in Haarlem, designed by Henk Döll.

Literature

Ilse Dorren, *Langs hofjes, routes in Nederland en België* (Utrecht – Antwerp: Kosmos - Z&K Uitgevers, 1994)
D.P.M. Graswinckel, *Nederlandsche hofjes* (Amsterdam: Albert de Lange, 1944)
Botine Koopmans, *De verborgen stad – 115 hofjes in Den Haag* (The Hague: De Nieuwe Haagsche, 2005) (systematic, but limited documentation of the urban development embedment)
Dr. Gerda H. Kurz, *Haarlemse hofjes* (Haarlem: Schuyt, 1972)
R. Lopes Cardozo, R. Spruit, F. Suyderhout and T. Weerheim, *Hofjes in Nederland* (Haarlem: Gottmer, 1977)
Monumenten in Nederland (Zwolle: Waanders, 1998-2006 – series)
H. M. Türck, *Die Leidener Wohnstiftungen vom 15. bis 17. Jahrhundert*, dissertation (Achen, 1989).
Monographs have been made on various hofjes, usually in celebration of an anniversary. Some cities have mapped out walking routes past various hofjes.
Also see the website http://www.hofjesberaad.nl/literatuur/literatuur.html

Dick van Gameren
& Olv Klijn

Klein genoeg om openbaar te zijn
Small Enough to Be Public

Interview met/with Sjoerd Soeters

Binnengebied van een van de blokken op Java-eiland
Inner area of one of the blocks on Java-eiland

Het werk van architect Sjoerd Soeters behoort zonder twijfel tot het meest uitgesproken en meest kleurrijke van de Nederlandse architectuurproductie. In de waardering voor zijn architectuur lijkt er weinig nuance mogelijk: Je bent of vóór Soeters, of vindt hem verschrikkelijk.

Over zijn stedenbouwkundige ontwerpen lopen de meningen minder ver uiteen. Projecten als het Java-eiland in Amsterdam, de Haverleij bij 's-Hertogenbosch of Zwanenwoud bij Heerenveen worden in brede kring gewaardeerd. Vooral de ruimtelijke contrasten in de stedenbouwkundige plannen van Soeters zijn opvallend. Op verschillende schaalniveaus en zowel binnen een stedelijke, als een meer landelijke context heeft Soeters intussen bewezen in staat te zijn woonprogramma's op een succesvolle manier met publieke ruimte te verweven. We spreken met hem over de reacties op zijn ontwerpen, zijn ideeën achter het werk, zijn voorbeelden en over de condities waaraan voldaan moet worden om publieke en private ruimtes succesvol met elkaar te verbinden.

Er lijkt een tendens gaande om bouwblokken toegankelijk te maken, IJburg toont hiervan verschillende voorbeelden. Het klassieke stedenbouwkundige model van het raster is hier zo toegepast dat bouwblokken op allerlei manieren afwijken van het traditionele gesloten bouwblok. Een ander voorbeeld is het project de Grote Hof van Christian Rapp in Ypenburg bij Den Haag. Daar is het bouwblok als het ware binnenstebuiten gekeerd, waardoor de toegangen van de woningen aan besloten hoven liggen en de tuinen aan de buitenkanten van het blok. De vraag is waarom in al deze gevallen het publiek binnen wordt gehaald?

In IJburg heeft dit verschijnsel een eenvoudige verklaring: daar is de blokmaat gewoon te groot gekozen!

Stedenbouwkundige Ton Schaap heeft inderdaad bewust een forse afmeting gekozen, waardoor riante binnenterreinen ontstaan. Maar ook buiten IJburg, bijvoorbeeld in verschillende van uw eigen projecten, duikt een openbare ruimte op, omsloten door woningen. Wij vragen ons af wat de betekenis is van die omsloten open ruimte.

Het thema van het openbare binnengebied speelt inderdaad in veel van onze projecten. Ik denk dat één van de eerste momenten, waarop dit thema ook als een ontwerpuitgangspunt voor ons naar voren kwam, het ontwerp voor het Java-eiland was. Het

Without a doubt, Sjoerd Soeters' work is among the most distinctive and most colourful in Dutch architecture. His architectural output appears to admit little nuance: you either love or loathe Soeters.

Opinion on his urban designs is less divided. Projects such as Java-eiland in Amsterdam, Haverleij near 's-Hertogenbosch and Zwanenwoud outside Heerenveen have garnered widespread admiration. The spatial contrasts in Soeters' town plans are particularly striking. Working at various planning levels and within both an urban and a more rural context, Soeters has shown that he knows how to successfully mix private housing and public space. We spoke to him about the reactions to his designs, the ideas inspiring his work, his role models and the preconditions for a successful link between public and private spaces.

There seems to be a trend for making housing blocks more accessible; IJburg shows us a number of different approaches. Here the classic planning model of the grid has been applied in such a way that the blocks differ in all kinds of ways from the traditional, closed block. Another example is Christian Rapp's project De Grote Hof in Ypenburg near The Hague. This block has been turned inside-out as it were, situating the main entrances to the homes along enclosed courtyards and the gardens on the outside of the block. The question here is why in all of these cases the public is brought inside?

In IJburg this phenomenon has a simple explanation: the block is too big!

Urban designer Ton Schaap has deliberately gone for a large scale, creating spacious inner courtyards. But IJburg is not the only place that features such public spaces enclosed by homes. They have also emerged in several of your own projects. We are curious about the meaning of this enclosed public space.

Yes, the public internal space is common in many of our projects. I think that one of the first times it emerged as a design premise for us was when we worked on the design for Java-eiland. The problem there was that the most attractive locations for the living rooms were the island's quaysides. This meant that the kitchens

probleem daar was dat de meest aantrekkelijke plekken om woonkamers te situeren, de kades van het eiland waren. Als gevolg hiervan zouden de keukens en slaapkamers aan de binnenkanten van de blokken komen te liggen. De dan ontstane blokken dreigden opvallende overeenkomsten te vertonen met de blokken in Venserpolder, een van de laatste wijken van Amsterdam-Zuidoost. In Venserpolder heb je hoven die zo slecht vanuit de woningen worden bekeken – lees gecontroleerd – dat het er een bende wordt. Dat wilden we voorkomen!

Onze oplossing was om aan twee kanten van het blok voorkanten maken. We hebben dus grachtenhuizen ontworpen, waaraan ruggelings achterhuizen zijn toegevoegd. Bovendien hebben we zogenaamde 'palazzi' ontwikkeld, die met de achterhuizen een nieuw front creëren naar het binnengebied. Voor ons was dit heel belangrijk.

Waarom was in dit geval een openbaar binnengebied zo belangrijk? U had toch net als overal elders in het centrum van Amsterdam prima gesloten bouwblokken kunnen maken?

Inderdaad werken de gesloten blokken in de Amsterdamse binnenstad nog altijd goed. Een belangrijk verschil met de blokken op Java-eiland is echter hun afmeting. De stedenbouwkundige randvoorwaarden voor het Java-eiland schreven voor dat er gestapelde woningen gerealiseerd moesten worden. Gecombineerd met de voorschriften voor licht- en luchttoetreding resulteerde dit in blokken met een binnenruimte van meer dan 20 m diep. De weldaad van deze binnenruimte wilden wij ten goede laten komen aan de bewoners van de blokken, temeer omdat er aan de kades dankzij het (auto)verkeer, weinig openbare ruimte zou overblijven.

Om een binnenruimte aan iedereen ten goede te laten komen, moet een gebied openbaar zijn, en om een gebied als zodanig voelbaar te maken, moeten er voorkanten van huizen aan grenzen. Dit algemene principe bleek op Java-eiland heel mooi samen te vallen met een specifieke wens van ons om een luwe fietsroute over het winderige eiland te maken.

Alleen aan de binnenkanten van de blokken konden we die route maken. Vandaar dus dat al in onze eerste schetsen een verbindingslijntje door de blokken getekend is. Het laatste argument om de blokken voor iedereen toegankelijk te maken, was dat hiermee in de binnenruimte speelplekken voor kinderen konden worden gerealiseerd. Gezamenlijk hebben deze motieven geresulteerd in een unieke stedelijke ruimte die duidelijk in contact staat met de omringende woningen.

Op Java-eiland waren het typisch stedelijke randvoorwaarden zoals afmeting, dichtheid en programma die het denken over een nieuw type blok hebben gestimuleerd.
In het ontwerp voor Zwanenwoud, een project ook van uw hand, waren die randvoorwaarden vermoedelijk minder dwingend. Toch is ook hier een vorm van omsloten openbaarheid ontstaan. Hoe is dat te verklaren?

Ashok Bhalotra had als stedenbouwkundige het plan voor deze Vinex-wijk bij Heerenveen bedacht. Het was zijn idee dat te midden van een gevarieerd veld van eengezinshuizen twee groene parken zouden liggen. Die parken zouden volgens Bhalotra als landgoederen moeten functioneren en de wijk lucht en ruimte geven. De gemeente omarmde de ideeën van Bhalotra

and bedrooms would end up on the inside of the blocks. The resulting blocks threatened to display striking parallels with those in Venserpolder, one of the last neighbourhoods to be built in Amsterdam-Zuidoost. Some of the courtyards in Venserpolder are so rarely looked at – read: monitored – from the homes that they become a mess. We were keen to prevent that!

We solved it by building façades on two sides of the block. In other words, we designed canal-side houses to which we attached rear-annexes. We also developed so-called 'palazzi' that combine with the rear-annexes to create a new front facing the inner courtyard. This was extremely important to us.

Why was a public internal space so important here? Surely you could have built closed blocks, just like everywhere else in the centre of Amsterdam?

Indeed, the closed blocks in the centre of Amsterdam are still quite effective. But the dimensions of the blocks on Java-eiland are quite different. The urban preconditions for Java-eiland stipulated multi-level homes. This and the regulations for light and air supply resulted in blocks with an internal space of over 20 m in depth. We wanted the residents to benefit from this abundant space, the more so because the motorized traffic would leave little public space along the waterfront.

If an inner courtyard is to benefit everybody it must be public, and for a space to be experienced as such it must have façades. On Java-eiland this general principle dovetailed beautifully with our express wish to create a sheltered cycle path across the windy island.

We could only build this path along the inside of the blocks. This explains why our initial drafts all featured a connecting path through the blocks. The final argument in favour of making the blocks publicly accessible was that it allowed us to realize children's play areas in the internal space. Taken together these motives resulted in a unique urban space with a clear connection to the surrounding homes.

On Java-eiland the typical urban preconditions such as dimension, density and design brief stimulated ideas for a new type of block. In the design for Zwanenwoud, another one of your projects, these preconditions were presumably less rigid. Yet here, too, a form of enclosed public space emerged. Why is this?

Ashok Bhalotra drew the urban design for this Vinex neighbourhood outside Heerenveen. It was his idea to have two green spaces among a wide range of single-family dwellings. Bhalotra wanted these parks to be like country estates that would furnish the neighbourhood with fresh air and space. The local council embraced Bhalotra's ideas, so we had to start thinking about how to build such an estate. Bhalotra suggested building a single country house and financing the estate through the sale of apartments.

One of the developers to show an interest in the plan was Heijmans Vastgoed, with whom we were already collaborating on the Haverleij project near 's-Hertogenbosch. Following consultations with Bhalotra and the local council, they proposed asking me for a design for Zwanenwoud. The first time all parties sat round the table, the men at Heijmans said that, on reflection, they did not think that Bhalotra's ideas were feasible. They reckoned that the 20 apartments that could be realized within a country house could not finance the estate as a whole. In turn they proposed a 'middle-class estate', whereupon the others pushed back their chairs in exasperation and sighed: 'That means there's no project, for a

en vervolgens moest er dus worden nagedacht hoe een landgoed te maken. Het idee van Bhalotra was dat er één landhuis zou worden gemaakt en dat met de verkoop van appartementen het landgoed betaald kon worden.

Een van de marktpartijen die interesse toonde voor dit plan was Heijmans Vastgoed, met wie wij in het project Haverleij bij 's-Hertogenbosch werkten. Zij hebben na een gesprek met Bhalotra en de gemeente voorgesteld mij te vragen een ontwerp te maken voor Zwanenwoud. Tijdens het eerste gesprek met alle betrokkenen merkten de heren van Heijmans op dat zij bij nader inzien niet geloofden in het idee van Bhalotra. De twintig appartementen die in een landhuis te realiseren waren, konden volgens hen niet het hele landgoed financieren. Zij stelden daarom voor een 'modaal landgoed' te maken, waarop de andere aanwezigen verontwaardigd hun stoelen naar achter schoven en verzuchtten: 'Dan hebben we dus geen project, want een modaal landgoed is een contradictio in terminis.' Even leek er een genante situatie te ontstaan; nog voordat we goed en wel kennis hadden gemaakt, dreigden we alweer afscheid te moeten nemen. Ik heb toen het woord genomen en gezegd: 'Als we nu eens denken aan Bath in Engeland. Daar hebben John Wood the Elder en John Wood the Younger een geweldig landschap ontworpen, door een gebied te omsluiten met een wand van woningen.' Als we gebruik zouden maken van twee stroken bebouwing aan de randen van het park in plaats van één centraal landhuis, zou het landgoed als het ware tussen de bebouwing doorlopen. Je kunt dan meer en betere woningen realiseren dan in één landhuis.

Was Bath uw enige referentie?

Bath kwam direct bij mij op, toen iedereen dacht dat het onmogelijk was met rijtjeshuizen een landgoed te maken. Toen ik

middle-class estate is a contradiction in terms.' Embarrassment seemed to be on the cards; the project appeared to be over before we had even started. But then I said: 'What about Bath in England? John Wood the Elder and John Wood the Younger designed a marvellous landscape there by enclosing an area with a wall of houses.' If we were to build two strips of housing along the edges of the park instead of a single, central country house, the estate would sit among the buildings as it were. It would also allow you to realize more and better homes than in a single country house.

Was Bath your only frame of reference?

Bath immediately occurred to me when everybody thought it would be impossible to create a country estate with terraced housing. But once I was working on the design for Zwanenwoud, I came across Marly-le-Roi. It turns out that Louis XIV's second country house, small compared to Versailles, consisted of two long, built-up structures with fountains and ponds in the middle. During the revolution the people of Paris left Versailles alone, but Marly was so excessive that they razed it. Marly confirmed my intuitions: it should be possible to create a park with two strips of housing.

As soon as we decided to go for these two strips of housing, it made sense to concentrate motorized traffic on the 'outer edges' of these strips. Clustering the carports and private gardens on this side creates an informal frontage. The 'interiors' of these strips face one another, although they are divided by the park. And because the houses have been raised by half a level in relation to the park, everybody has a splendid view of the public internal space.

We also detected a parallel with a project closer to home: Tuinwijk-Zuid, in Haarlem, by Van Loghem. Is this a fair assumption to make?

Impressie van de Royal Crescent in Bath, ontworpen door John Wood the Elder
Impression of the Royal Crescent in Bath, designed by John Wood the Elder

eenmaal aan het ontwerp voor Zwanenwoud werkte, stuitte ik op het voorbeeld van Marly-le-Roi. Dit tweede, vergeleken met Versailles, kleinschalige buiten van Lodewijk XIV bleek een structuur te hebben gehad van twee lange, bebouwde kanten met daartussen fonteinen en waterpartijen. Tijdens de revolutie hebben de burgers van Parijs Versailles laten staan, maar Marly was zo exuberant dat ze het volledig met de grond gelijk hebben gemaakt. Voor mij was Marly echter het voorbeeld dat mijn vermoedens bevestigde: het moet mogelijk zijn met twee stroken bebouwing een park te maken.

Nadat de keuze voor twee stroken bebouwing was gemaakt, was het logisch om het autoverkeer te concentreren aan de 'buitenkanten' van deze stroken. Door alleen aan deze kant carports en privétuinen te maken, ontstaat er hier een informele voorkant. De 'binnenkanten' van de stroken zijn naar elkaar gericht, maar daar ligt het park tussen. Doordat de huizen ten opzichte van het park een halve verdieping zijn verhoogd kijkt iedereen geweldig uit op de openbare binnenruimte.

Wij zagen tevens een parallel met een project dichter bij huis: Tuinwijk-Zuid, in Haarlem van Van Loghem. Is dat terecht?

Dat kan kloppen. Ik zat in Tuinwijk op school en vriendjes van mij woonden in het blok van Van Loghem. Behalve een groene binnenruimte maakte ook Van Loghem al informele voorkanten door aan deze kant de keukens te plaatsen, iets wat destijds heel ongebruikelijk was. Een groot verschil tussen Tuinwijk-Zuid en Zwanenwoud is de afmeting. In het laatste geval is de groene binnenruimte denk ik bijna drie keer zo groot.

In hoeverre is de structuur van Zwanenwoud, namelijk hoofdontsluiting, private buitenruimte, woning en vanuit de woning het uitzicht over het openbare groen, ook in andere projecten van u terug te vinden?

Eigenlijk is die structuur vergelijkbaar met wat we in Haverleij hebben gemaakt. In Haverleij rij je als bewoner via de toegangsweg naar de oprijlaan van je kasteel, je parkeert je auto onder je kasteel en loopt naar je woning. Eenmaal binnen is daar direct het uitzicht over het landschap.

Anders dan in Bath, waar de publieke kant van de bebouwing, in de vorm van voordeur en straat naar het landschap is gekeerd, is zowel in Zwanenwoud als in Haverleij het landschap feitelijk aan de achterkant van de woningen gelegen. Doordat bewoners aan deze kant zich echter niets anders dan hun terras of balkon mogen toeëigenen, is er ook hier geen sprake van achtertuinen, maar van een werkelijk publieke ruimte.

Hoe wordt het openbare groen in Zwanenwoud ervaren? Beschouwen bewoners het als hun eigen terrein?

De bewoners voelen zich erg betrokken bij het park en zijn er trots op. Formeel bezitten zij alleen hun huis met voortuin en vlonder achter de serre. De gemeente bezit de rest en onderhoudt dit ook. Door de huizen aan weerszijden van het park te situeren, is het wel heel logisch dat iedereen zijn eigen kant van het groen in de gaten houdt.

Een andere mogelijke verklaring voor de betrokkenheid van de bewoners bij het park is dat de woningen direct aan deze ruimte grenzen. In talloze stedelijke situaties zijn er vergelijkbare

Yes, you may be right. I went to school in Tuinwijk and friends of mine lived in the building by Van Loghem. As well as a green internal space, Van Loghem created an informal front by situating the kitchens on the street side, which was quite unusual at the time. But the dimensions of Tuinwijk-Zuid and Zwanenwoud are quite different. In the latter, the green internal space is, I believe, nearly three times as big.

To what extent does Zwanenwoud's structure – the main entrance, private outdoor area, dwelling and its view of the public green space – reappear in your other projects?

The structure is similar to the one we realized in Haverleij. As a resident in Haverleij you drive along the main access road to your castle drive, park your car at the foot of your castle and walk to your home. Once inside, you have a view across the countryside.

Unlike in Bath, where the public aspect of the houses, in the shape of front door and street, faces the landscape, in both Zwanenwoud and Haverleij the landscape is situated at the rear of the homes. But because residents are not allowed to appropriate anything other than their patio or balcony on this side, one cannot really speak of back gardens here, but of a proper public space.

Impressie van Marly-le-Roi, ontworpen door Jules Hardouin-Mansart en Charles Le Brun

Impression of Marly-le-Roi, designed by Jules Hardouin-Mansart and Charles Le Brun

eigendomsstructuren te vinden, maar die worden toch heel anders ervaren. Woningen die bijvoorbeeld aan een openbare groenstrook staan of bij een talud naar een singel, worden meestal van het groen gescheiden door een trottoir of een weg, en dat maakt psychologisch een groot verschil.

Op Java-eiland wordt de publieke binnenruimte zo mogelijk nog meer gewaardeerd dan in Zwanenwoud. Waarschijnlijk heeft dat te maken met de stedelijke context van het eiland. Aanvankelijk verkochten de huizen in Zwanenwoud slecht. Kopers herkenden de kwaliteit van de binnenruimte niet, omdat op deze Vinex-locatie groene open ruimte niet bepaald schaars is. Intussen is de waardering voor het project gegroeid, maar bezoekers die er voor het eerst komen, hebben vaak nog moeite het direct te doorgronden.

Heeft het maken van een publieke binnenruimte ook gevolgen voor de typologie van de woningen die de ruimte omsluiten?

Ja. In Zwanenwoud leek het mij een geweldig idee om het groen als het ware de huizen ingezogen te laten worden door glazen huiskamers. Alle huizen hebben daarom een grote glazen doos gekregen die uitkijkt over het park. Bijkomend voordeel van deze etalages aan het landschap is dat we eindelijk een reden hadden om fatsoenlijke huiskamers te maken. De meeste mensen zijn gewend om in ruimtes te worden gepropt die 2,6 m of 2,8 m hoog zijn. Maar in zo'n ruimte kun je de (Friese) staande klok niet eens rechtop zetten en moet je de kuif van de kast halen. Wij hebben dus woonkamers gemaakt van 4 m hoog! Gecombineerd met het kasteelachtige uiterlijk van de huizen aan de voorkant is zo een typologie ontstaan die werkt als een verloopstekker naar het landschap.

Ook op Java-eiland zijn de typologische gevolgen groot, hier zijn zoals gezegd eigentijdse achterhuizen en palazzi ontstaan. Niet alleen zorgt deze bebouwing voor fronten aan het binnengebied, maar het camoufleert ook de parkeergarages die vanaf de kade 16 m het blok in steken. Bovendien verzacht de lagere bebouwing het zicht vanuit het binnengebied op de achterkanten van de soms forse kadebebouwing.

In de voorbeelden die u noemt motiveert u het besluit een openbare binnenruimte te maken vrijwel uitsluitend vanuit ruimtelijke overwegingen. Liggen er toch ook niet sociale overwegingen aan deze keuze ten grondslag?

Arnold Reijndorp schrijft in zijn boek *Op zoek naar een nieuw publiek domein* dat een belangrijk kenmerk van goede openbare ruimte is, dat er mensen aan wonen of werken die vinden dat ze over die ruimte ook iets te zeggen hebben. Met andere woorden, openbare ruimte waaraan niemand woont of werkt, waarover niemand iets te zeggen heeft, wordt per definitie als onprettig ervaren. De betrokkenheid van – aanwonende – mensen is daarmee een van de belangrijkste voorwaarden om een ruimte als openbaar te kunnen ervaren. Dit inzicht staat volgens mij haaks op veel moderne opvattingen over openbare ruimte die er vanuit gaan dat openbare ruimte vooral groot genoeg moet zijn. Ik denk dat het tegendeel waar is: een ruimte moet juist klein genoeg zijn om openbaar te zijn.

How do the residents relate to the public green space in Zwanenwoud? Do they see it as their own?

The residents are quite committed to and proud of the park. Officially, they own just their house, front garden and the wooden platform at the back of the conservatory. The local council owns and maintains the rest. But because the homes are situated on either side of the park, it makes sense for people to keep an eye on their side of the green space.

An alternative explanation for the residents' commitment to the park is that the homes border directly onto this space. Many urban settings have similar ownership structures, yet they are experienced in a very different way. Homes along a public green belt or a grassy canal bank are often separated from this greenery by a pavement or street, and this creates a major psychological barrier.

The appreciation of the public internal space may be even greater on Java-eiland than in Zwanenwoud. I suspect the island's urban context plays a role here. Initially, the houses in Zwanenwoud sold badly. Buyers failed to recognize the quality of the inner courtyard, because green, open spaces were not exactly rare at this Vinex location. Appreciation has since grown, but first-time visitors still struggle to come to grips with the project.

Does the creation of a public internal space have consequences for the dwelling types that frame that space?

Yes. In Zwanenwoud I thought it would be great to have the greenery sucked into the houses, as it were, through glass living rooms. That is why all the houses were fitted with a big glass box overlooking the park. An additional advantage of these shop windows on the landscape is that it gave us a good reason to make decent living rooms. Most people are used to being squeezed into rooms with ceiling heights of 2.6 or 2.8 m. But that is not tall enough for the grandfather clock and you would have to take the ornamental crest off your cabinet. That is why we made the living rooms 4 m high! Along with the castle-like façades of the houses this created a typology that feeds into the landscape.

On Java-eiland the typological consequences were considerable too. We ended up with contemporary rear annexes and palazzi here. Not only does this create fronts facing the internal space, but it also camouflages the car parks that, from the quayside, extend 16 m into the block. Besides, the low-rises soften the view from the inner courtyard of the backs of the large buildings along the waterfront.

In the examples you mention the creation of a public internal space is justified almost exclusively on the basis of spatial reasons. Do social considerations play no role at all?

In his book *Op zoek naar een nieuw publiek domein* (In search of a new public domain) Arnold Reijndorp wrote that a good public space is characterized by the presence of people who live and work there and believe they have some control over that space. In other words, a public space where people neither live nor work and have no input is, by definition, felt to be unpleasant. The involvement of residents is therefore one of the main conditions for experiencing a space as public. In my view this insight is at odds with many contemporary ideas about public space that assume that a public space must, above all, be big enough. I believe the opposite is true: a space must be small enough to be public.

Dick van Gameren
& Olv Klijn

Nooit meer verhuizen?
Never Move House Again?

Interview met/with Ton Schaap

Impressie van een autovrije, publiek toegankelijke woonhof op IJburg
Impression of a car-free, publically accessible courtyard in IJburg

Stedenbouw werd in Nederland lang vanuit de anonimiteit van overheidsdiensten bedreven. In de jaren tachtig van de vorige eeuw werd die aanpak verlaten en traden een aantal stedenbouwers van gemeentelijke diensten duidelijk naar voren. Het is ook de periode, waarin de stadsvernieuwingsopgave op haar einde loopt en een nieuwe uitdaging zich aandient: het stoppen van de leegloop.

Tegen de achtergrond van deze ontwikkelingen begint stedenbouwer Ton Schaap zijn loopbaan bij de Amsterdamse Dienst Ruimtelijke Ordening. In de jaren die volgen is hij mede verantwoordelijk voor de aanpak van het Oostelijk Havengebied en groeit hij uit tot een van de spraakmakende stedenbouwers van ons land. Schaap ontdekt tijdens het ontwerpwerk voor het KNSM-eiland, het Java-eiland en Borneo-Sporenburg nieuwe mogelijkheden, door vroegtijdig in het proces architecten bij het ontwerp te betrekken. Eén van de belangrijke vernieuwingen is de introductie van openbaar toegankelijke bouwblokken. In zijn stedenbouwkundig ontwerp voor IJburg past Schaap deze typologie opnieuw. Hier merkt hij echter ook dat de nieuwe openbare ruimte beperkingen kent. We spreken met hem over de geschiedenis van het publiek toegankelijke bouwblok, de mogelijkheden en onmogelijkheden ervan en de toekomst van deze typologie.

For a long time urban design in the Netherlands was the preserve of anonymous civil servants. This approach was abandoned in the 1980s when a number of urban designers in local authority employ made a name for themselves. It was also at this time that urban regeneration came to an end and a new challenge presented itself: calling a halt to the urban exodus.

Against the backdrop of these developments, urban designer Ton Schaap began his career at the city of Amsterdam's Department of Physical Planning. In the years that followed he contributed to the development of the Eastern Docklands Area and he became one of the country's most controversial urban designers. It was while working on the design for KNSM-eiland, Java-eiland and Borneo-Sporenburg that Schaap stumbled upon new solutions by involving architects at an early stage of the design process. One of the important innovations here was the introduction of publicly accessible blocks. Schaap also drew on this typology in his urban design for IJburg. Yet this time round he had to conclude that the new public space has its limitations too. We talked to him about the history of the publicly accessible block, its advantages and disadvantages and the future of this typology.

Het gesloten bouwblok is een klassiek stedenbouwkundig element dat na de Tweede Wereldoorlog snel aan populariteit heeft verloren, zeker in Nederland. Begin jaren negentig verschijnen er bouwblokken die daar wel weer aan herinneren. Het grote verschil is dat nu de blokken in hoge mate voor het publiek toegankelijk zijn. Kunt u vertellen hoe deze geschiedenis in Amsterdam is verlopen?

Na de Bijlmermeer, waaraan iedereen van de Dienst Ruimtelijke Ordening (DRO) jarenlang had gewerkt, was er sprake van een omslag, het eerst zichtbaar in het Oostelijk Havengebied. De plangroep Oostelijk Havengebied, onderdeel van DRO, stelde voor op het Abattoirterrein kleine, gesloten bouwblokken te realiseren. Dit stuitte op heftige bezwaren bij de dienst Volkshuisvesting. Die voorzag problemen met moeilijke hoeken en hoge servicekosten voor liften. Als compromis werd besloten een

The closed block is a classic urban element that quickly fell from favour after the Second World War, especially in the Netherlands. In the early 1990s new blocks appeared that conjured up echoes of the past. With this difference, that these blocks are highly accessible to the public. Can you tell us how this came about in Amsterdam?

The U-turn came after the Bijlmermeer project, which the entire Department of Physical Planning had worked on for years. It first became apparent in the Eastern Docklands Area. Planning committee Oostelijk Havengebied, a division of the Department of Physical Planning, put forward a plan for small, closed blocks at the Abattoir site. This met with fierce opposition from the Public Housing Department, which foresaw problems with neglected spaces and high service costs for lifts. We reached a compromise and decided

strokenverkaveling te maken met bouwblokken die in organisatorische zin alleen op de begane grond gesloten zouden zijn.

Het volgende gebied dat onder handen werd genomen, was Entrepot-West. Dit ligt ter weerszijden van een havenbekken, de Entrepothaven, die met een flauwe bocht de stad in buigt. Omdat de locatie een woestenij van rails, vervuilde grond en verkeerslawaai was, hebben collega-stedenbouwkundigen Bakker en Van Minnen voorgesteld een groot blok over de haven te maken. Een dergelijk blok zou een eigen binnenmilieu kunnen garanderen, waardoor het wonen op deze plek aantrekkelijk werd.

Dat was het moment, waarop ik zelf bij de plangroep Oostelijk Havengebied kwam werken. Het concept van dit grote blok sprak mij erg aan, maar helaas vertegenwoordigde ik een minderheid: de meeste collega's vonden het blok te recht en te saai. Toen is het idee geboren een aantal architecten te vragen op basis van onze stedenbouwkundige randvoorwaarden hun visie op het probleem te geven.

Dat bleek een geweldige zet. Door architecten te vragen met suggesties te komen, verschenen er al snel fantastische maquettes op tafel, waardoor in één klap het enthousiasme bij iedereen omhoog schoot. Als stedenbouwkundigen moesten wij uit deze overdaad alleen nog het beste plan kiezen. Het enthousiasme dat de architecten wisten los te maken, werkte ook aanstekelijk op ontwikkelaars en collega-diensten die opeens bereid bleken dure oplossingen in de plannen op te nemen. Kortom, het bleek een goede methode, waarmee vervolgens het hele Oostelijk Havengebied is aangepakt.

Is er één gebouw aan te wijzen dat de start van deze aanpak markeert?

Ja, zoals gezegd was het eerste blok, waarvoor we via een besloten prijsvraag architecten om hun visie vroegen, het blok over de Entrepothaven. Hans van Beek van Atelier Pro kwam met het beste plan. Hij stelde voor een gebouw te maken van zeven lagen hoog dat over het havenbekken heen zou slingeren. Natuurlijk kwamen er in de prijsvraag ook andere ideeën naar boven. Zo herinner ik me dat Francine Houben kwam met een streng modernistisch plan. In plaats van één gebouw stelde zij losse torens voor, te midden van parkeerhavens. In gedachte zagen wij die torens al tot hun 'enkels' in een zee van auto's staan. Dat was wat we zeker niet wilden.

Is het idee van het openbare blok, na het voorbeeld van Atelier Pro, voortgezet op het KNSM- en Java-eiland?

Op het KNSM-eiland hebben Coenen, Albert en Kollhoff inderdaad vrij letterlijk volgens dezelfde principes gewerkt. Per blok heeft steeds één architect nagedacht over een woongebouw en de mate van openbaarheid. Over Java-eiland hebben we in de projectgroep Oostelijk Havengebied (het samenwerkingsverband van de verschillende betrokken diensten, in het bijzonder Grondbedrijf, Volkshuisvesting en DRO) heftig gediscussieerd. We hebben lang gesproken over de vraag wat de beste oplossing zou zijn.

Een belangrijke overweging om hier slechts openbaar binnengebied te willen, was dat Java-eiland geen aangrenzende buurten heeft; je moet altijd 200 m water over. Alle voorzieningen, zoals bijvoorbeeld speelplaatsen voor kinderen in verschillende leeftijden, moeten voor alle bewoners op het hele eiland bereik-

on an open row layout with blocks that, from a structural point of view, would only be closed at ground-floor level.

The next area to be tackled was Entrepot-West. It is situated on either side of a dock basin, Entrepothaven, which curves gently towards the city. Because the site was a wasteland of rails, polluted soil and traffic noise, my colleagues Bakker and Van Minnen suggested building a large block across the dock. Such a block would be able to create its own living conditions and make life there an attractive proposition.

That was the moment I joined planning committee Oostelijk Havengebied. The concept of this large block really appealed to me, but unfortunately I was in a minority: most of my colleagues thought the block was too straight and too dull. Then the idea was born to ask a number of architects to look at our development brief and give their take on the problem.

It turned out to be a brilliant move. Having asked architects to come up with suggestions, we were soon looking at some fantastic models, which fired everybody's enthusiasm. All that remained for us, the planners, to do was to select the best among this abundance of plans. The enthusiasm that the architects managed to arouse also inspired developers and other municipal services and they were now suddenly prepared to include expensive solutions in the plans. In short, it turned out to be an effective method, which was then used to tackle the entire Eastern Docklands Area.

Is there a single building that marks the start of this approach?

Yes, as I said the first block on which we consulted architects via an invited competition was the block across Entrepothaven. Hans van Beek of Atelier Pro came up with the best plan. He proposed a seven-storey building that would coil across the dock basin. Of course the competition produced other ideas as well. I remember that Francine Houben came up with a rather modernist plan. Instead of a single building she proposed individual towers set among parking bays. We had this image of towers drowning in a sea of cars. That is the last thing we wanted.

Was the idea of a public block, as proposed by Atelier Pro, then pursued at KNSM and Java islands?

On KNSM-eiland, Coenen, Albert and Kollhoff did indeed follow the same principles quite closely. Each block was assigned an architect who thought about the building and its degree of public accessibility. Project committee Oostelijk Havengebied (a collaborative venture between the various agencies involved, specifically Land Development, Housing and the Department of Physical Planning) was locked in some fierce debate about Java-eiland. We talked at length about the best solution.

A significant consideration for choosing only public inner courtyards was that Java-eiland has no adjacent neighbourhoods; to go anywhere you have to cross a 200-m stretch of water. All facilities, such as playgrounds for children of different ages, should be within reach of all of the island's residents. Besides, the island's dimensions made it impossible to incorporate the desired programme of leisure facilities within a single block. We therefore had to spread the football pitches, sand pits and other play areas across the island – read: the blocks. And to guarantee access to these facilities, we had to open all the blocks in more or less the same way. We also wanted a sheltered location, away from the water. The 'inland cycle path' connects them all. This cycle path is

baar zijn. Bovendien bleek het door de afmetingen van het eiland onmogelijk het gewenste programma van speelvoorzieningen in één blok aan te leggen. We moesten dus de voetbalveldjes, zandbakken en andere speelvoorzieningen over het eiland – lees de blokken - verdelen. Om vervolgens de toegang tot deze voorzieningen te garanderen, was het nodig de blokken steeds op min of meer dezelfde manier te openen. Een beschutte ligging, niet open aan het water, was ook gewenst. Het 'binnenfietspad' verbindt ze vervolgens. Dat fietspad is een slecht-weer alternatief voor fietsen over de kade.

Toch was het ook denkbaar geweest dat er meer voorzieningen op straat zouden worden gerealiseerd en dat er door kleinere blokken toe te passen, zelfs pleinen tussen de blokken hadden kunnen ontstaan. Vanwaar die keuze het blok te openen?

Inderdaad had je met dezelfde logica ook een andere uitwerking kunnen kiezen. Dat dit op Java-eiland niet is gebeurd, heeft met een aantal dingen te maken. Ten eerste stuurde het stedenbouwkundige schema, waarmee we aan de meervoudige opdracht zijn begonnen, aan op monumentale binnenruimten in de blokken. In de oorspronkelijke bebouwing van het eiland zat die monumentaliteit al. Tussen twee rijen gebouwen aan de kades was een indrukwekkende ruimte open gebleven. Direct na mijn eerste kennismaking met die ruimte had ik het idee dat ook in het nieuwe plan de kades voor het verkeer zouden moeten zijn en dat daartussen een Karl Marx Hof-achtige allure zou moeten heersen.

Om verrassende voorstellen te kunnen ontvangen, stelde ik voor Sjoerd Soeters te vragen voor het hele eiland, naast twee andere architecten. Hij kwam met één briljant en met één omstreden idee. Briljant was zijn vondst om de parkeergarages logisch op de structuur van parcellering en bouwmuren aan te sluiten. Die parcellering was ook aantrekkelijk; ze sloot aan op de net verschenen *Woonatlas* die marktpartijen bijzonder waardeerden.

Omstreden waren zijn grachtjes, daarvan was zeker niet iedereen gecharmeerd. Commercieel gezien waren de grachtjes echter ook een briljante zet. Hierdoor werd namelijk de eengezinswoning in het plan geïntroduceerd, en nog wel op de meest onvoordelige, maar duurst verkoopbare plekken in het plan.

U bent mede verantwoordelijk geweest voor het stedenbouwkundig plan van het grootste eiland van IJburg, Haveneiland. Ook daar zijn blokken ontstaan met een open binnengebied. Moeten we Haveneiland dus opvatten als een bewuste voortzetting van het succes van Java-eiland?

We hebben inderdaad bewust gekozen voor een ruim raster van 100 x 200 m. Op Haveneiland zijn de blokken daardoor 90, 80 of 70 m breed en 170 m lang. Eigenlijk is dat te lang voor één blok, je moet het minstens een keer doorsnijden. Als stedenbouwkundige regel hebben wij dus voorgeschreven dat elk blok in de lengte één keer voor voetgangers doorwaadbaar moest zijn.

Omdat IJburg relatief snel gebouwd moest worden, was het onmogelijk allerlei architectonische verschillen vooraf te dirigeren. Ook in dat opzicht bood het raster uitkomst. Mijn idee was om met een Manhattan-achtige situatie, waarin op elke plek de uitgangspunten hetzelfde zijn, met unieke invullingen toch aantrekkelijke verschillen te laten ontstaan. Overigens zijn geen twee blokken precies gelijk qua maat en context, wat aanleiding

a bad-weather alternative to cycling along the waterfront.

And yet it would have been conceivable to realize more facilities outside and to construct smaller blocks that might have led to squares in between the blocks. Why the choice to open up the block?

Indeed, those very same arguments might have led to a completely different development. This did not happen on Java-eiland – for a number of reasons. To begin with, the plan we had when we launched the invited competition pushed for monumental internal spaces in the blocks. This monumental quality was inherent in the island's original development. Two rows of waterfront buildings had left an impressive open space. The moment I first saw this space I knew that in the new plan the quays should also be reserved for traffic and that the space in between should have a grandeur reminiscent of Karl Marx Hof.

In order to attract some surprising proposals, I suggested asking Sjoerd Soeters for the island as a whole, alongside two other architects. He came up with one brilliant and one controversial idea. Brilliant was his solution to bring the car parks into line with the parcellation and boundary walls. This parcellation was certainly appealing, as it tied in with the recently published *Woonatlas* [Atlas for Living], which was greatly appreciated by the private sector.

His canals were controversial; not everybody was won over by them. But from a commercial point of view, these canals were an equally brilliant move. It introduced the single-family dwelling into the plan – in the least favourable yet most expensive locations.

You contributed to the design for IJburg's largest island, Haveneiland. There, too blocks were built with a public internal space. Should we see Haveneiland as a deliberate continuation of the success of Java-eiland?

Yes, we deliberately went for a large grid of 100 x 200 m. This makes the blocks on Haveneiland 70, 80 or 90 m wide and 170 m long. Because this is really too long for a single block, it should be bisected at least once. So we stipulated that there should be at least one pedestrian passage through the length of each block.

Because IJburg had to be built relatively quickly, it was impossible to impose all kinds of architectural variations in advance. In that respect, too, the grid was a godsend. Inspired by Manhattan, where each location offers the same starting points, my plan was to produce attractive differences through individual interpretations. What's more, because no two blocks are identical in terms of size or context, the resulting differences are created rather than imposed. By going for blocks with an internal space accessible to pedestrians, I tried to disrupt the uniformity of the urban grid. At the same time, the grid enabled me to develop an urban design that accommodates natural rather than planned variation, evident in both the architecture and in the internal spaces. I also believed that, unlike on Java-eiland, the internal spaces on Haveneiland should be owned by a Homeowners' Association, but it worked out otherwise.

Why did you want the internal spaces to be owned by a Homeowners' Association, and what went wrong?

I pictured the internal spaces like those of a block I once lived in. This U-shaped block on Hoogte Kadijk in Amsterdam framed a

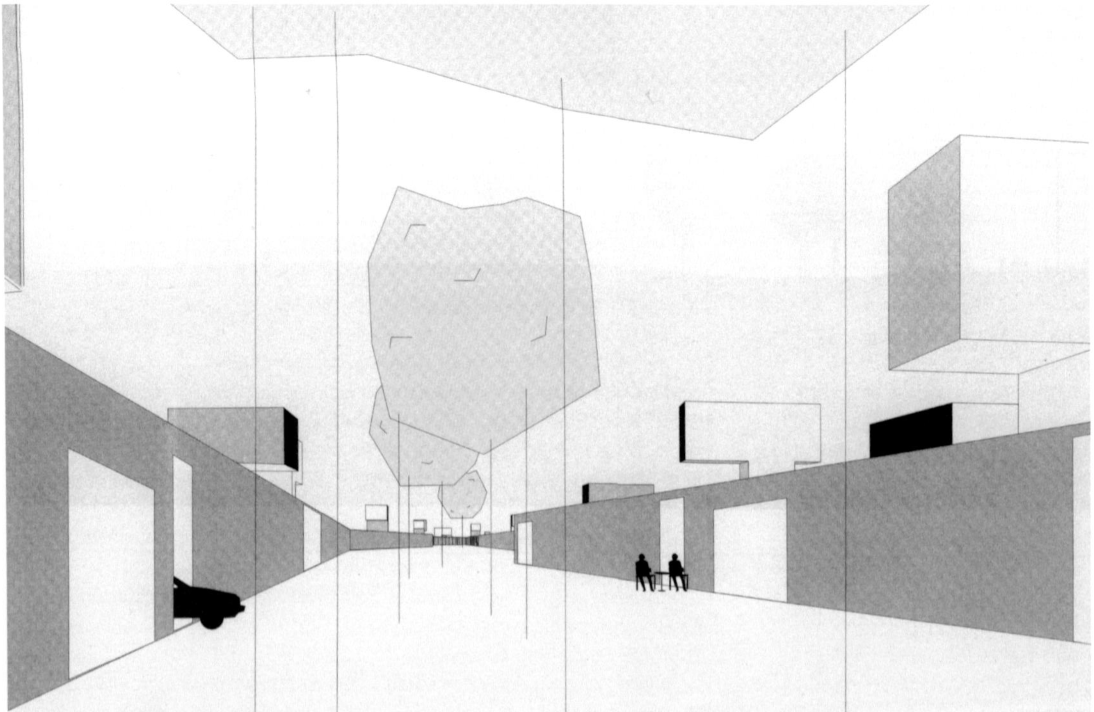

Impressie van wonen aan de straat op IJburg
Impression of dwellings with their front doors at street level in IJburg

geeft tot verschillen, die dus worden opgeroepen en niet opgelegd. Door aan te sturen op blokken met een eigen binnenruimte die voor voetgangers toegankelijk zou zijn, heb ik geprobeerd de regelmaat van het stedenbouwkundige raster te doorbreken. Tegelijkertijd stelde juist het raster me in staat een stedenbouw te ontwikkelen die ruimte biedt aan natuurlijke variatie in plaats van ontworpen variatie, die zowel in de architectuur als in de binnengebieden zichtbaar zou zijn. Anders dan op Java-eiland meende ik dat de binnengebieden op Haveneiland eigendom zouden moeten zijn van een Vereniging van Eigenaren (VvE), maar dat is anders gelopen.

Waarom moesten de binnengebieden eigendom van een VvE zijn, en waarom is dat niet gelukt?

Het beeld dat mij bij de binnengebieden voor ogen stond, was dat van een blok waarin ik zelf heb gewoond. Binnen een U-vormig blok aan de Hoogte Kadijk in Amsterdam was daar een binnentuin, die zo veilig was dat 's avonds de kinderfietsen gewoon buiten konden blijven staan. Voor IJburg kon dit beeld gecombineerd worden met eindeloos lange, stadse straten met bomen, auto's en fietsers aan de buitenkant van het blok. Dorps van binnen en stads van buiten.

Op een bepaald moment kwamen de ontwikkelaars echter tot de ontdekking dat wanneer het binnengebied eigendom zou worden, maar publiek toegankelijk zou blijven, zij zelf hier verlichting en riolering moesten aanleggen. Een eenvoudig sommetje leerde wat de extra kosten zouden zijn en men heeft geweigerd de binnengebieden te ontwikkelen. Vervolgens zijn de binnengebieden onderworpen aan het regime van het stadsdeel Zeeburg, dat als beheerder allerlei eisen stelt aan de openbare binnenruimte.

Wat is uw oordeel over het resultaat?

Ik ben niet ontevreden. De variatie op Haveneiland, zeker in de binnengebieden, is groter dan ik ooit had kunnen denken.

courtyard that was so safe that children's bikes could be left outside in the evening. In the case of IJburg this picture was complemented by never-ending urban streets lined with trees and with cars and cyclists outside the block. A village on the inside and a city on the outside.

However, at some point the developers realized that if the internal space were to become a freehold yet remain publicly accessible, they would be responsible for installing the lighting and sewerage facilities. A few simple calculations revealed the extra costs, at which point they refused to develop the internal spaces. The internal spaces then became subject to the regulatory regime of the district of Zeeburg which, as the managing body, wants the internal space to meet all kinds of requirements.

How do you rate the result?

I am not dissatisfied. The variation on Haveneiland, especially in the internal spaces, is greater than I could ever have imagined. I suspect this is partly down to the architects who designed the blocks.

I am equally positive about the variation within the grid. You see, there is no obvious hierarchy in the development on Haveneiland. So on IJburglaan, the island's main road, you will not only see tall apartment buildings but also single-family dwellings. The street dimensions, on the other hand, do display a clear hierarchy, although this is not always echoed by the buildings. It makes Haveneiland interesting from a spatial perspective.

Equally special are the canals with buildings on either side, which makes them completely private. It has already prompted fierce arguments about people who are adding jetties to their houses. Although the situation has elicited complaints from the district council and the water management people, I believe people's practices will prevail. We will end up with a sea of floating boats and gardens; that is what I hope anyway.

Do you see a link between the pursuit of communal (outdoor) areas and the desire for a sense of community?

Waarschijnlijk is dit mede toe te schrijven aan de architecten die de blokken ontworpen hebben.

Waar ik ook positief over ben is de variatie binnen het raster. Op Haveneiland is er namelijk geen voor de hand liggende hiërarchie in de bebouwing te ontdekken. Aan de IJburglaan, de hoofdstraat van het eiland, staan dus niet per se alleen hoge appartementenwanden, maar ook gewoon gezinshuizen. In de afmetingen van de straten is wel een duidelijke hiërarchie aangebracht, maar deze wordt niet automatisch gevolgd door de bebouwing. Ruimtelijk maakt dit het Haveneiland interessant.

Bijzonder zijn ook de grachten die aan twee kanten door bebouwing zijn begrensd, en die dus eigenlijk totaal privé zijn. Nu al zijn er heftige discussies over mensen die steigertjes aan hun huizen bouwen. Hoewel het stadsdeel en de mensen van het waterbeheer klagen over deze situatie, zal de praktijk het denk ik winnen van de leer. Uiteindelijk zal er een zee van drijvende tuintjes en bootjes ontstaan, althans dat hoop ik.

Heeft het streven naar gemeenschappelijke (buiten)ruimten voor u een relatie met een streven naar collectiviteit?

Ja, zo sentimenteel ben ik wel. Hoewel ik weet dat we in een stad leven en dat de stad gebaat is bij anonimiteit, denk ik ook dat er behoefte is aan verbanden. Uit eigen ervaring weet ik dat die verbanden bijvoorbeeld gesmeed kunnen worden door een VvE. Natuurlijk zitten er in elke VvE mensen waarmee je zelf liever niets te maken wilt hebben, maar het goede van zo'n vereniging is dat je gedwongen wordt met elkaar in gesprek te blijven over iets wat iedereen aangaat, de directe omgeving van je huis.

Bij de meeste binnengebieden op IJburg gaat het tot nu toe goed, al ontstaan er hier en daar kleine conflicten tussen de mensen die huren en huiseigenaren. Als de binnengebieden van een gezamenlijke VvE waren geweest, zouden dergelijke conflicten met elkaar kunnen worden opgelost. In de huidige eigendomsverhoudingen in sommige blokken zijn bewoners echter niet aan elkaar verbonden en zouden conflicten uiteindelijk zo hoog kunnen oplopen dat ruimtelijke maatregelen noodzakelijk zijn, dat betekent dus hekken!

Welke toekomst ziet u voor het geopende bouwblok?

Totdat een gemiddeld gezin weer veertien kinderen heeft, zie ik een grote toekomst voor het open bouwblok, en zeker ook voor het raster. De combinatie van beide elementen kan zowel veranderingen accommoderen als mensen met elkaar verbinden.

Op de schaal van het bouwblok denk ik dat het goed is, wanneer bewoners formeel met elkaar verbonden zijn. Op de schaal van de wijk of de stad denk ik dat bewoners in een stad het aantrekkelijk vinden om te mengen. Amsterdam is tegenwoordig vaak een bewuste keuze. Wie tussen allemaal dezelfde mensen wil wonen, kan daar ook voor kiezen.

In de huidige samenleving proberen we vaak overlast via het wetboek weg te organiseren. En hoewel het leuk lijkt om je buren via de rechter te omzeilen, is dit het begin van het einde. In plaats van procederen is het veel verstandiger te proberen met elkaar in gesprek te blijven. Anders verloedert een woongebouw of wijk heel snel en moet je in het ergste geval zelfs verhuizen. Ik ben in mijn eigen leven intussen zo vaak verhuisd dat mijn stedenbouw erop gericht is niet elke twee jaar te hoeven verhuizen. Het open bouwblok en het raster zijn in dat opzicht hoopvolle elementen.

Yes, I am sentimental like that. Although I am aware that we live in a city and that the city thrives on anonymity, I believe people do want to feel a connection. I know from experience that such connections can be forged by a Homeowners' Association. Of course each association will have members you would prefer not to know, but looking on the bright side, such associations do force you to keep talking about something that concerns everybody: your immediate surroundings.

In most of the internal spaces on IJburg things have gone well thus far, except for the odd minor conflict between people in rental accommodation and homeowners. If the internal spaces had been owned by a joint Homeowners' Association, such conflicts would have been resolved by the residents themselves. But with property relations as they are in some of the blocks, residents are not connected in any way, so conflicts could escalate and require measures such as fences!

What kind of future do you foresee for the open block?

Until the time when the average family has 14 children again, I predict a great future for the open block, and indeed for the grid. The combination of these two elements can both accommodate change and connect people.

At block level, I believe it is good for residents to have formal ties. At neighbourhood or city level, on the other hand, I think people like to mingle. These days, Amsterdam is often a deliberate choice. But those who want to live among like-minded people can do so too.

In today's society, we often try to get rid of trouble through rules and regulations. And although it may seem good fun to get the better of your neighbours through the courts, it is the beginning of the end. On-going communication is preferable to legal action. Otherwise an apartment building or neighbourhood will go to seed in no time, even forcing you to move in the worst case. I have moved house so many times in my life, that my designs are aimed at not having to move every other year. In that sense the open block and the grid fill me with hope.

Like Bijlsma &
Nynke Jutten

Tussen serialiteit en monumentaliteit

Between Seriality and Monumentality

De architectuur van de nieuwe woonhof

The Architecture of the New Residential Court

Op de website van De Grote Hof in Ypenburg staat naast het logo van het gebouw de aanprijzing: '*Hoffelijk wonen, vorstelijk leven*'.[1] Dat hier op een bijzondere manier gewoond kan worden, blijkt volgens de site vooral uit het feit dat De Grote Hof niet lijkt op de aangrenzende buurten. Of dit wonen werkelijk vorstelijk genoemd kan worden, is nog maar de vraag, gezien de niet al te royaal bemeten plattegronden op de website. De slagzin lijkt vooral betrekking te hebben op de bijzondere architectuur van het complex: vijf monumentale hoven, aaneengeschakeld tot een groot woonpaleis, van een afstand herkenbaar aan de imposante sculptuur van de donkere bakstenen gevels.

De Grote Hof staat niet op zichzelf. Overal in Nederland worden momenteel projecten gerealiseerd, waarin een besloten, gemeenschappelijke ruimte het karakter van het wonen bepaalt.[2] De bijzondere vormgeving van de gemeenschappelijke ruimte wordt doelbewust gebruikt om de woningen te verkopen. Deze besloten ruimte is vaak afgekeerd van de openbare routes en daarmee slechts via vernauwingen of poorten verbonden. De architectuur is markant en contrasteert met die van de omgeving. Hoewel de projecten grotendeels bestaan uit rijtjeshuizen – een constante in de Nederlandse woningbouw – is dit niet in de gevels afleesbaar. Het uitgesproken karakter van de gemeenschappelijke ruimte wordt ontleend aan een breed scala aan architectonische bewerkingen, die vaak niet eenduidig of zuiver zijn. Ze resulteren in stedelijke ruimtes die een zekere dubbelzinnigheid lijken te hebben ten aanzien van het publieke dan wel collectieve karakter van het gebied. Deze dubbelzinnigheid beïnvloedt ook de traditionele relatie tussen het private domein van de woning en het publieke domein van de stad, en daarmee de interne organisatie van de woning.

De schakeling van woningen in een blok of een rij gaat in deze recente projecten samen met klassieke compositiemiddelen als hiërarchie, symmetrie, omlijsting en monumentaliteit. Architectonische elementen als toegangen, dakranden en plinten worden uitvergroot, waardoor de gemeenschappelijke identiteit wordt versterkt. Deze bewerking sluit aan bij de woningbouwtraditie die zijn oorsprong vindt in het stadspaleis.[3] Het Zuid-Europese appartementenhuis, het Duitse *Mehrfamilienhaus* en het Franse *maison à loyer* zijn gebouwtypen die zijn ontstaan vanuit deze traditie. De architectuur van deze gebouwen suggereert de zelfstandige eenheid van een enkele grote villa, die echter ingericht is voor bewoning door meerdere families. Deze traditie staat tegenover het Nederlandse model, waar individuele huizen zich schikken naar de architectuur van het stedelijke bouwblok. De stadsvilla is een zelfstandige architectonische schakel tussen de individuele woning en de stedelijke architectuur.

Om de architectuur van de nieuwe woonhof[4] te kunnen benoemen, vergelijken we hem met de typologie en de architectuur van het Nederlandse rijtjeshuis, en die van het Franse courhuis. Hoe wordt gemeenschappelijkheid vormgegeven in deze beide modellen? Op welke wijze krijgt de relatie tussen privaat en publiek gestalte? Wat is de betekenis van de gemeenschappelijke ruimte voor de stad?

Het Hollandse rijtjeshuis – privacy als leidraad

Het belangrijkste uitgangspunt voor de inwendige ordening van het rijtjeshuis wordt al in 1649 verwoord door Simon Stevin in zijn geschrift *De ordening der Burgelijke huizen in een Blok*.[5] Voorop stelt hij het respect voor de privacy, ofwel in de woorden van Stevin, voor de 'inwendige waardigheid' van elke persoon die

The website of De Grote Hof in Ypenburg features the following recommendation alongside the building's logo: '*Hoffelijk wonen, vorstelijk leven*',[1] which translates roughly as 'courtyard homes, royal living'. The website ascribes the distinctive living experience to the fact that the development is not like adjacent neighbourhoods. Whether its residences really merit the adjective 'royal' remains to be seen, considering the far from generous floor plans displayed on the website. The slogan appears to refer mainly to the development's distinctive architecture: five monumental courtyards, linked to form a large residential palace that can be recognized from a distance, thanks to the impressive sculptural aspect of the dark brick façades.

De Grote Hof is not unique. All over the Netherlands projects are realized in which an enclosed, communal space determines the character of living.[2] The special design of the communal space is marketed as a unique selling point for the individual homes. This enclosed space is often set back from public routes and is only accessible via narrow alleyways or gates. The clear-cut architecture forms a contrast with its surroundings. Although the projects are mainly comprised of terraced houses – a constant in Dutch housing – the façades give nothing away. The communal space derives its distinctive character from a broad range of architectural modifications, which are neither unambiguous nor pure. This results in urban spaces with a certain ambiguity vis-à-vis the public and/or collective character of the area. This ambiguity also affects the traditional relationship between the private domain of the dwelling and the public domain of the city, and consequently also the internal layout of the dwelling.

In these recent projects, serially linked dwellings in a block or a row are enhanced by classic compositional devices such as hierarchy, symmetry, framing and monumentality. Architectural elements such as entrances, eaves and urban plinths are magnified, thus reinforcing the communal identity. This modification ties in with the housing tradition that has its origins in the city palace.[3] The Southern European apartment building, the German *Mehrfamilienhaus* and the French *maison à loyer* are types of building that originated in this tradition. Architecturally, these buildings evoke the autonomy of a single, large villa, but they are designed to accommodate several families. This tradition contrasts with the Dutch model, in which individual homes adapt to the architecture of the urban block. The urban villa is an independent architectural entity in between the individual dwelling and urban architecture.

In order to decode the architecture of the new residential courtyard,[4] we set out to compare it to the typology and architecture of the Dutch terraced house and to that of the French courtyard building. How is collectivity shaped in these two models? How does the relationship between public and private crystallize? What is the urban signification of the communal space?

The Dutch Terraced House – Privacy as a Guiding Principle

Back in 1649, Simon Stevin formulated the key principle for the interior layout of the terraced house in his treatise *De ordening der Burgelijke huizen in een Blok*.[5] Stevin prioritizes respect for privacy or, as he puts it, the 'internal dignity' of every inhabitant.[6] All rooms must have their own entrance. Spatial openness, created by linking rooms in an *enfilade*, is undesirable, because it imposes social codes that get in the way of people's freedom. Stevin also describes the ideal floor plan of his bourgeois house. The autonomy of the chambers, and that of the residents, is guaranteed by partitions such as corridors and lobbies. These are not only used

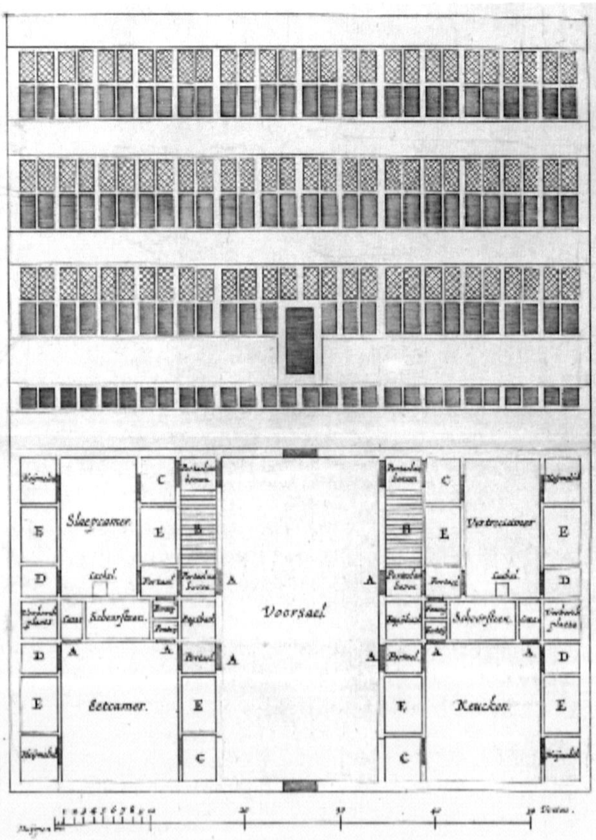

Plattegrond en facade van een huis in Stevin's *Huysbou.* Alle kamers zijn omzoomd door buffers waarin zich trappen, kasten en voorportalen bevinden

Plan and elevation of a house in Stevin's *Huysbou.* All of the rooms are surrounded by buffer zones containing stairs, cupboards and vestibules

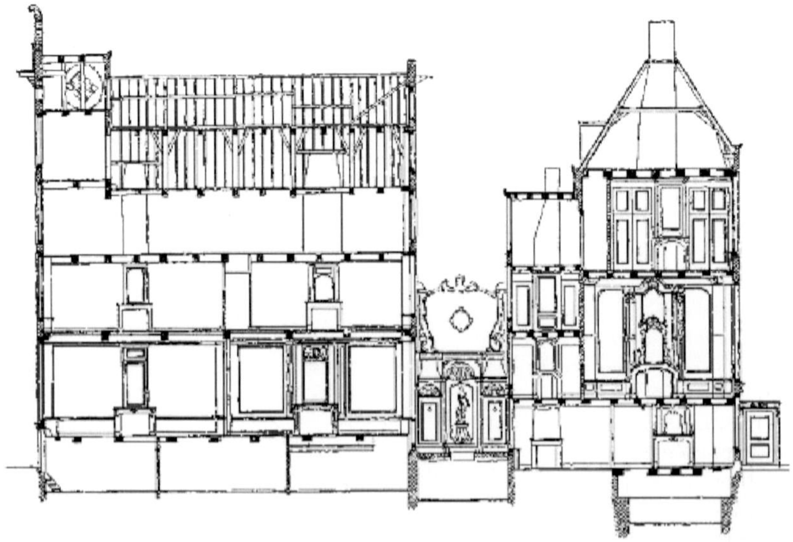

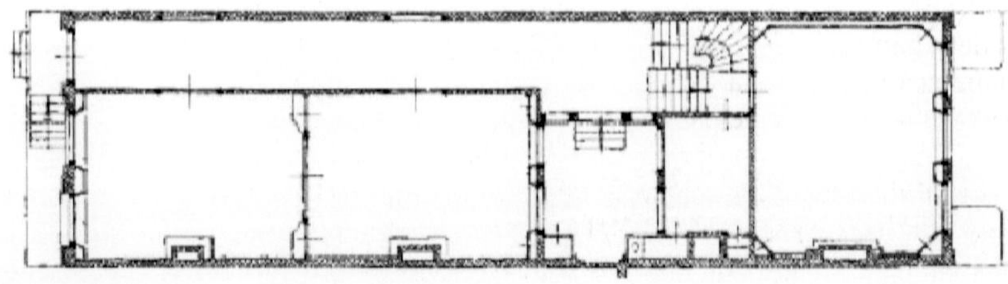

Bewerking van de plattegrond van Stevin in het Amsterdamse grachtenhuis: de smalle beuk met trappen, gangen en kasten en de brede beuk met kamers.

Adaptation of Stevin's floor plan for a canal house in Amsterdam: a narrow bay with stairs, hallways and cupboards and a wide bay with rooms

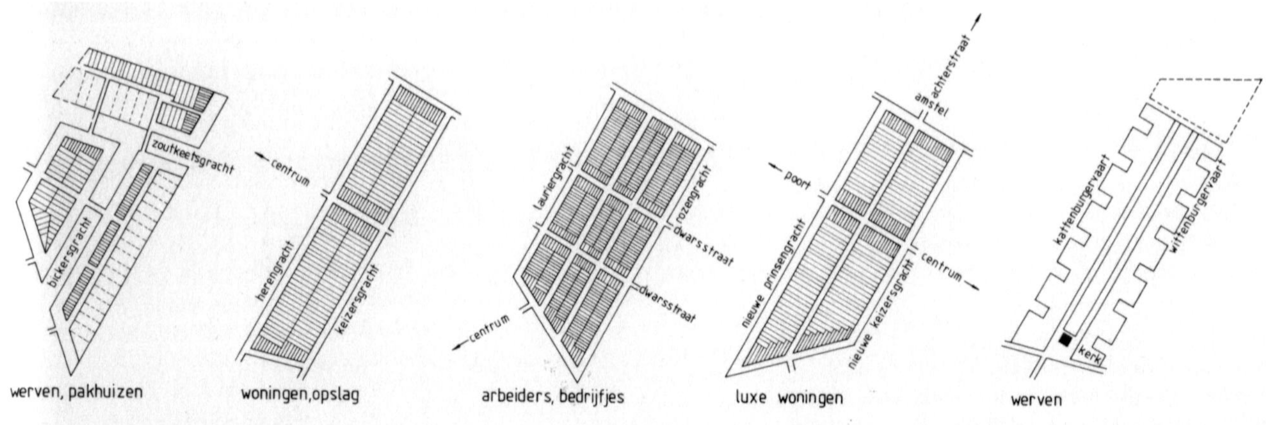

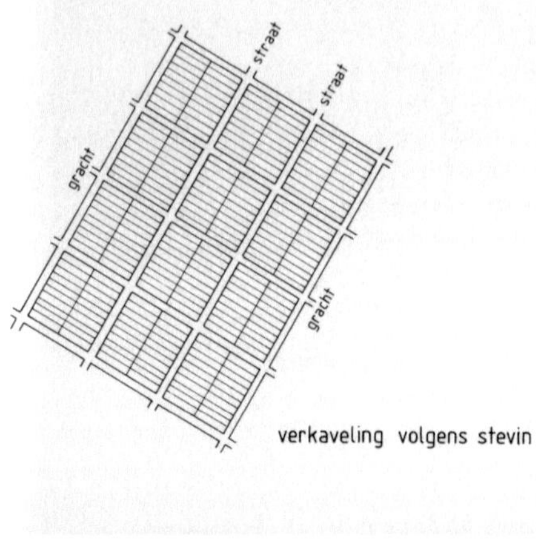

Opbouw van het 17e eeuwse Amsterdam: een nabewerking van het ideale grid van Stevin met meerdere kavelmaten. Analyse uit C. van der Hoeven en J. Louwe, *Amsterdam als Stedelijk Bouwwerk. Een morfologische analyse* (Amsterdam: SUN, 2003)

Layout of Amsterdam in the 17th century: an adaptation of Stevin's ideal grid with varying plot sizes Analysis from C. van der Hoeven en J. Louwe, *Amsterdam als Stedelijk Bouwwerk. Een morfologische analyse* (Amsterdam: SUN, 2003)

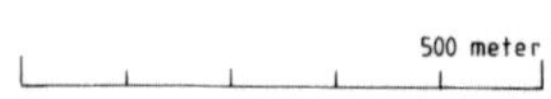

DASH: New Open Space in Housing Ensembles
Chair of Architecture and Dwelling
Delft University of Technology (TU Delft)
Editors: Dick van Gameren, Dirk van den Heuvel, Olv Klijn, Harald Mooij, Pierijn van der Putt
Design: Joseph Plateau

Paperback
Illustrated (colour and b&w)
160 pages
23 x 28 cm
Dutch/English edition
ISBN 978-90-5662-654-9
€ 34.50 outside the Netherlands

NAi Publishers
P.O. Box 21927
3001 AX Rotterdam
The Netherlands

tel +31 (0)10 201 01 33
fax +31 (0)10 201 01 30
info@naipublishers.nl
www.naipublishers.nl

www.naipublishers.nl/dash

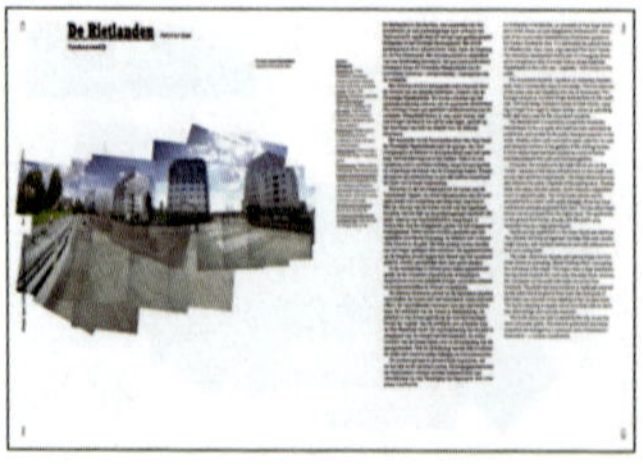

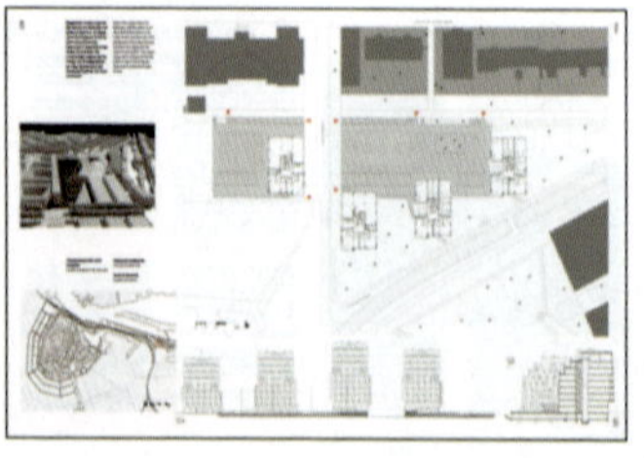

PRIORITY PRIORITAIRE

No stamp required

NAi Publishers
Int. Business Reply Service
I.B.R.S. / C.C.R.I. No. 5025
3000 VB Rotterdam
The Netherlands

woont.[6] Alle ruimtes moeten een onafhankelijke toegang hebben. Ruimtelijke openheid, door schakeling van kamers in bijvoorbeeld een enfilade, is niet gewenst. Deze legt sociale codes op die de vrije gang van personen in de weg staat. Stevin beschrijft ook de ideale plattegrond van zijn burgerlijke huis. De vrijheid van de vertrekken, en daarmee die van de huisgenoten, wordt gewaarborgd door ruimtescheidende elementen als gangen en voorhallen. Deze gangen en hallen worden niet alleen door de burgerlijke familie, maar ook door de bedienden gebruikt, en hebben daardoor een neutralere positie dan de voor één specifieke functie aangewezen kamers. De ruimtescheidende gangen en hallen kunnen gekenmerkt worden als ruimte, die van niemand is.

Stevins ideeën over ruimtescheiding zijn nog steeds te herkennen in de plattegrond van de Nederlandse woning. Centraal staat een neutrale, functionele gang die uitmondt in de voordeur en de afzonderlijke kamers verbindt. Deze gang is geëvolueerd vanuit de plattegrond van het 17e-eeuwse Hollandse, burgerlijke huis. De gang lag hier aan één zijde van het huis en eindigde in een trappenhuis naast de binnenplaats. Alle kamers waren langs deze gang gelegen. In de 19e eeuw wordt de basisplattegrond met lange gang gehandhaafd en gestapeld, waardoor meerdere entrees via een verlengde gang met trap aan de straat komen te liggen. Tijdens de 20e eeuw blijft het principe van ruimtescheiding overeind, maar wordt de ontsluiting geoptimaliseerd: de gang/trap verdwijnt uit de woning en wordt een collectieve portiek die meerdere woningen ontsluit. De lange gang wordt een kleine centrale hal en de kamers schuiven naar de gevel.

Ook de positie van het rijtjeshuis in de Hollandse stad wordt door Stevin beschreven. In *De ordening der Burgerlijke huizen in een Blok* schrijft hij dat een optimale stedelijke ordening gebaseerd is op de goede verwerking en toepassing van de natuurlijke elementen. Daaronder vallen de bouwstoffen, zoals steen en hout, maar ook gezondheid en sociale relaties.[7] Het private domein is een elementair onderdeel van het gehele stedelijke systeem: de inrichting van het huis is onderworpen aan de wetmatigheden van de natuurlijke orde, die zich uitstrekt van stoel tot stad. Stevin ziet het huis als basiselement van de stad.

Volgens Stevin zal de architectuur van de woning zich moeten voegen naar de functionele regels van het grote systeem van de natuur. Het gebruik van onderdelen uit de klassieke gevel, zoals zuilen en timpanen gaat tegen de natuurlijke gang van zaken in. Hij acht het 'pilarig sieraad' een dwangmatige zaak, hinderlijk voor het gerief en een ongepaste manier om het beschikbare geld te besteden.[8] De ideale ordening is gebaseerd op de ordening van een natuurlijk lichaam. Daarbij wordt geen belang gehecht aan de esthetiek – het *vernoegen* of *vermaak* – maar aan de waarde der delen, hun onderlinge betrekkingen en hun plaats in het geheel.[9]

In de gevelcompositie van het rijtjeshuis domineert de functionele ordening over regels van symmetrie en monumentaliteit. Rond de 19e eeuw wordt de gevel van het rijtjeshuis en de etagewoning steeds meer ondergeschikt aan de architectuur van de straatgevel, doordat de ramen en deuren opgaan in een doorlopend ritme, dat alleen op de hoeken van het bouwblok uitzonderingen kent, met bijzondere entrees, erkers of dakvormen. De stedelijke continuïteit wordt benadrukt door horizontaal doorlopende elementen als daklijsten of speklagen. De afzonderlijke woning wordt in de gevel wel gemarkeerd, maar drukt in verhouding tot de totale structuur niets specifieks uit.[10] In de 20e-eeuwse stad krijgt de compositie van het blok een steeds horizontaler karakter. Voorkomende verticalen zijn niet meer de afzonderlijke huizen,

by the bourgeois family itself, but also by the servants, which makes these spaces more neutral than the rooms designated for a specific function. The partitioning corridors and lobbies may be described as no-man's-land.

Stevin's ideas about room division can still be found in the floor plan of the Dutch dwelling. Centre stage is a neutral, functional corridor that leads to the front door and links the individual rooms. This corridor has evolved from the floor plan of the 17th-century Dutch bourgeois house. This house has a corridor on one side, which culminates in a stairwell next to the courtyard. All of the rooms are situated along this corridor. In the 19th century, the basic floor plan with long corridor is retained and stacked, resulting in several street-side entrances via an extended corridor with staircase. During the 20th century the principle of room division remains intact, although access is optimized: the corridor/staircase turns into a collective doorway providing access to several homes. The long corridor becomes a small central lobby and the rooms move towards the façade.

Stevin also describes the position of the terraced house in the Dutch city. In *De ordening der Burgerlijke huizen in een Blok* he writes that the best urban layout is based on the proper processing and application of natural elements. These include building materials, such as stone and wood, but also health and social relationships.[7] The private domain is a fundamental part of the overall urban system: the design of the house is subject to natural laws that cover everything, from chair to city. Stevin regards the house as the city's basic building element.

According to Stevin, the home's architecture has to conform to the functional rules of nature's overarching system. The use of components of the classical façade, such as columns and timpana, is unnatural. He deems the 'pillared ornament' a compulsive affair, not conducive to comfort and an inappropriate way to spend the available funds.[8] The ideal layout is based on the layout of a natural body. It attaches no importance to aesthetics – 'satisfaction' or 'pleasure' – but to the value of the parts, their interrelations and their place in the whole.[9]

The façade of the terraced house is dominated by functionality rather than by rules of symmetry and monumentality. Around the 19th century the façade of the terraced house and the apartment building is made increasingly subordinate to the architecture of the street frontage; windows and doors form part of a continuous pattern, which is only broken at the block's corners by special entrances, bay windows or roof structures. The urban continuity is accentuated by horizontal elements such as eaves or different colour bands. Although the façade reveals traces of the individual home, these do not add anything specific to the overall structure.[10] In the 20th century city, the composition of the block becomes more and more horizontal. The vertical elements that do occur no longer derive from the individual dwellings, but are produced instead by the rhythm of communal doorways. Windows serve as urban wallpaper; special features are confined to the corners of the block, unifying lines to the eaves. The serial composition is endowed with a monumental framework scaled to the urban block itself.

The courtyard of the Dutch urban block is a back area, which is used as a multifaceted, private back garden. The courtyard has no autonomous meaning: form, size and façade layout are determined by building lines. The influential 20th-century, Berlage-inspired modification of the urban block is primarily a question of form. The block's dimensions remain essentially the same, but the blocks are arranged differently. The process of rearranging, shifting and

Voorbeeld van een courhuis: Pierre Le Muet (1647), huis van monsieur Tubeuf, begane grond en verdieping

Example of a courtyard building: Pierre Le Muet (1647), house of Monsieur Tubeuf, ground floor and first floor

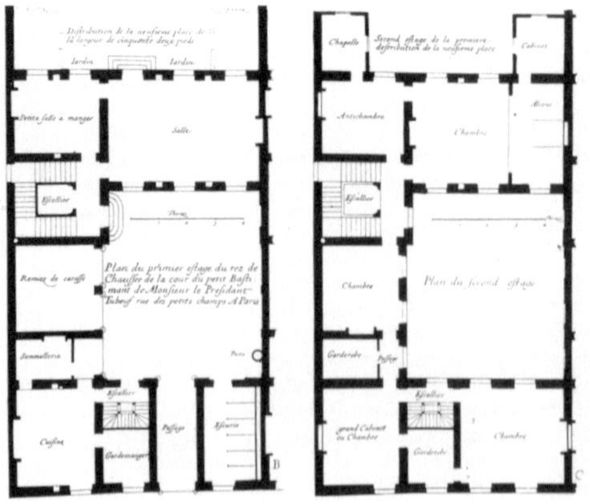

Voorbeeld van een *maison à loyer*: Raban (1850-64), huis aan de Avenue de l'Impératrice

Example of a *maison à loyer*: Raban (1850-64), house along the Avenue de l'Impératrice

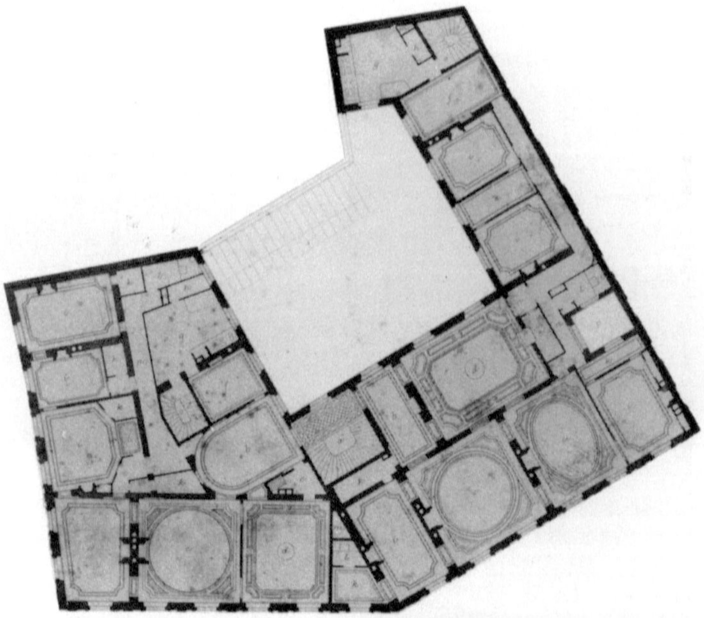

Het *maison à loyer* in de stad: het afsnijden van kavels langs de boulevard Voltaire

The *maison à loyer* in the city: partitioning off plots along the Boulevard Voltaire

Gevel van een *maison à loyer* van de tweede klasse

Façade of a *maison à loyer* of the second class

Typologie van het *maison à loyer*: César Daly's (1811-1894) vergelijking van plattegronden van de tweede klasse

Typology of the *maison à loyer*: César Daly's (1811-1894) comparison between floor plans of the second class

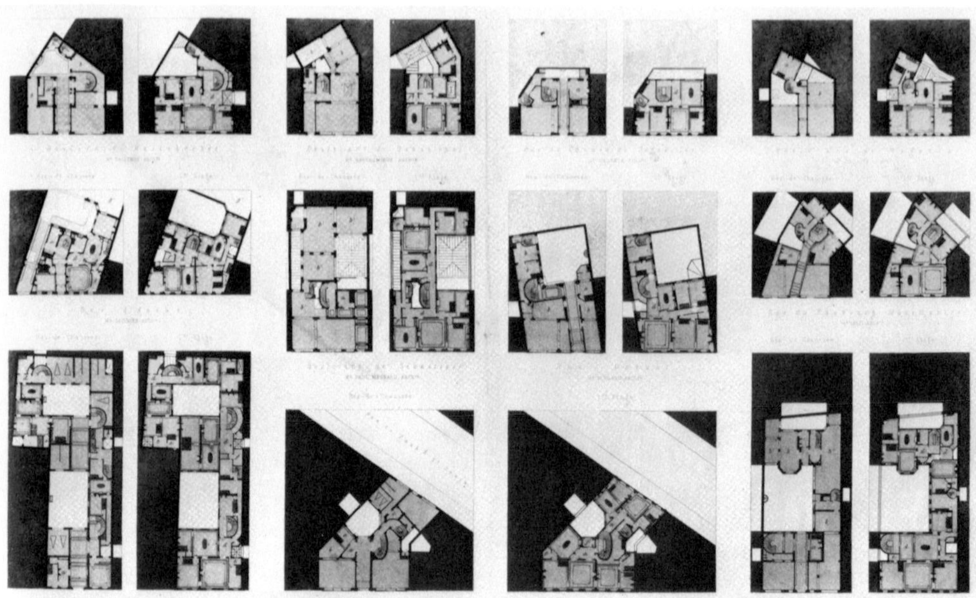

maar zijn een gevolg van het ritme van gemeenschappelijke portieken. Ramen werken als stedelijk behang; verbijzonderingen bevinden zich op de hoeken van het bouwblok, samenbindende lijnen aan de dakranden. De seriële compositie krijgt een monumentaal kader op het schaalniveau van het bouwblok.

De hofruimte van het Nederlandse bouwblok is een achterkant, die wordt gebruikt als een meervoudige, private achtertuin. De hof heeft geen autonome betekenis: vorm, maat, en gevelindeling zijn een resultante van de buitenranden. De invloedrijke 20e-eeuwse, Berlagiaanse bewerking van het bouwblok is vooral een formele kwestie. De blokmaat blijft in principe gelijk, maar blokken worden anders gearrangeerd. Door herschikken, verschuiven en verdubbelen ontstaan verschillende blokvormen,[11] die de openbare ruimte verbijzonderen. De binnenhof blijft echter een contramal, een restgebied van de stedelijke structuur, in sommige gevallen architectonisch 'aangekleed', maar zonder een eigen ruimtelijke identiteit. De ruimtevorm is het residu van een veranderende stedelijke vormgeving. De binnenhof heeft in het rijtjeshuismodel, net als andere collectieve elementen in de plattegrond, zoals de hal en de portiek, eerder een functioneel dan een representatief karakter.

Het courhuis – representatie van etiquette

De Franse architect Le Muet publiceerde in 1623 een invloedrijk geschrift over private huizenbouw. De ruimtes van het courhuis worden in dit traktaat, getiteld *Maniere de Bien bastir*, geordend volgens twee principes die in het verlengde van de 17e-eeuwse Franse burgermaatschappij een hiërarchische ruimteverdeling beogen: de *étage* en de *enfilade*.[12] De *étage* scheidt de publieke en private gedeelten. Via de *enfilade* worden de kamers op een etage ruimtelijk aaneengeregen. De salon is de belangrijkste representatieve ruimte van het huis, en vormt de schakel tussen de *cour d'honneur* en de *jardin*. De ruimtelijke aaneenrijging en openheid gaan gepaard met strikte omgangsvormen.

In de 19e eeuw werd het model van het courhuis geschikt gemaakt voor bewoning door meerdere gezinnen van verschillende rangen en standen. Het *maison à loyer* herbergt op de lagere verdiepingen de chique appartementen; op de hogere verdiepingen liggen de minder voorname woningen. De beschikbare kavel is nu kleiner van omvang, waardoor de ruimte voor een *jardin* vervalt. De *cour d'honneur* blijft bestaan, maar wordt naar de achterzijde van de kavel geschoven. Deze is bereikbaar via een monumentale poort aan de straat en vormt onderdeel van de entreesequentie, de opeenvolging van het binnengaan van steeds nieuwe ruimten in de overgang van stad naar woning. De functie van de *jardin* als kijkgroen wordt overgenomen door de nieuwe, publieke ruimte van de boulevards. In analogie met het historische model zijn de meest representatieve gedeelten van de woning nu gelegen tussen de hof en de boulevard.

De *enfilade* van kamers en de formele entreesequentie blijft bestaan, maar moet op een kleiner kavel met een onregelmatige vorm worden ingepast. Dit leidt tot intrigerende, verwrongen composities, waarbij de ontwerpactiviteit erop gericht is volwaardige interieurs te maken, waarin de verschillende ruimten hun hiërarchische verhouding onderling handhaven. De ruimtelijke beleving in de schikking van kamers en doorzichten is het belangrijkste element in het ontwerp van de plattegrond. Dit bepaalt in grote mate de identiteit, de functionaliteit en de manier van wonen.[13]

De positie van het courhuis in de stad is een andere dan die

doubling creates different types of blocks,[11] which add a special touch to the public space. The courtyard, however, remains its antithesis, a left-over space, architectural 'window-dressing', but without its own spatial identity. The space is a relic of a changing urban design. Like other collective elements in the floor plan, such as the lobby and the doorway, the courtyard has a functional rather than a representational character.

The Courtyard Building – A Symbol of Etiquette

In 1623, the French architect Le Muet published an influential tract on private housing. In this treatise, entitled *Maniere de Bien bastir pour toutes sortes de personnes*, the rooms of the courtyard building are arranged according to two principles which, inspired by 17th-century French civilian society, aim for a hierarchical division of space: the *étage* and the *enfilade*.[12] The *étage* separates the public and private areas, while the *enfilade* strings together the rooms on any given floor. The salon is the most important public room in the house, forming a link between the *cour d'honneur* and the *jardin*. This spatial succession and openness go hand in hand with strict etiquette.

In the 19th century, the model of the courtyard building was adapted for occupation by several families of all walks of life. On its lower levels the *maison à loyer* accommodates the chic apartments; the less distinguished homes can be found on the upper floors. The available lot is now smaller and leaves no space for a *jardin*. The *cour d'honneur* remains, but is relocated to the rear of the lot. It can be accessed from the street via a monumental gate and forms part of the entrance sequence: the succession of entering new spaces in the transition from city to home. The role of the *jardin* in providing a green view is taken over by the new public space of the boulevards. By analogy with the historic model the most representational parts of the home are now situated between the courtyard and the boulevard.

The *enfilade* of rooms and the formal entrance sequence remain, but have to be fitted onto a smaller, irregular lot. This process results in intriguing, distorted compositions, in which designers seek to create comprehensive interiors and the different rooms retain their place in the hierarchy. The sense of space created by the arrangement of rooms and views is the key feature of the floor plan. It has a significant influence on the identity, functionality and style of living.[13]

The courtyard building's position in the city differs from that of the terraced house. The courtyard building does not form part of a symbiotic system that covers everything from chair to city, but has been conceived as a link between the public and private domains that are strictly separate in the terraced house. The transitions between these two domains in the courtyard building are staggered and function as a spatial buffer.

The façade of the *maison à loyer* is based on classic architectural rules. Symmetry and hierarchy are quite prominent. But conspicuous monumentality, like that of the public building, was deemed to be inappropriate for this kind of private building in the 19th century. A restrained use of architectural devices was thought to be more popular with the general public.[14] These 'plain' façades are standardized via the regulation of the façade's architectural elements. In 1859 Baron Hausmann drew up a number of rules regarding the use of materials, building height, roof structure, horizontal layering and the depth of the façade: the horizontal lines of balconies, cornices and timpana were to be extended to the neighbouring houses in order to create a continuous street frontage. Urban continuity was safeguarded despite the fact that

van het rijtjeshuis. Het courhuis is geen onderdeel van een symbiotisch systeem dat zich uitstrekt van stoel tot stad, maar is gedacht vanuit het koppelen van de bij het rijtjeshuis strikt gescheiden domeinen van private en publieke ruimten. De overgangen tussen deze domeinen worden bij het courhuis in gradaties vormgegeven en functioneren als ruimtelijke buffer.

De gevelindeling van het *maison à loyer* is gebaseerd op de klassieke architectonische regels. In de gevelcompositie zijn bewerkingen als symmetrie en hiërarchie eenvoudig te herkennen. Uitgesproken monumentaliteit echter, zoals die van het publieke gebouw, werd in de 19e eeuw voor dit soort private gebouwen niet gepast geacht. Een terughoudend gebruik van architectonische middelen zou meer voldoen aan de algemene smaak van het grote publiek.[14] De afstemming van compositie van deze 'gewone' gevels geschiedt via regulering van architectonische elementen in de gevel. Baron Hausmann stelde in 1859 een aantal regels op aangaande het materiaalgebruik, de bouwhoogte, de dakvorm, de horizontale gelaagdheid en de diepte van de gevel: horizontale lijnen van balkons, kroonlijsten en timpanen zouden doorlopen in de buurhuizen om zo een doorlopende straatgevel te maken. Hoewel het stedelijk blok door verschillende eigenaren ontwikkeld werd, was stedelijke continuïteit op deze manier gewaarborgd.

Seriële schakeling van woningtypen met verschillende oriëntaties aan weerszijden van de hof in Blok 23. Privétuintjes aan zuidzijde en voordeuren aan noordzijde met een autonome overgangszone in de vorm van een groen talud

Sequence of dwelling types with different aspects on either side of the courtyard of Block 23. Private gardens on the south side and front doors on the north side, with an autonomous transitional zone in the shape of a green bank

Specifieke oriëntaties van woningen aan de hof Schuttersveld met een overgangszone in de vorm van een smalle strook privétuintjes

SSpecific aspects of homes along the Schuttersveld courtyard, with a transitional zone in the shape of a narrow strip of private gardens

Specifieke oriëntatie van woonkamers aan de verschillende hoven in Mariaplaats, waarbij de overgangszone tussen privé en collectief in de gevel georganiseerd wordt

Specific aspect of living rooms along the various courtyards in Mariaplaats. The transitional zone between private and collective is incorporated in the façade

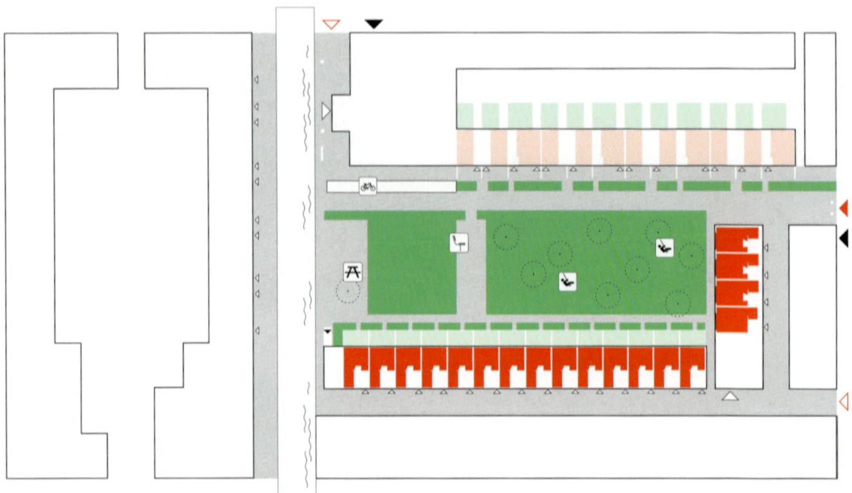

Tussen serialiteit en monumentaliteit
Between Seriality and Monumentality

woonkamer		living room
woonkeuken		kitchen/dining room
privégroen		private greenery
collectief groen		public greenery
verharding		paved surface
speelhof		play area
representatieve hof		representational courtyard
voordeur appartementen	▷	front door of apartment
voordeur rijwoning	▹	front door of row house
entree parkeergarage voetgangers	▸	entrance to parking garage pedestrians

Door seriële schakeling van woningen worden twee typen hoven in De Grote Hof gevormd. Kleine informele hoven met voordeuren en krulhekken op de overgangszone. De grote hof als formeel podium met een colonnade op de overgangszone, en aangrenzende woonkeukens

A chain of homes creates two types of courtyard in De Grote Hof. Small informal courtyards with front doors and ornate fences marking the transitional zone. The large courtyard like a formal stage, with a colonnade marking the transitional zone, and with adjacent open-plan kitchens

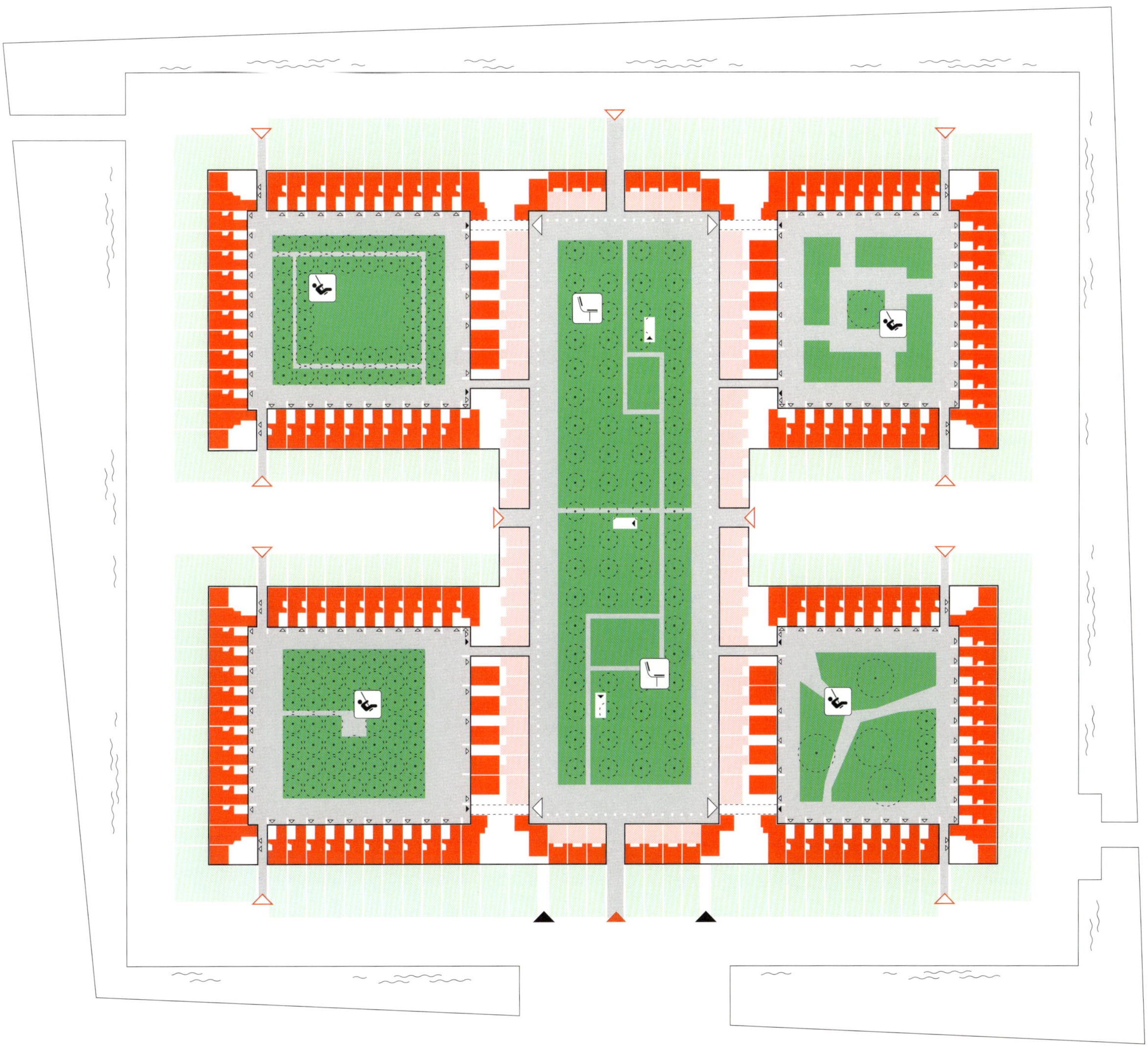

De nieuwe woonhof als collectief straatje, ingebed in het stelsel van achterpaden en stegen in de Delftse binnenstad. Het project kenmerkt zich door een besloten karakter, met een publieke voorziening (speeltuin) en visuele doorzichten naar de omgeving
The new courtyard building as a collective street, embedded in a system of back paths and alleyways in the centre of Delft. The project has an enclosed character, with a public facility (playground) and vistas to the neighbourhood

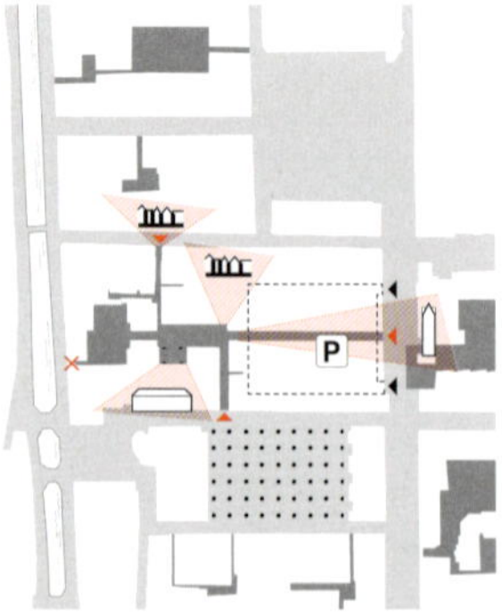

De nieuwe woonhof als sequentie van collectieve hofjes, gelegen op de historische verkaveling van de Utrechtse binnenstad. Het project als 'exclusieve' enclave die van 'binnenuit' een visuele relatie met de stad aangaat
The new residential courtyard as a sequence of collective courtyards, situated on a historic site in the centre of Utrecht. The project as 'exclusive' enclave forging a visual relationship with the city from the 'inside'

De nieuwe woonhof als 'exclusieve' enfilade van hoven in deze uitbreidingswijk van Ypenburg. Het project manifesteert zich als een gesloten stadspaleis dat enkel over bruggetjes en door poorten te bereiken is
The new residential courtyard as 'exclusive' enfilade of courtyards in this extension area in Ypenburg. The project comes in the shape of an enclosed city palace accessible only by bridges and gates

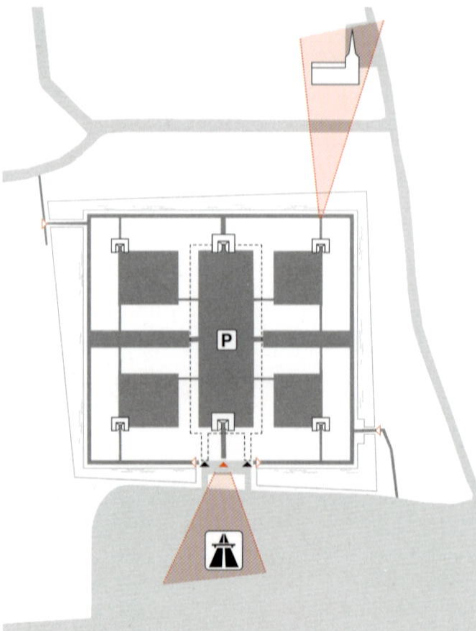

De nieuwe woonhof als collectieve zitkuil in één van de bouwblokken in deze uitbreidingswijk van Amsterdam. Het project is exemplarisch voor de 'opgedikte' bouwblokken, waaruit deze wijk is opgebouwd
The new residential courtyard as collective sunken seating area in one of the blocks in Haveneiland. The project epitomizs the 'padded' blocks that make up this neighbourhood

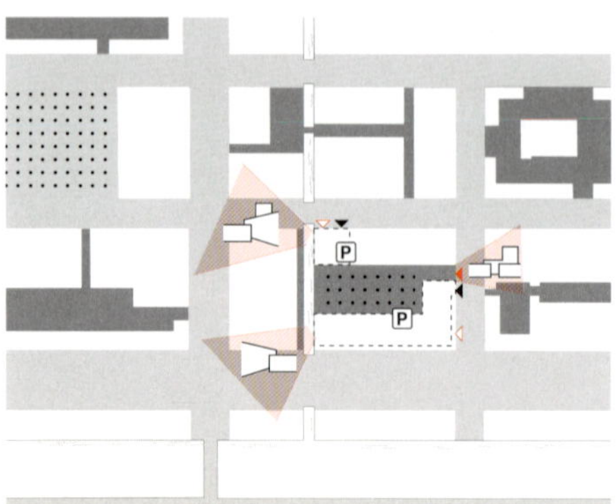

doorgaande straat
binnengebied
entree parkeergarage
openbare entree hof
collectieve entree hof
afgesloten toegang
publiek gebruik

Schuttersveld: besloten karakter van de hof door vernauwing (smalle steegjes)
Schuttersveld: the courtyard's enclosed character is achieved through narrowing (narrow alleyways)

Mariaplaats: poorten verbinden de woonhof met het voorplein, hekken sluiten af
Mariaplaats: gates connect the residential courtyard with the forecourt; gates secure it

De Grote Hof: verzelfstandiging van de hof door poorten en een verhoging (trappen)
De Grote Hof: gates and an elevation (steps) lend the courtyard its distinctive character

IJburg, blok 23: ontmoeting tussen de rode lobby en de stad van donkerbruine bakstenen die 'alsmaar doorgaat'
IJburg, Block 23: encounter between the red lobby and dark-brown brick city that 'never ends'

through street
inner area
entrance to parking garage
public entrance to courtyard
collective entrance to courtyard
restricted entrance
public use

Binnen de stedelijke straatgevel blijft het *maison à loyer* als zelfstandige eenheid echter duidelijk herkenbaar. Elk appartementenhuis heeft een eigen gevelcompositie met verschillende maten gevelopeningen en geveldieptes, symmetrisch opgezet rondom de toegangspoort.[15] Hierdoor ontstaat een gelaagde, stedelijke architectuur van doorgaande horizontale lijnen en vertikaal gecentreerde accenten van verschillende diepte, die de monumentale boulevards voorzien van een op de menselijke maat afgestemde ordening en een levendig ritme.

Bij het Franse courhuis heeft de binnenruimte van het blok een geheel andere betekenis dan in de Nederlandse situatie. De cour wordt immers gebruikt als een gemeenschappelijk entree en heeft daarmee een representatieve functie in de verbinding tussen publieke en private sferen. De ruimte van de cour is een belangrijke architectonische constante met een eigen vorm, maat en gevelindeling, die onafhankelijk van de straatgevel en de stedelijke structuur functioneert. De cour is een essentiële schakel in de hiërarchie van ruimten, een constante factor in de typologie van het courhuis. Het functionele model van het rijtjeshuis neemt daarentegen het programma van de enkele woning als constante, waarbij de hofruimte als optelling van private tuinen steeds van vorm, afmeting en gebruik verandert.

De nieuwe woonhof – de constructie van een collectieve architectuur

Kijkend naar de eigentijdse woningbouwproductie in Nederland en de ensembles, waarin de hof een belangrijke plaats inneemt, treffen we kenmerken aan van zowel het functionele rijtjeshuismodel als het representatieve model van het courhuis. Het verklaart voor een deel de dubbelzinnigheid van deze projecten. In ieder project worden de modellen op een eigen manier tot een soms wankele synthese gebracht, kennelijk afhankelijk van de mogelijkheden en beperkingen van locaties, en de intenties van ontwerpers en opdrachtgevers. Achtereenvolgens beschouwen we de ensembles op de stedelijke inpassing, de ruimte van de hof, overgangszones tussen de hof en de individuele woning, de woningtypes, en ten slotte de architectonische ordening van de ruimtelijke en typologische opbouw.

Aansluiting op de stad

De hedendaagse woningbouwprojecten rond een gemeenschappelijke hof zijn over het algemeen goed bereikbaar per auto en voorzien van een parkeergarage. Tegelijkertijd zijn ze slecht geïntegreerd in hun directe omgeving: doorgaande routes zijn bijvoorbeeld afwezig. Sommige projecten zijn ronduit defensief te noemen. Zo wordt De Grote Hof in Ypenburg omringd door een slotgracht met een schaars aantal perifeer gelegen bruggen en is het op IJburg gelegen blok 23 aan één zijde afgesloten door een gracht.

Hoewel het fysieke contact met de stad beperkt is, gaat de hof wel degelijk relaties met de omgeving aan. Vaak wordt op een visuele manier aansluiting gezocht met de stedelijke omgeving. Zichtlijnen vanuit de hof naar buiten zijn daarbij belangrijk. In het project voor de Utrechtse Mariaplaats speelt cultuurhistorie een rol. De historische continuïteit van de plek vormt een belangrijk ontwerpthema. De plaats van de historische toegangspoorten is behouden en de oorspronkelijke kavelgrenzen worden gemarkeerd met een grijze baksteen: ze zijn letterlijk op de gevels en bestrating geprojecteerd. In Ypenburg wordt een mentale relatie met de stad gelegd door de versteende, stedelijke materialisatie van de hof.

the urban block was developed by different proprietors.

But within the urban street frontage, the *maison à loyer* remains a distinctive independent unit. Each apartment building has its own façade composition, with different size openings and depths, arranged symmetrically around the entrance.[15] This results in a layered, urban architecture of unbroken horizontal lines and vertical accents of different depths, which provide the monumental boulevards with a structure and lively rhythm on a human scale.

The internal space of the French courtyard building has an entirely different meaning than that of its Dutch counterpart. Because the *cour* is used as a communal entrance it plays a formal role in linking public and private spheres. The *cour* is a major architectural constant with its own form, dimension and façade layout, which is independent of the street frontage and the urban fabric. It is an essential link in the hierarchy of spaces, a constant in the typology of the courtyard building. The functional model of the terraced house, on the other hand, takes as its constant the individual dwelling, in which the courtyard, as the sum of private gardens, keeps changing in shape, size and usage.

The New Residential Courtyard – The Construction of a Collective Architecture

Looking at the contemporary housing production in the Netherlands and the developments in which the courtyard occupies an important position, we find properties of both the functional terraced house and the representational model of the courtyard building. It goes some way to explain the ambiguity of these projects. In each project the two models form a unique and sometimes precarious synthesis, depending on the advantages and disadvantages of locations, and the intentions of designers and clients. We shall look at the way these developments fit into the urban fabric, the space of the courtyard, the transitional zones between the courtyard and individual dwelling, the dwelling types, and finally, the architectural layout of the spatial and typological composition.

Links with the City

Contemporary housing projects set around a communal courtyard are usually easily accessible by car and equipped with a car park. But they are badly integrated in their immediate surroundings, and often lack through-routes. Some projects are nothing short of defensive. De Grote Hof in Ypenburg is framed by a moat with only a few peripheral bridges, while one side of Block 23 on IJburg is cut off by a canal.

Despite limited physical contact with the city, the courtyard does engage with its surroundings. It often establishes a visual link with the urban environment, with an important role for sight lines from the courtyard to the outside. Cultural history plays a role in Mariaplaats in Utrecht. The historic continuity of the site is a significant design premise. The location of the historic entrance gates has been retained and the original lot boundaries are marked with a grey brick: the entrances are literally projected onto the façades and paving. Ypenburg has forged a mental relationship with the city by cladding the courtyard in stone, the quintessential urban material.

Interestingly, none of these projects have a formal entrance into the courtyard. The entrances are minimal, often little more than a hole in a street wall. In Ypenburg and Utrecht the entrances are abstract gates, accentuated with colour or material contrasts. They are more or less the same size as the entrances into the Parisian *maison à loyer*, but lack the large wooden doors that lend the

Opvallend is dat in alle gevallen een formele ingang naar de binnenhof ontbreekt. De toegangen zijn minimaal vormgegeven en hebben vaak het karakter van een gat in een straatwand. In Ypenburg en Utrecht zijn de entrees abstracte poorten, aangezet met kleur- of materiaalcontrasten. In afmeting zijn ze ongeveer gelijk aan de ingangspoorten van het Parijse *maison à loyer*, maar de grote houten deuren, die de Parijse poort van schaal en detail voorzien, zijn hier afwezig. In IJburg bestaat een getrapte aansluiting naar de straat toe. De hoofdentree is gelegen langs de zijkant van een huizenrij, en wordt gemarkeerd door een fietspaaltje. De secundaire entree bestaat uit zogenaamde collectieve lobbies, die zowel toegang bieden tot de hof als tot de binnenstraat die de individuele woningen ontsluit. Het Schuttersveld in Delft is door middel van een aantal stegen op een terloopse wijze met de straat verbonden. Ook hier wordt de hoftoegang slechts gemarkeerd door twee fietshekjes.

De fietspaaltjes, -hekjes en trappen vormen kleine, maar betekenisvolle barrières voor de toch al niet uitnodigende openingen tot de hof. Ze versterken de dubbelzinnige verhouding van de hofruimte tot de stad: het is publiek toegankelijk gebied, maar niet iedereen wordt geacht er wat te zoeken te hebben.

Hof

De hof kan op twee manieren worden opgevat: als een onderdeel van het interieur van de aangrenzende woningen of als verbijzondering van de openbare ruimte. In het eerste geval is de hof onderdeel van een entreesequentie, dus een zelfstandig vormgegeven binnenruimte met een eigen identiteit. De entree van de hof mag zich ook, zij het met minieme middelen, naar de stad toe tonen. In Ypenburg en Utrecht is dit het geval. De binnenruimte van De Grote Hof is vormgegeven als een groot podium. De kolommen, waarachter de woningen zijn verborgen, functioneren als coulissen. De aaneenrijging van verschillende hoven kan vergeleken worden met de schakeling in een *enfilade* volgens de ruimtelijke traditie. Ook Van Reeth maakt in de Mariaplaats een aaneenrijging van hoven. De entreesequentie is hier minder monumentaal en bestaat uit een schakeling van formele *cours* en smalle steegjes. De *cours* zijn vormgegeven als abstracte patio's met gladde gevels, van karakter voorzien door een boom, een fontein of een historische goot. De steegjes zijn niet uitgewerkt als verblijfsruimte, maar als een ontsluitingsstraat, waaraan individuele voordeuren en voortuintjes zijn gelegen. In zowel De Grote hof als de Mariaplaats wordt het binnengebied opgesplitst in kleinere hoven, waardoor er op de grote bouwkavel toch kleinschaligheid ontstaat.

Indien de hof getypeerd kan worden als een verbijzondering van de openbare ruimte, dan is het geen integraal onderdeel van de architectuur van het complex en toont de entree zich ook onnadrukkelijk. Het Schuttersveld bijvoorbeeld is eigenlijk een besloten stuk straat, dat zich voegt naar het rommelige systeem van Delftse achtertuinen en achterpaden. In IJburg is de hof letterlijk losgemaakt van de omliggende bebouwing, doordat het omkaderd is door een groen talud. Lager gelegen dan de woningen lijkt de hof een grote zitkuil. De aangrenzende blokken hebben elk een eigen relatie met deze kuil. Voor het blok van VMX architects aan de noordzijde is de hof een openbare kijkruimte, de *jardin* of *boulevard* bij het Franse courhuis. Het blok van Dick van Gameren architecten aan de zuidzijde richt zich juist actief op de hof: de hofruimte is onderdeel van de sequentie van collectieve lobbies en is een verlengstuk van de woning. Dit leidt tot

Parisian gate its scale and detail. The link between IJburg and the street consists of a gradual transition. The main entrance is situated along a row of houses and marked by a bollard. The secondary entrance consists of so-called collective lobbies, which open out onto the courtyard and onto the interior street that provides access to the individual dwellings. A number of alleyways form a casual link between Het Schuttersveld in Delft and the street. Here too, the entrance to the courtyard is simply marked by two stiles.

The bollards, stiles and steps form small, but significant barriers to less than inviting openings into the courtyard. They reinforce the ambiguous relationship between the courtyard and the city: these areas are open to the public, but not everybody is welcome here.

Courtyard

The courtyard can be interpreted in two different ways: as part of the interior of the adjacent homes or as a special feature of the public space. In the former, the courtyard is part of an entrance sequence, and is thus an autonomous internal space with its own identity. In these cases the courtyard entrance presents itself to the city, be it very subtly. Ypenburg and Utrecht are good examples. The courtyard of De Grote Hof is designed like a large stage. The columns that obscure the dwellings serve as its wings. The succession of courtyards can be compared to the *enfilade* in the courtyard building. Van Reeth has created such a succession of courtyards in Mariaplaats. The entrance sequence is less monumental here and consists of a chain of formal *cours* and narrow alleyways. The *cours* are shaped like abstract patios with smooth façades, given an individual touch by a tree, a fountain or a historic gutter. The alleyways have not been developed as places-to-be, but as access roads with individual front doors and front gardens. The internal spaces in both De Grote Hof and Mariaplaats have been split into smaller courtyards, lending the large site a small-scale character.

If the courtyard is seen as a special form of public space, it ceases to be an integral part of the complex's architecture. In this case the entrance is barely visible. Het Schuttersveld, for example, is really an enclosed section of street, blending in with the disorderly system of back gardens and back alleys in Delft. In IJburg a grassy bank has cut off the courtyard from the surrounding buildings. Lower than the dwellings, the courtyard resembles a giant sunken seating area. Each of the adjacent blocks has its own relationship with this area. For the block by VMX architects on the north side, the courtyard provides a public view. In contrast, the block by Dick van Gameren architecten on the south side actively engages with the courtyard: the courtyard space forms part of the sequence of collective lobbies and is an extension of the dwelling. It results in multiple uses of the courtyard, and different meanings for different groups: one group looks out across the courtyard, the other uses it.

Transitional Zones

The tension between public and private space in the various projects is mediated by a transitional zone between courtyard and dwelling. Compared with historic Dutch projects set around a collective courtyard,[16] the transitional zones in the new courtyard are noticeably condensed and formalized; sometimes they even have to assume the role of back garden. Whereas in the 1970s the transitional zone served as a front garden and as a place for individual appropriation of the street, such a role can no longer be taken for granted. Use of the courtyard is often actively

dubbelzinnigheid in gebruik, en dus ook tot een ambivalente betekenis van de hof voor verschillende groepen: de ene groep kijkt erop uit, de andere gebruikt hem.

Overgangszones

Het spanningsveld tussen publiek en privaat gebied wordt in de verschillende projecten gereguleerd door een overgangszone tussen hof en woning. In vergelijking met historische Nederlandse projecten, georganiseerd rondom een collectieve hofruimte,[16] valt op dat in de nieuwe hof de overgangszones ingedikt en geformaliseerd worden, en soms zelfs de functie van achtertuin moeten opvangen. Had in de jaren zeventig de overgangszone een functie als voortuin, en was het een plek voor individuele toeëigening van de straat, nu is dat niet zo vanzelfsprekend meer. Het gebruik van de hof wordt in veel gevallen juist ontmoedigd, om de kans op frictie tussen bewoners zo veel mogelijk te verkleinen. Toe-eigening wordt in een aantal projecten architectonisch ingekaderd, door bijvoorbeeld een colonnade en krullende hekjes in De Grote Hof, of het voorbeeld van Delft. De overgangszone bestaat hier uit een smalle strook privégroen en een beukenhaag, en is losgehouden van de architectuur. Ook in IJburg is de overgangszone van het groene talud losgehouden van bebouwing en hof. In Utrecht wordt een toe-eigening van de hofruimte ronduit ontmoedigd, doordat overal een glazen doorvalbeveiliging (ook op de begane grond!) voor de verdiepingshoge ramen is geplaatst.

Woningtypes

Bij de uitbreidingsprojecten Ypenburg en IJburg is het wonen zoveel mogelijk gestandaardiseerd. Een groot deel van de woningtypes bestaat uit variaties op de rijwoning. De achtertuin is in deze projecten gedeeltelijk nog aanwezig. De stedelijke invullocaties daarentegen laten een grote variëteit aan plattegronden zien. De woningtypes schikken zich hier naar de vorm van de hof. Vooral in Utrecht is dit goed te zien. Vanuit de collectieve ruimte wordt hier een aanleiding gezocht om bijzondere woningen te maken. De plattegronden zijn niet gedacht vanuit de woonconventies, maar vanuit de ruimtelijkheid van het complex. De woonkamer wordt visueel verlengd naar de hof, die net zoals de Parijse boulevard bij het courhuis het uitzicht vormt vanuit de *salon*.

Ruimten in de woning zelf functioneren steeds vaker als overgangszone. De kamers op de begane grond die grenzen aan de hof worden dan niet benoemd als woonkamers, maar zijn flexibel te gebruiken als werkkamer, hobbykamer, keuken of slaapkamer. De hoofdwoonruimte verschuift in deze gevallen vaak naar de verdieping. In De Grote Hof doen de ruimten, grenzend aan de hof zelfs dienst als doorgangsruimte, en is de traditionele hal of gang uit de plattegrond verdwenen. Ook de voordeur is niet meer aanwezig. De ruimte staat via twee verdiepingshoge ramen direct in contact met de *enfilade* van hoven. De officiële entree is gelegen in de parkeergarage. De functionele traditie van Stevin, het vrijwaren van de ruimte door deuren en gangen, wordt hier radicaal verlaten. Het wonen wordt dus collectiever, waardoor misschien nieuwe omgangsvormen voor het hofwonen ontstaan, maar dan wel volgens de 21e-eeuwse wooncultuur.

Autonome en gelaagde architectonische middelen

De afzonderlijke woning of de portiek is niet afleesbaar in de hofgevels. Sterker nog, in bijna alle projecten is de voordeur niet duidelijk herkenbaar. In IJburg en Ypenburg zijn ramen en deuren letterlijk identiek, in Delft liggen ze overhoeks, en zijn ze

discouraged to minimize the risk of friction between residents. In some projects, appropriation is absorbed by the architecture, for instance by a colonnade and ornate fences in De Grote Hof. In Delft the transitional zone consists of a narrow strip of private gardens and a beech hedge, and is distinct from the architecture. The transitional green bank in IJburg also sits apart from the buildings and courtyard. In Utrecht appropriation of the courtyard is blatantly discouraged through glass safety barriers in front of the storey-height windows (even at ground-floor level!).

Dwelling Types

In the new-town layouts Ypenburg and IJburg, dwellings have been standardized as much as possible. Many of the dwelling types consist of variations on the terraced house. In these projects, some of the homes still have back gardens. The urban infill sites, on the other hand, reveal a wide range of floor plans. The dwelling types adapt to the shape of the courtyard. This is particularly clear in Utrecht. The collective space here has been used as an incentive for creating special homes. The floor plans were not inspired by conventional housing styles, but by the complex's spatial quality. Living rooms look out across the courtyard, just as the *salon* in the courtyard building offers a view of the Parisian boulevard.

As part of a growing trend, spaces within the house itself serve as transitional zones. The rooms bordering on the courtyard on the ground floor are not by definition living rooms, but can be deployed flexibly as study, workroom, kitchen or bedroom. The main living space is often relocated to the first floor. In De Grote Hof the spaces bordering on the courtyard even serve as passageways, while the traditional lobby or corridor has disappeared from the floor plan. The front door has gone too. Two storey-height windows form a direct link with the *enfilade* of courtyards. The official entrance is situated in the car park. This is a radical departure from Stevin's functional tradition, which seeks to protect the space through doors and corridors. Living becomes a more collective proposition, and may even give rise to a new, 21st-century etiquette for courtyard living.

Autonomous and Layered Architectural Devices

The courtyard façades reveal no sign of either the individual home or the doorway. What's more, in virtually all of the projects the front door is not clearly recognizable as such. In IJburg and Ypenburg doors and windows are literally identical, while in Delft they span the corner and are not immediately visible from the courtyard. As a result, the façades that demarcate the courtyard lack both a hierarchy and accents. They are neutral surfaces with windows laid out in a grid (Ypenburg, Utrecht) or in a staggered pattern (IJburg). This lends the courtyard a uniform character and stresses the collective nature of the place, while obscuring individual usage.

Architectural interventions scaled to the courtyard include both the formal entrance sequence and the space of the courtyard itself. The courtyard in IJburg is introduced by spatially remarkable entrance lobbies, accentuated by a vibrant red colour. In Ypenburg the courtyard architecture is dominated by the large, monumental colonnade and the sculptural roofs. The internal space in Delft derives its special quality from the symmetrical, double-height balconies. This relatively minor intervention creates a layered structure: although the blocks are autonomous, the courtyard is still experienced as one entity. A similar kind of intervention can be seen in Utrecht, where the windows are laid out in a grid when

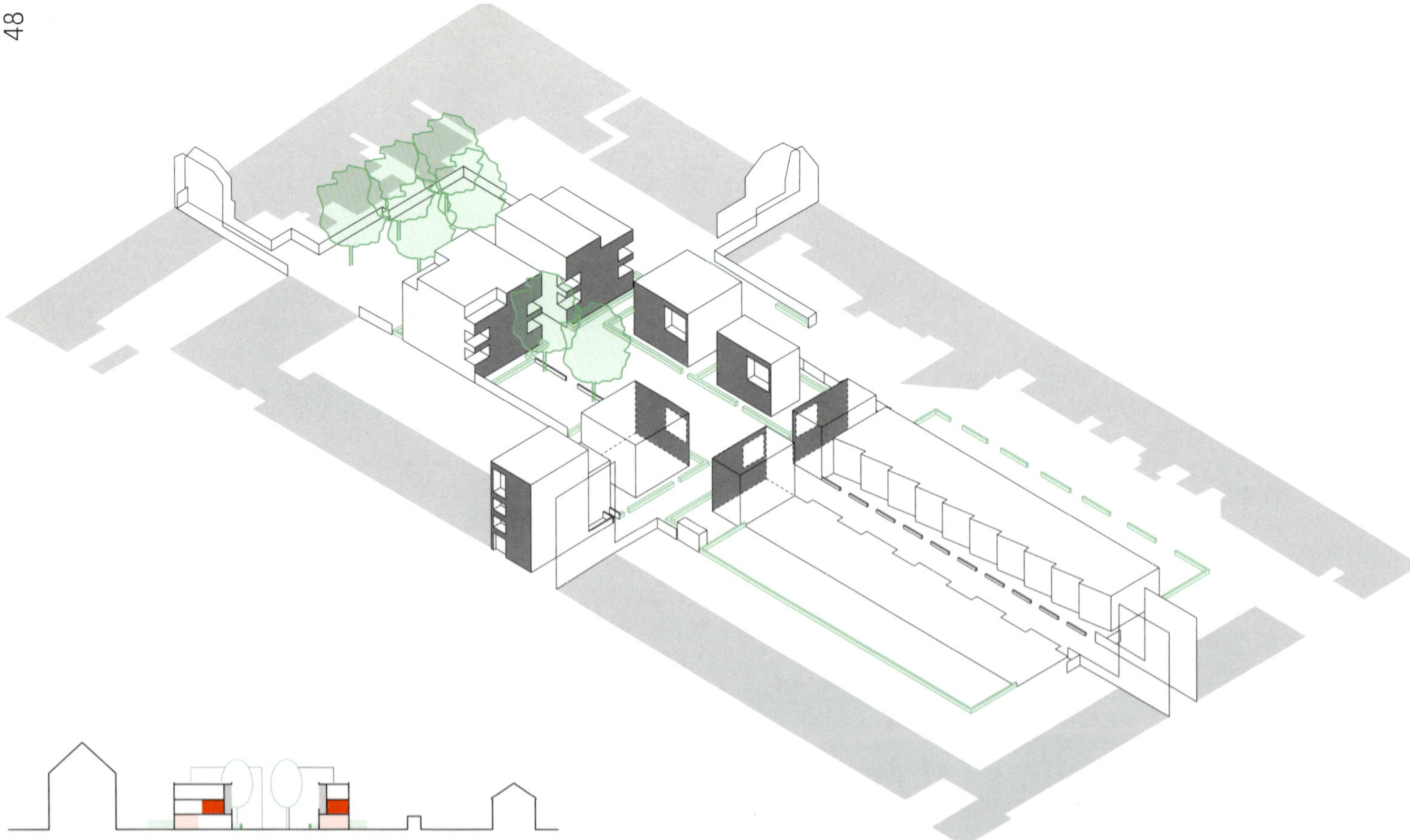

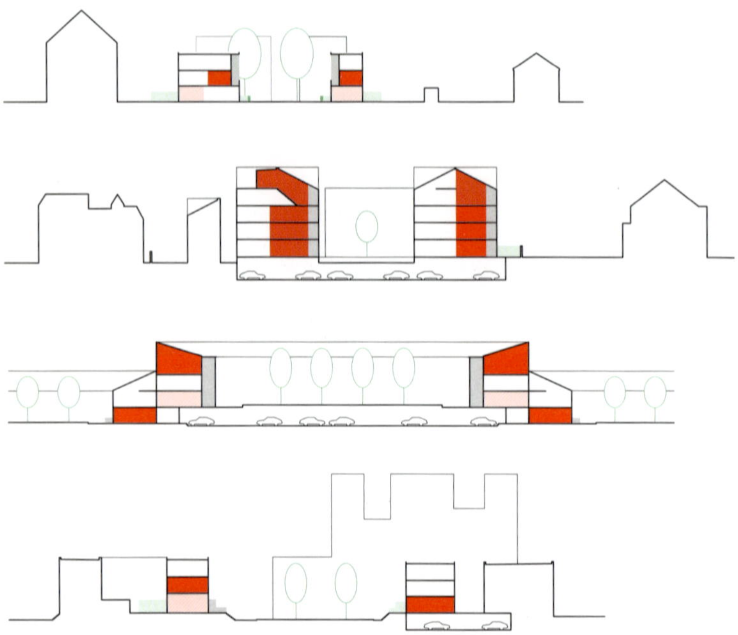

De architectuur van het collectief Schuttersveld: identieke gevels met dubbelhoge balkons als voorname uitkijkposten. Samenhang door spiegeling en symmetrie op schaal van de hof

The architecture of the collective Schuttersveld: identical façades with double-height balconies as prominent vantage points. Mirroring and symmetry on the scale of the courtyard create cohesion

De architectuur van het collectief Mariaplaats: een schakeling van cours, opgebouwd uit verschillende losstaande bouwvolumes die bijeengehouden worden door de ritmiek van raamopeningen

The architecture of the collective Mariaplaats: a chain of courtyards composed of different detached blocks held together by the fenestration pattern

Delft: door het optillen van de woonkamers ontstaan tuinkamers, direct grenzend aan de hof
Delft: the process of raising the living rooms creates sun rooms abutting the courtyard

Utrecht: de overgangszone tussen privé en collectief wordt in de gevel georganiseerd door middel van een glazen doorvalbeveiliging (ook op de begane grond!)
Utrecht: the transitional zone between private and collective is incorporated in the façade through a glass safety barrier (even on the ground floor!)

Den Haag: woonkamers met krulhekken in de kleine hoven, woonkeukens met colonnade aan de grote hof
Den Haag: living rooms with ornate fences in the small courtyards; open-plan kitchens and a colonnade along the large courtyard

IJburg: voordeuren met opgetilde woonkamers aan de noordzijde, tuintjes met woonkamers aan de zuidzijde van de hof
IJburg: front doors and raised living rooms on the north side; gardens and living rooms on the south side of the courtyard

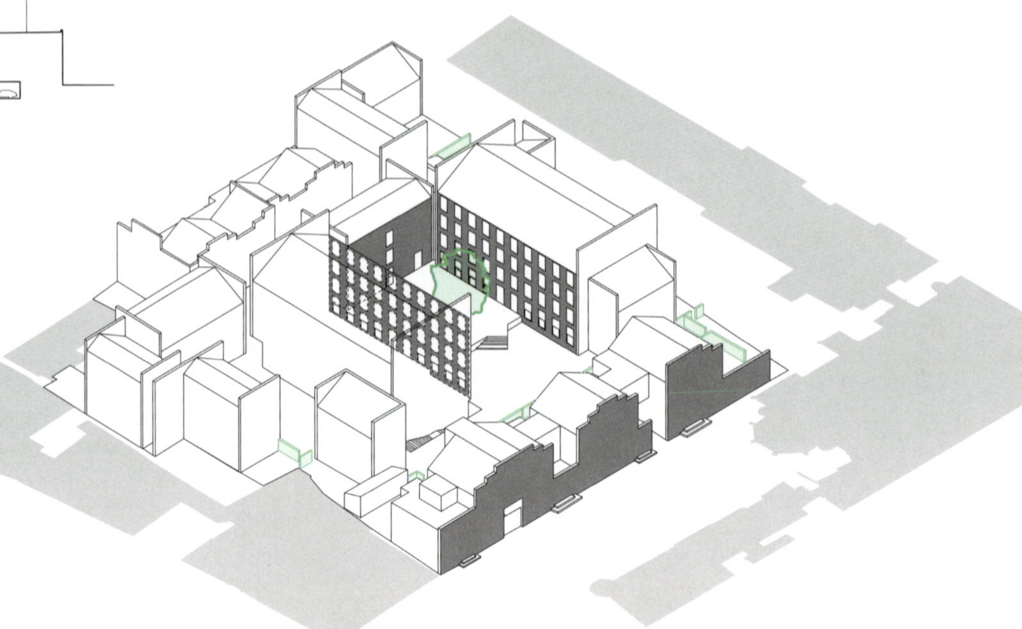

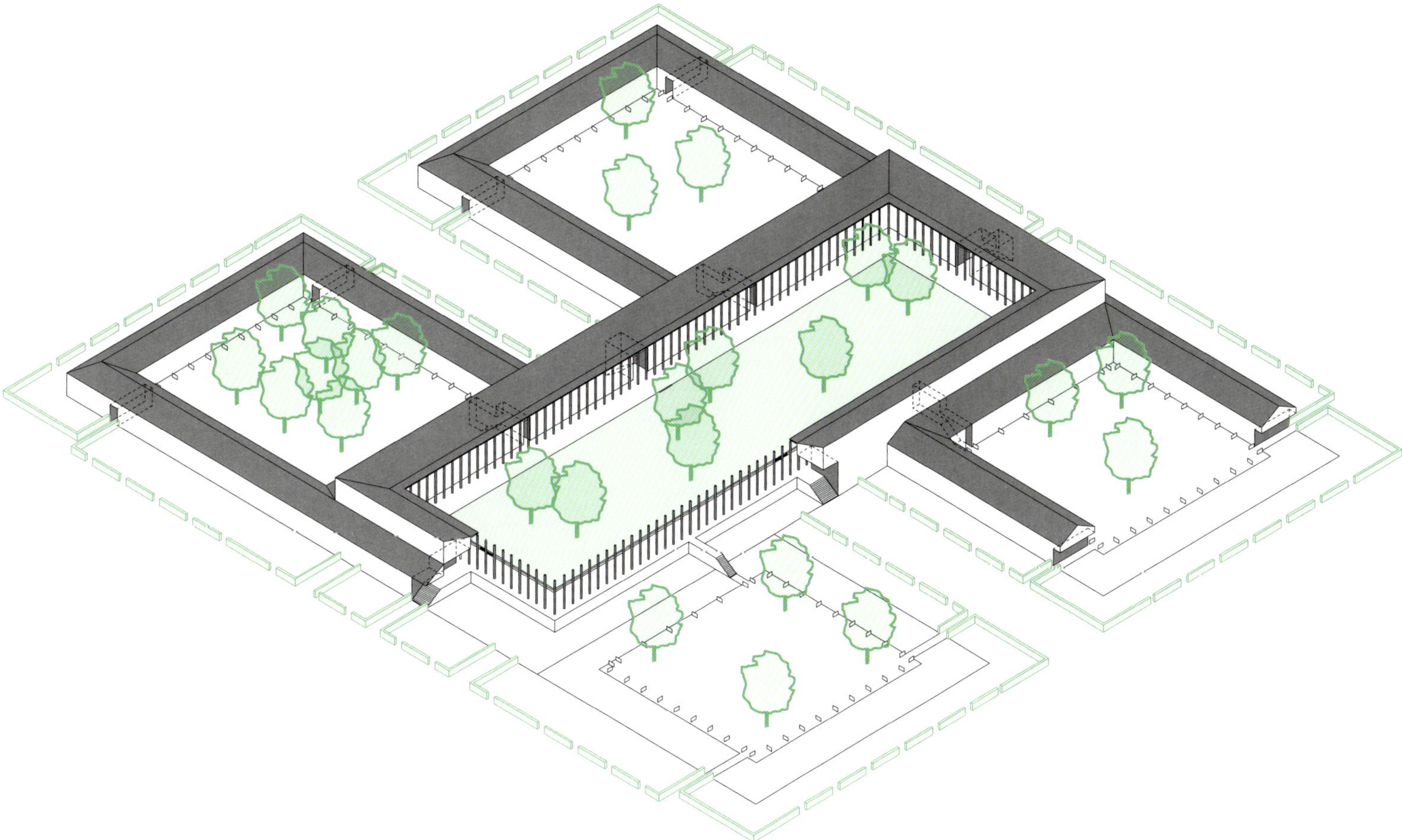

De architectuur van het collectief De Grote Hof: een stadspaleis met daken, poorten en colonnade

The architecture of the collective De Grote Hof: a city palace with roofs, gates and a colonnade

De architectuur van het collectief Blok 23: de lobby als 'voorname' entree

The architecture of the collective Block 23: the lobby as 'prominent' entrance

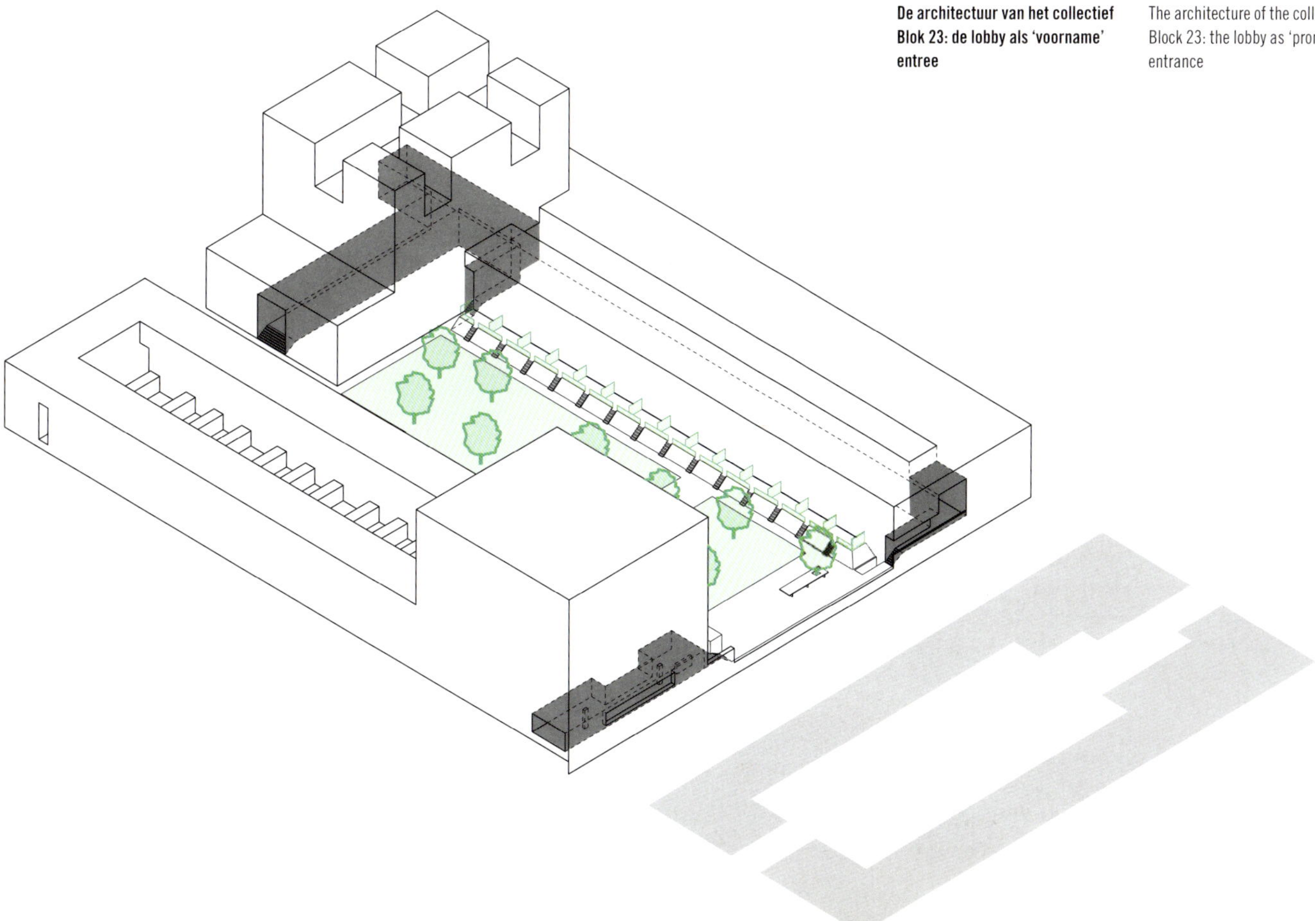

niet direct waarneembaar vanuit de hofruimte. Het gevolg is dat de gevels die de hofruimte begrenzen, geen hiërarchie of accenten kennen. Het zijn neutrale vlakken met ramen in een grid (Ypenburg, Utrecht) of met verspringende patronen (IJburg). Hierdoor krijgt de hof een eenduidig karakter, individueel gebruik is niet afleesbaar en de collectiviteit wordt benadrukt.

Architectonische ingrepen op het schaalniveau van de hof betreffen zowel de formele entreesequentie als de ruimte van de hof zelf. In IJburg wordt de hof geïntroduceerd door de bijzondere ruimtelijke entreelobbies, die aangezet zijn met een felrode kleur. In Ypenburg wordt de architectuur van de hof vooral bepaald door de grote, monumentale colonnade en de sculpturale daken. In Delft wordt de ruimte van de hof op spanning gebracht door de spiegelsymmetrisch gelegen, dubbelhoge balkons. Met een relatief kleine ingreep ontstaat hier een gelaagde ordening: hoewel de volumes los staan, wordt de hofruimte toch als een geheel ervaren. Eenzelfde soort ingreep is te zien in Utrecht, waar de ramen in een grid zijn gelegd, wanneer ze de hofruimte als een soort behang moeten aankleden. Op andere plekken, bijvoorbeeld in de kopgevels, krijgen de ramen meer ruimte en zijn ze centraal in de gevel geplaatst, waardoor het afzonderlijke volume juist naar voren treedt en de hof architectonisch gezien uit elkaar valt. Ook de open hoeken van de hoven en de zeer nauwe doorgangen in het vlak van de gevels, roepen de vraag op of het hier om hoven gaat of om losstaande volumes.

In IJburg en Ypenburg, beide tabula rasa uitbreidingslocaties, wordt de hof architectonisch verbijzonderd met alleen middelen op het schaalniveau van de hof zelf. Daardoor hebben de ingrepen – colonnade, lobby, zitkuil, podium – een eenduidig karakter. In Utrecht en Delft, beide binnenstedelijke invullocaties, worden ook middelen ingezet op lagere schaalniveaus, en wordt gespeeld met hiërarchie, spiegeling en diepte in gevelcompositie om de hof ruimtelijk bij elkaar te houden. Er wordt een moedwillig spel gespeeld tussen serialiteit en monumentaliteit. De gevelcompositie houdt de hof bij elkaar en werkt onafhankelijk van de volumes of de plattegronden. In de binnenstedelijke context, waar de beperkingen van de kavel groot zijn en ideaaltypen niet inpasbaar, lijkt een pragmatische architectuur te ontstaan die op een inventieve manier met compositie en monumentaliteit omgaat. Hoewel monumentale middelen worden aangewend om de hof een eigen karakter te geven, leidt dat in de meeste gevallen niet tot anonieme, grootstedelijke ruimtes. De ruimtelijke opzet en architectonische ordening zijn er juist op gericht de ruimtes qua schaal te verkleinen, leesbaar en leefbaar te maken. Colonnades en loggia's dienen als kaders voor toeëigening, terwijl kleine hoogteverschillen en lage erfscheidingen de hofruimte opdelen in kleinere ruimtes.

De stedelijke betekenis van de hof

In de nieuwe woonhof heeft zich de afgelopen jaren een intrigerende woontypologie ontwikkeld, die afwijkt van het standaard Nederlandse woningbouwmodel. De hof onderscheidt zich van de omringende bebouwing door een duidelijke identiteit of imago, die vooral op de architectuur van de hof te herleiden valt. Het onderscheidende en contrasterende karakter van de hof is zijn primaire bestaansrecht. De architectuur van de hof sluit niet meer aan op het functionele rijtjeshuismodel: in de besproken projecten is de hof niet meer alleen een meervoudige achtertuin, maar krijgt hij een representatief karakter in het verlengde van het courmodel. De ontwikkelingseenheid van het project wordt

they have to decorate the courtyard like some kind of wallpaper. Elsewhere, for instance in the end elevation, the windows are bigger and positioned at the centre of the façade, highlighting the individual block and causing the courtyard to disintegrate from an architectural point of view. The open courtyard corners and the extremely narrow passageways through the façade also raise the question whether these are courtyards or freestanding buildings.

In IJburg and Ypenburg, both tabula rasa expansion sites, the architecture of the courtyard is embellished on the scale of the courtyard itself, which lends the interventions – colonnade, lobby, sunken seating area, stage – cohesion. In the two inner-city infill sites in Utrecht and Delft devices have also been deployed on a smaller scale; this game of hierarchy, symmetry and depth in the composition of the façade sets out to provide the courtyard with spatial cohesion. It is a deliberate interplay between seriality and monumentality. Independent of the blocks and the floor plan, the composition of the façade pulls the courtyard together. The inner-city context, where lots pose major restrictions and ideal dwelling types do not fit, appears to give rise to a pragmatic architecture with an inventive approach to composition and monumentality. The use of monumental devices to make the courtyard more distinctive tends not to result in anonymous, metropolitan spaces. On the contrary, the spatial planning and architectural layout are aimed at reducing the scale of these spaces and making them accessible and comfortable to live in. Colonnades and loggias provide frameworks for appropriation, while slight differences in height and low boundaries divide the courtyard into smaller spaces.

The Courtyard's Urban Significance

Over the past few years, an intriguing new dwelling type has emerged in the new residential courtyard, one that deviates from the standard Dutch housing model. The courtyard distinguishes itself from adjacent buildings through an individual identity or image, which derives mainly from its architecture. In fact, the distinctive and contrasting character of the courtyard is its primary *raison d'être*. The architecture of the courtyard no longer fits the functional terraced housing model: the courtyards in the projects under discussion have become more than just multifaceted back gardens; following on from the *cour* model these courtyards have become representational. And to facilitate these projects, their development units are often scaled up to match the blocks' dimensions.

Although the courtyard is enclosed, it is not a cohesive space. The large lot size is usually subdivided into several courtyards or broken up into separate volumes, so as not to appear too big. The courtyard is held together with monumental elements and classic compositional devices. Two things are striking here. The monumental devices are not deployed to increase distance and evoke urban anonymity, but rather to scale down to human dimensions. However, the relationship between the courtyard entrances and the urban network lacks such monumental interventions. The presentation towards the city is casual, via a hole in a wall or a bollard.

The way of life along the courtyard has become less functional and more formal. Transitional zones have been condensed to narrow strips of grass; buffers are incorporated in the dwelling itself. The design of the transitional zone, both inside and outside of the dwelling, becomes an integral part of the project. The communal space ceases to be a place-to-be and instead provides a frictionless viewing space. The result is an exclusive rather than

vaak opgeschaald naar de maat van een bouwblok, omdat het anders niet goed te ontwikkelen valt.

De hof is omsloten, maar is geen eenduidige ruimte. De grote kavelmaat wordt over het algemeen opgedeeld in meerdere hoven of valt uiteen in losse volumes, om niet te grootschalig te lijken. De hof wordt bijeengehouden met monumentale elementen en klassieke compositiemiddelen. Hierbij vallen twee dingen op. De monumentale middelen worden niet ingezet om de afstand te vergroten en stedelijke anonimiteit op te roepen, maar juist om de schaal te verkleinen en aan te sluiten bij de menselijke maat. Tegelijk is de relatie tussen de toegangen naar de hof en het stedelijk netwerk juist niet monumentaal uitgewerkt. De presentatie naar de stad toe is terloops, via een gat in een muur, of een fietspaaltje.

De manier van wonen aan de hof is minder functioneel geordend dan voorheen en wordt formeler. Overgangszones zijn ingedikt tot smalle groenstroken; buffers worden in de woning getrokken. De vormgeving van de overgangszone, zowel binnen als buiten de woning, wordt integraal onderdeel van de opgave. De gemeenschappelijke ruimte is geen verblijfsruimte meer, maar een frictieloze kijkruimte. Dit leidt tot een exclusieve, in plaats van een stedelijke manier van wonen.[17] Tegelijkertijd zijn sommige hoven uitdrukkelijk onderdeel van doorgaande openbare ruimte in de stad. Hier ontstaat de tegenstelling dat het collectief geen private toeëigening toestaat, maar wel publiek toelaat.

Nederland kent een rijke geschiedenis van gemeenschappelijkheid in de woningbouw. In het denken over de samenleving en de stad is aan de gemeenschappelijke ruimte altijd een belangrijke sociale betekenis toegekend. Deze verschoof gedurende de 20e eeuw: van zelfcontrole, via emancipatie in de jaren zeventig, naar het domein van de zelfbewuste en assertieve burger nu.[18] De gemeenschappelijke ruimte was vroeger een differentiatie van de openbare ruimte en had niet echt een zelfstandige status.[19] In de nieuwe hof heeft de gemeenschappelijke ruimte een meer autonome betekenis en functioneert zij als buffer tussen het private en het publieke. De stedelijke manier van wonen krijgt hierdoor ook een andere betekenis: dat is niet meer lokaal geworteld en verbonden, maar staat meer op zichzelf en heeft vaak een nadrukkelijk eigen sfeer en identiteit.

In de nieuwe hof ontstaat een andere architectonische relatie van woning tot stad. In de continue stedelijke ruimte, opgebouwd uit blokken met rijtjeshuizen, wordt nu een architectonische maat tussen blok en woning geïntroduceerd. De grootschalige stedelijke vorm wordt opgebroken in ruimtelijk begrensde, leesbare eenheden. Bij radicale voorbeelden als De Grote Hof is stedelijke continuïteit uitdrukkelijk afwezig. De binnengevel is hier representatiever dan de buitengevel, die omringd wordt door private tuinen. De stedelijkheid is in deze projecten losgekoppeld van de context: stedelijkheid krijgt in de netwerkstad een andere vorm en betekenis dan in de traditionele stad van Berlage. Monumentaliteit wordt niet ingezet om het wonen met de openbaarheid te verbinden. Het nieuwe 'stedelijke' wonen vindt plaats in het collectieve interieur.

Met dank aan Joost Hillen voor het uitwerken van de analysetekeningen.

an urban lifestyle.[17] Meanwhile, some courtyards are unquestionably part of the continuous public space of the city. In the resulting paradox the collective does not permit private appropriation, but does admit the public.

The Netherlands has a rich history of communal housing. The communal space has always occupied an important role in ideas about society and the city. During the 20th century this role has undergone a shift: from self-control, via emancipation in the 1970s, to today's self-assured and assertive citizen.[18] The communal space used to be a differentiation of the public space and as such did not really have an independent status.[19] In the new courtyard, the communal space is more autonomous and functions as a buffer between the public and the private. As a result the urban lifestyle acquires another meaning: it is no longer rooted in and connected with the local, but it tends to stand alone and often has its own distinct atmosphere and identity.

The new courtyard gives rise to a new architectural relationship between dwelling and city. The continuous urban space, constructed of blocks of terraced housing, now welcomes an architectural scale between that of the block and the individual dwelling. The large-scale urban form is broken up into spatially bounded, clear units. Radical examples such as De Grote Hof lack any sign of urban continuity. The interior façade is more representational here than the external façade, which is framed by private gardens. In these projects urbanity has been detached from the context: in the network city urbanity assumes another form and meaning than it did in Berlage's traditional city. Monumentality is not deployed to link the domestic with the public space. The new 'urban' living takes place in the collective interior.

With thanks to Joost Hillen for developing the analytic drawings.

Noten

1 Zie: http://www.floorplanner.nl/degrotehof/.
2 Zie o.a. *Stadscahiers*, 2008, nr. 2, 'De nieuwe binnenwereld'.
3 Voor een uitgebreide beschrijving van deze woningbouwtraditie zie: Bijlsma en Groenland: *De Tussenmaat. Een handboek voor het collectieve woongebouw*, Amsterdam: SUN, 2006.
4 Omdat we in dit artikel de gemeenschappelijke ruimte interpreteren als een zelfstandige categorie tussen openbaar en privaat, in plaats van een verbijzondering van de openbare ruimte, gebruiken we de term *hof* in plaats van *nieuwe open ruimte.*
5 S. Stevin, *De ordening der Burgelijke huizen in een Blok.* In het proefschrift van De Mare wordt dit manuscript uitgebreid besproken. De Mare plaatst het denken van Stevin in de Aristotelische natuurfilosofie. Deze interpretatie is uitgangspunt van de beschrijving in dit artikel. Zie: H. de Mare, *Het huis en de regels van het denken. Een cultuurhistorisch onderzoek naar het werk van Simon Stevin, Jacob Cats en Pieter de Hooch*, proefschrift Universiteit van Amsterdam, digitale versie 2006.
6 Ibid., 168: '(...) We zien dat Stevin de mensen in huis ordent volgens de registers van verwantschap, leeftijd en geslacht. Een goed en gerieflijk leven in huis vereist dat tegemoet wordt gekomen aan de verschillend geaarde huisgenoten, met als consequentie dat ze elkaar daarbij zo min mogelijk last bezorgen. Het geluid van de één, is lawaai voor de ander. Hetzelfde geldt voor geuren en blikken die tot ongerief kunnen leiden, zoals stank en inkijk. Bij het garanderen van het eigen gerief van verschillende soorten huisgenoten (en dus het vermijden van ongemak veroorzaakt door ongeregelde menging) zet Stevin een aantal middelen in. Afgezien van een groot aantal vertrekken (zoals ook anderen bepleiten), gaat zijn aandacht uit naar de doorgankelijkheid van het geheel, de inwendige waardigheid van het huis, het gebruik van een groot aantal sleutels en tenslotte het gereguleerd buitensluiten van vreemden.'
7 Ibid., 122: Stevins ordening van het huis is opgebouwd aan de hand van de volgende elementen: '(...) de behandeling van de stoffelijke zaken en de stevigheid van het huis, (…) de vindingen die tot doel hebben de vertrekken in huis te zuiveren van allerlei geomorfologisch en klimatologisch ongerief (…) en de classificatie van soorten dingen en soorten mensen, op basis van het ongemak dat zij veroorzaken'.
8 Ibid., 203.
9 Ibid., 208-210: 'Gelijkzijdigheid betreft de overeenstemming van de rechter en linker delen van een lichaam. (…) Ook klassieken als Alberti maakten gebruik van deze linksrechts- symmetrie. Stevin voegt er echter nog vier eigenschappen aan toe die de betekenis van gelijkzijdigheid verruimen. Ten eerste behandelt hij alle onderdelen als bijzondere lichamen. (...) In plaats van onderdelen die een ondergeschikte positie innemen tegenover het lichaam in zijn geheel (of ten opzichte van de as die hen spiegelt), neemt hij ze als afzonderlijk gevormde lichamen met eigen kenmerken. Ten tweede ziet hij gelijkzijdigheid als een natuurlijke regel: in de Natuur ziet hij de gelijkzijdigheid in al haar complexiteit en redelijkheid aan het werk. Ten derde zal (…) de vergroting van een huis, van een huizenblok en ook de uitbreiding van de stad de inwendige noch de uitwendige ordelijke schikking aantasten. Deze eigenschap (…) respecteert de waarde der delen, hun onderlinge betrekkingen en hun plaats in het geheel. Ten vierde wekt (…) een lichaam dat de kwaliteit van gelijkzijdigheid bezit in de mensen een behagen op. Het behaaglijk aanzien van een bouwwerk, van dierlijke en menselijke lichamen omschrijft Stevin als een natuurlijk iets. (…) Uit dit alles blijkt mijns inziens dat de bouwkundige regels met betrekking tot zuilenordening en gelijkzijdigheid bij Stevin verwijzen naar zijn respect voor de regels van de Natuur.'
10 De seriële compositie is beschreven door J. de Heer, zie zijn artikel 'Architectuur en serie', in: Umberto Barbieri (red.), *Architectuur en Planning*, Rotterdam: Uitgeverij 010, 1983, 48-92: 'De compositie bestaat uit (...) architectonische fragmenten, die in series geplaatst een complexe structuur opleveren. (...) De vorm is niet een uitdrukkingswijze, maar element van een syntax. (...) Vormgeving komt voort uit het neutrale, schematische, vormloze karakter van het materiaal'.
11 Zie C. van der Hoeve en J. Louwe, *Amsterdam als stedelijk bouwwerk*, Amsterdam: SUN, 2003, 113. Zij onderscheiden zogenaamde korstblokken, hovenblokken, turbineblokken en bajonetblokken.
12 M. Eleb en A. Debarre, *Architectures de la vie privée*, Brussel: Editions Hazan en A.A.M., 1989, 32.
13 Ibid., 90: 'La distribution prend une importance privilegiée, puisque c'est elle que doit exprimer l'apparence de l'habitation.'
14 H. Lipstadt, 'Housing the bourgeoisie: Cesar Daly and The Ideal Home', *Oppositions*, 8 (1977), 40:

Notes

1 See: http://www.floorplanner.nl/degrotehof/
2 See, for instance, *Stadscahiers*, 2008, no. 2, 'De nieuwe binnenwereld'.
3 For a detailed description of this housing tradition see: Bijlsma and Groenland: *De Tussenmaat. Een handboek voor het collectieve woongebouw* (Amsterdam: SUN, 2006).
4 In this article we interpret the communal space as an independent category between public and private, rather than as a special kind of public space. We therefore use the term *courtyard* instead of *new open space*.
5 S. Stevin, *De ordening der Burgelijke huizen in een Blok*. De Mare discusses this manuscript at length in her doctoral thesis. She locates Stevin's thought within the context of Aristotle's natural philosophy. This interpretation forms the basis for our description in this article. See: H. de Mare, *Het huis en de regels van het denken. Een cultuurhistorisch onderzoek naar het werk van Simon Stevin, Jacob Cats en Pieter de Hooch*, thesis, University of Amsterdam, digital version 2006.
6 Ibid., 168: 'Stevin classifies the inhabitants of the house according to the registers of kinship, age and gender. A good and comfortable domestic life depends on satisfying the different dispositions of the inhabitants, so they cause each other the least amount of inconvenience. One person's sound is another person's noise. The same is true for smells and gazes that may cause discomfort, such as stench and scrutiny. To guarantee the comfort of the various categories of inhabitant (and thus prevent the discomfort caused by a disorganized household) Stevin deploys a number of measures. Besides a large number of chambers (as proposed by others), he is interested in the appropriate passage of the whole, the internal dignity of the house, the use of a large number of keys and finally the controlled exclusion of strangers.'
7 Ibid.,122: Stevin's layout of the house is based on the following elements: '… the treatment of the material properties and the durability of the house,… the findings that aim to purify the chambers in the house of all kinds of geo-morphological and climatological discomfort… and the classification of types of things and types of people, on the basis of the discomfort they cause'.
8 Ibid., 203.
9 Ibid., 208-210: 'Equilaterality refers to the agreement between the left and right sides of a body… Classic architects such as Alberti also drew on this left-right symmetry. But Stevin adds four properties that broaden the meaning of equilaterality. First of all, he treats all components as special bodies… Rather than components occupying a subordinate position vis-à-vis the body as a whole (or in relation to the mirroring axis), he views them as separate bodies with particular qualities. Secondly, he sees equilaterality as a natural rule: equilaterality, in all its complexity and reason, is at work in Nature. Thirdly,… the enlargement of a house, of a block of houses, as well as the expansion of the city will affect neither the internal nor the external orderly arrangement. This property… respects the value of the parts, their interrelationships and their place in the whole. Fourthly, people take pleasure in… a body that possesses the quality of equilaterality. Stevin describes the pleasant appearance of a building, of animal and human bodies as something natural… In my opinion all this shows that Stevin's architectural rules on the arrangement of pillars and equilaterality are a sign of his respect for the order of Nature.'
10 The serial composition has been described by J. de Heer, see his article 'Architectuur en serie', in: Umberto Barbieri (ed.), *Architectuur en Planning* (Rotterdam: 010 Publishers, 1983), 48-92: 'The composition consists of . . . architectural fragments, which, when seried, produce a complex structure. . . . Form is not a way of expressing something, but an element of a syntax. . . . Design evolves from the neutral, schematic, formless character of the material.'
11 See C. van der Hoeve and J. Louwe, *Amsterdam als stedelijk bouwwerk* (Amsterdam: SUN, 2003), 113. They identify so-called slab blocks, courtyard blocks, turbine blocks and bayonet blocks.
12 M. Eleb and A. Debarre, *Architectures de la vie privée* (Brussels: Editions Hazan and A.A.M., 1989), 32.
13 Ibid., 90: 'La distribution prend une importance privilegiée, puisque c'est elle que doit exprimer l'apparence de l'habitation.'
14 H. Lipstadt, 'Housing the bourgeoisie: Cesar Daly and The Ideal Home', *Oppositions*, 8 (1977), 40: 'The maison a loyer was to have no style at all. It should be entirely unexceptional, without any originality or physiognomy… Only sober forms of a wise and well-mannered taste would do.'
15 For a description of the evolution of the Parisian courtyard see J. Castex, J.C. Depaule and P. Panerai, *De rationele stad. Van bouwblok tot*

'The maison a loyer was to have no style at all. It should be entirely unexceptional, without any originality or physiognomy (...). Only sober forms of a wise and well-mannered taste would do.'

15 Voor een beschrijving van de evolutie van de Parijse binnencour zie J. Castex, J.C. Depaule en P. Panerai, *De rationele stad. Van bouwblok tot wooneenheid*, Amsterdam: SUN, 1984, 50-53.

16 Zie bijvoorbeeld de hoven, ontwikkeld aan het begin van de 20e eeuw. Hier heeft elk huis vaak een eigen tuintje aan de hof. In de jaren 70 wordt de overgangszone kleiner. Deze is echter zo vormgegeven dat de private toeëigening getoond in plaats van ingeperkt wordt.

17 Vergelijk het wonen in afgeschermde woondomeinen, waarbij de gemeenschappelijke ruimte alleen toegankelijk is voor bewoners.

18 A. Reijndorp, 'De architectuur van de stedelijke ruimte', in: De Lijn e.a., *Wikken en Wegen in waardevolle wijken*, Amsterdam: De Lijn, 2001, 84: 'Het collectieve domein is niet langer het domein van emancipatie, maar van zelfbewuste, actieve en assertieve burgers die hun leven en hun omgeving naar hun hand zetten'.

19 Ibid., 64.

Literatuur

L. Bijlsma en J. Groenland, *De Tussenmaat. Handboek voor het collectieve woongebouw*, Amsterdam: SUN, 2006

J. Castex, J.C. Depaule en P. Panerai, *De rationele stad. Van bouwblok tot wooneenheid*, Amsterdam: SUN, 1984

M. Dennis, *Court and Garden. From the French Hotel to the City of Modern Architecture*, Cambridge, MA: MIT Press, 1986

J.N.L. Durand, *Précis of the Lectures on Architecture*, Los Angeles: The Getty Research Institute, (1821) 2000

M. Eleb en A. Debarre, *Architectures de la vie privée*, Bruxelles: Editions Hazan en A.A.M., 1989

D. Hamers, K. Nabielek, S. Schluchter en M. van Middelkoop, *Afgeschermde woondomeinen in Nederland*, Rotterdam: NAi Uitgevers, 2007

J. de Heer, 'Architectuur en serie', in: Umberto Barbieri (red.), *Architectuur en Planning*, Rotterdam: Uitgeverij 010, 1983, 48-92

C. van den Heuvel, *'De Huysbou'. A reconstruction of an unfinished treatise on architecture, town planning and civil engineering by Simon Stevin*, Amsterdam: Koninklijke Nederlandse Akademie van Wetenschappen, 2005

C. van der Hoeve en J. Louwe, *Amsterdam als stedelijk bouwwerk*, Amsterdam: SUN, 2003

S. Komossa en M. Risselada, *Atlas van het Hollandse bouwblok*, Bussum: Uitgeverij Thoth, 2002

H. Lipstadt, 'Housing the bourgeoisie: Cesar Daly and The Ideal Home', *Oppositions*, 8 (1977), 35-47

S. Lohof en A. Reijndorp, *Privé-terrein. Privaat beheerde woondomeinen in Nederland*, Rotterdam: NAi Uitgevers, 2006

H. de Mare, *Het huis en de regels van het denken. Een cultuurhistorisch onderzoek naar het werk van Simon Stevin, Jacob Cats en Pieter de Hooch*, proefschrift Universiteit van Amsterdam, digitale versie 2006

A. Reijndorp, 'De architectuur van de stedelijke ruimte', in: De Lijn e.a., *Wikken en Wegen in waardevolle wijken*, Amsterdam: De Lijn, 2001, 59-75

K. Van Synghel, ', *Ons Erfdeel*, 1 (1999), 41-51

H.J. Zantkuyl, *Bouwen in Amsterdam, Het woonhuis in de stad*, Amsterdam: Gemeentelijk Bureau Monumentenzorg /Gemeentearchief Amsterdam, Architectura & Natura, 1993

wooneenheid (Amsterdam: SUN, 1984), 50-53.

16 See, for example, the courtyards developed in the early 20th century, where each house usually has its own little garden bordering on the courtyard. In the 1970s the transitional zone becomes smaller. But its design is such that the private appropriation is shown instead of curbed.

17 Compare to life in gated communities, where the communal space is accessible only to residents.

18 A. Reijndorp, 'De architectuur van de stedelijke ruimte', in: De Lijn et al., *Wikken en Wegen in waardevolle wijken* (Amsterdam: De Lijn, 2001), 84: 'The collective domain is no longer the domain of emancipation, but of self-assured, active and assertive citizens who have control over their lives and their environment.'

19 Ibid., 64.

Literature

L. Bijlsma and J. Groenland, *De Tussenmaat. Handboek voor het collectieve woongebouw* (Amsterdam: SUN, 2006)

J. Castex, J.C. Depaule and P. Panerai, *De rationele stad. Van bouwblok tot wooneenheid* (Amsterdam: SUN, 1984)

M. Dennis, *Court and Garden. From the French Hôtel to the City of Modern Architecture* (Cambridge, MA: MIT Press, 1986)

J.N.L. Durand, *Précis of the Lectures on Architecture* (Los Angeles: The Getty Research Institute, [1821] 2000)

M. Eleb and A. Debarre, *Architectures de la vie privée* (Brussels: Editions Hazan and A.A.M., 1989)

D. Hamers, K. Nabielek, S. Schluchter and M. van Middelkoop, *Afgeschermde woondomeinen in Nederland* (Rotterdam: NAi Publishers, 2007)

J. de Heer, 'Architectuur en serie', in: Umberto Barbieri (ed.), *Architectuur en Planning*, (Rotterdam: 010 Publishers, 1983), 48-92

C. van den Heuvel, *'De Huysbou'. A reconstruction of an unfinished treatise on architecture, town planning and civil engineering by Simon Stevin* (Amsterdam: Koninklijke Nederlandse Akademie van Wetenschappen, 2005)

C. van der Hoeve and J. Louwe, *Amsterdam als stedelijk bouwwerk* (Amsterdam: SUN, 2003)

S. Komossa and M. Risselada, *Atlas van het Hollandse bouwblok* (Bussum: Uitgeverij Thoth, 2002)

H. Lipstadt, 'Housing the bourgeoisie: Cesar Daly and The Ideal Home', *Oppositions*, 8 (1977), 35-47

S. Lohof and A. Reijndorp, *Privé-terrein. Privaat beheerde woondomeinen in Nederland* (Rotterdam: NAi Publishers, 2006)

H. de Mare, *Het huis en de regels van het denken. Een cultuurhistorisch onderzoek naar het werk van Simon Stevin, Jacob Cats en Pieter de Hooch*, Doctoral Thesis, University of Amsterdam, digital version 2006

A. Reijndorp, 'De architectuur van de stedelijke ruimte', in: De Lijn et al., *Wikken en Wegen in waardevolle wijken* (Amsterdam: De Lijn, 2001), 59-75

K. Van Synghel, 'Op zoek naar integere gebouwen. De Vlaamse bouwmeester bOb Van Reeth', *Ons Erfdeel*, 1 (1999), 41-51

H.J. Zantkuyl, *Bouwen in Amsterdam, Het woonhuis in de stad* (Amsterdam: Gemeentelijk Bureau Monumentenzorg / Gemeentearchief Amsterdam, Architectura & Natura, 1993)

Karin Theunissen

De particulier-publieke paradox van de nieuwe open ruimte

The Private-Public Paradox of the New Open Space

'Wat we in IJburg wilden bereiken was *het-buiten-je-huis-op-straat-zitten-gevoel*'
Ton Schaap[1]

Inleiding

De paradox van de nieuwe open ruimte binnen het woonensemble is haar dubbelzinnige karakter: ze wil zowel publiek als particulier zijn.[2] Een toevallig bezoek aan Mariaplaats, een moderne doolhof van stegen en pleintjes, begrensd door strenge roodbruine muren en plaveisels in de oude binnenstad van Utrecht, biedt misschien een aangenaam gevoel van herkenning, maar tegelijkertijd van vervreemding. De herinnering aan oud-Hollandse hofjes dient zich aan, maar het gaat hier niet om armenhuisjes en er heerst zeker geen sfeer van keuvelende en was-ophangende buurvrouwen. Integendeel, de sfeer is eerder anoniem en afstandelijk. Van wie, of voor wie, zijn deze pleintjes bestemd? Wie maakt er gebruik van en wat voor gebruik wordt ervan gemaakt?

Zo zal de wandelaar over het 'landgoed' Zwanenwoud in Heerenveen genieten van de Franse, formele tuinaanleg van de parterre en van de kasteelachtige silhouetten die de groene ruimte omzomen, maar tegelijkertijd wordt hij ook in verwarring gebracht: is dit een openbaar park of een tuin voor de bewoners van de aanliggende villa's, of zijn omgekeerd de bewoners op hun terrassen bedoeld om bekeken te worden door de passanten?

Een bezoeker die het verhoogde dek van De Grote Hof in Ypenburg betreedt, zal allicht met bewondering rondkijken in de indrukwekkende ruimte - alsof men een binnenplaats als die van het Louvre betreedt - en tegelijk voelt hij misschien enige schroom tegenover de intimiteit van een zondagochtendontbijt van bewoners onder de colonnade.

Het is deze paradoxale ervaring die deze ruimten zo fascinerend maakt. Architectonische oplossingen voor deze dubbelzinnigheden blijken bovendien bijzonder vernuftig en steeds anders te zijn. Mariaplaats is een klein, binnenstedelijk project met veel verschillende binnenruimten en met veel woningtypen in een hoge dichtheid, Zwanenwoud betreft een groot grondoppervlak en weinig, identieke woningen, en De Grote Hof is een geïsoleerde enclave van zowel goedkope als dure woningen.

Zoals in het introducerende essay is uiteengezet, is deze nieuwe, dubbelzinnige open ruimte in de stad de uitkomst van een aantal lange, historische ontwikkelingen en actuele vraagstellingen, waaronder de Hollandse traditie van het wonen aan de straat en de vraag naar stedelijkheid en nieuw, publiek domein. Deze twee hoofdkwesties zijn in feite twee kanten van één medaille en ze krijgen in deze ensembles een nieuw moment. Ze zijn nieuwe interpretaties van het wonen (het particuliere) en van het openbare leven (het publieke), waarbij de oude betekenissen van deze categorieën verschuiven en hun eenduidigheid verliezen.

De nieuwe open ruimte brengt de ervaring van de stad binnen het traditionele bouwblok door visuele verbindingen en het toelaten van andere gebruikers, zoals toevallige passanten. Naast de onbepaaldheid van de doorgaande straat vormt de nieuwe open ruimte veelal een 'plek', of verblijfsruimte, die autovrij is en een bepaalde identiteit heeft. Deze nieuwe, openbare woondomeinen dragen zo bij aan een differentiatie van de openbare ruimte tot een stedelijk landschap van verschillen, vanaf de kleinste schaal van voyeuristische intimiteit tot de grootste schaal van massamanifestaties.[3]

Om de paradox van het particulier-publieke karakter van de

'What we wanted to achieve in IJburg was the *feeling of sitting-on-the-stoop outside your house.*'
Ton Schaap[1]

Introduction

The paradox of the new open space in housing ensembles is its ambiguity: it attempts to be both public and private.[2] A stranger casually wandering into Mariaplaats, a modern labyrinth of alleys and little squares surrounded by sober reddish-brown walls and paving stones in the historic centre of Utrecht, might register a pleasant feeling of recognition but simultaneously of estrangement. Mariaplaats is reminiscent of the old Dutch *hofjes*, but this is not charitable housing – and there certainly are no neighbours here, chattering as they hang out the wash. On the contrary, the atmosphere could sooner be described as anonymous and distant. For what and for whom are these little squares intended? Who actually uses them and in what ways?

Newcomers who stroll around the 'country estate' of Zwanenwoud in Heerenveen will enjoy the French formal garden layout of the grounds and the castle-like silhouettes bordering the large green, but at the same time feel slightly confused: Is this a public park? A private garden for the residents of the adjacent villas? Or is it the other way around, and are passers-by invited to look at the residents on their terraces?

A visitor who enters the raised central court of De Grote Hof in Ypenburg most likely will gaze in amazement at the impressive space – it's as if one is entering a courtyard like that of the Louvre – and at the same time might feel some hesitancy when confronted with the intimacy of a Sunday morning breakfast enjoyed by a group of residents under the colonnade.

Such paradoxical experiences are what make these spaces so fascinating. Moreover, the architectural solutions for these ambiguities turn out to be exceptionally ingenious and never twice the same. Mariaplaats is a small inner-city project with many different inner spaces and a variety of housing types built in high density; Zwanenwoud comprises a large area of land and dwellings that are few in number, and De Grote Hof is an isolated enclave of both low-priced and expensive homes.

As was stated in the introductory essay, this ambiguous new open space in the city is the result of several lengthy historical developments and contemporary issues, including the Dutch tradition of dwellings that directly border the street and a rising demand for urbanity and new public domain. These two central issues are in fact two sides of the same coin. And in the case of these ensembles they lead to new interpretations for housing (private life) and the public domain (public life). The old meanings of these categories shift and lose their unequivocalness.

The new open space brings urban life into the traditional perimeter block through visual links with the city and by permitting entry to other users, such as casual passers-by. These new public residential domains can contribute to a differentiation of public space that ranges in scale from voyeuristic intimacy to mass manifestations.[3]

To further an interpretation of this paradox of the private-public character of the new open space, we will investigate a series of projects that show the range of the new open space as we have encountered it thus far, with the intention of coming up with tools with which to designate the new open space as a task for designers. Furthermore, an analysis of these projects will put forward arguments for a discussion about the significance of the

Mariaplaats, Utrecht
1996

Schuttersveld, Delft
2001

De Rietlanden, Amsterdam
2000

IJburg blok 23, Amsterdam
2001

Zwanenwoud, Heerenveen
2005

De Grote Hof, Pijnacker-Nootdorp
2007

De nieuwe open ruimten in een reeks
The new open space in a series

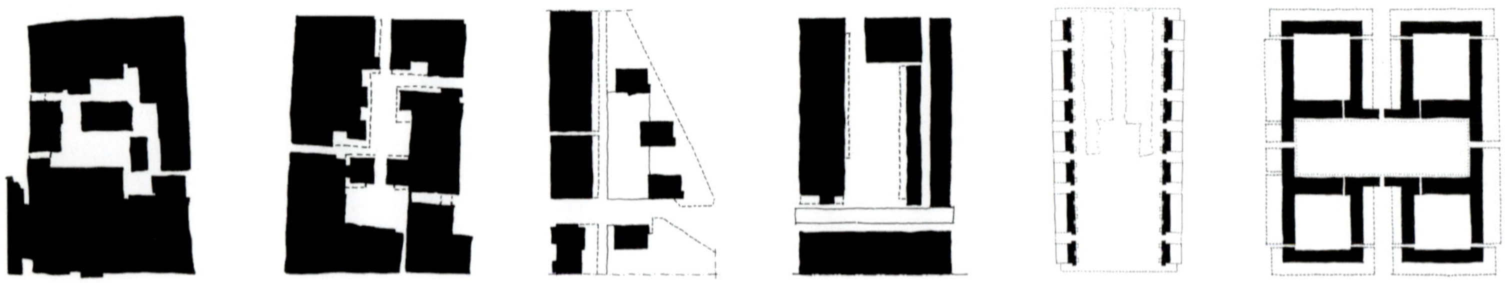

De nieuwe open ruimte als onderdeel van de openbare ruimte
The new open space as part of the public space

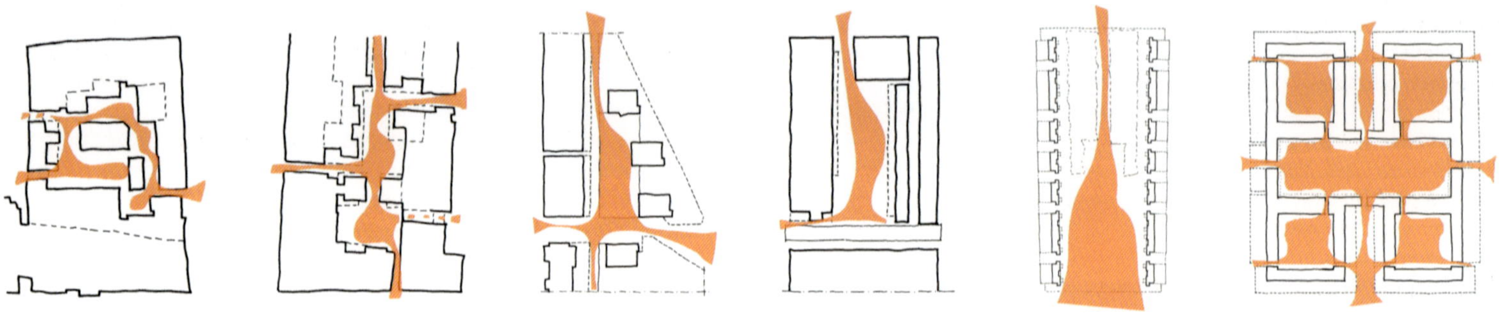

De formele kant en de ingangen
The formal side and the entrances

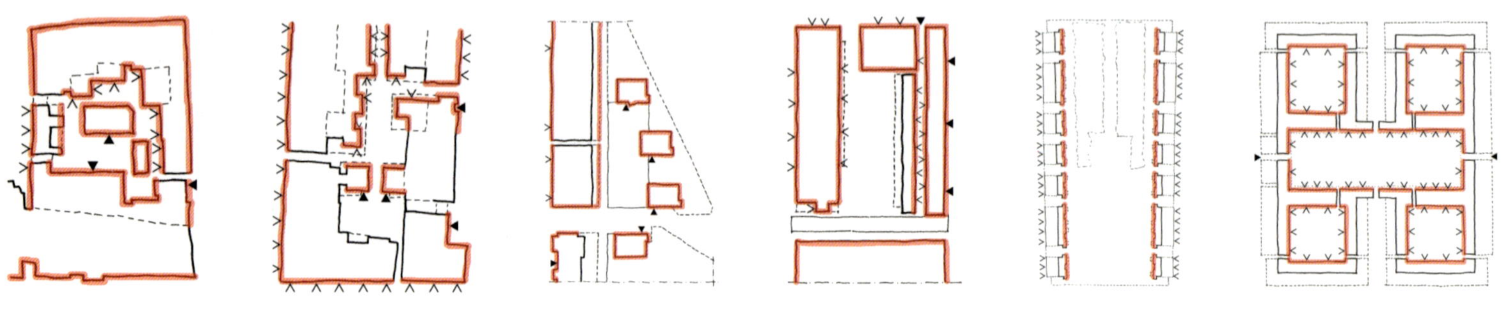

nieuwe open ruimte te duiden, gaan we hier nader in op de reeks ensembles die de reikwijdte toont van de nieuwe open ruimte, zoals wij die tot nu toe hebben aangetroffen. Het is de bedoeling instrumenten aan te dragen, waarmee de nieuwe open ruimte als ontwerpopgave kan worden benoemd.

Verder draagt een analyse van deze projecten argumenten aan voor een gesprek over de betekenis van de nieuwe open ruimte voor het wonen en voor de stad. Met dit onderzoek, dat de weerslag is van enkele jaren ontwerp- en onderzoekprojecten binnen de leerstoel Woningbouw aan de TU Delft, wordt het complexe onderwerp van het wonen en de stad benaderd vanuit een architectonisch perspectief.[4]

De projecten zijn bekeken op hun stedenbouwkundige en architectonische kenmerken. Bij de stedenbouwkundige kenmerken gaat het om de relatie tussen het ensemble en de stad, en de plek van het ensemble in het netwerk van openbare ruimten, inclusief de organisatie van routes. Bij de architectonische aspecten van de nieuwe open ruimte richt de analyse zich op de vorm en expressie van de ruimte, en op de articulatie van particuliere, dan wel publieke eigenschappen van het ensemble.

De nieuwe open ruimte in het stedelijke netwerk

De relatie tussen het woonensemble en de stad is tweeledig: vanuit het ensemble naar de stad en vanuit de stad naar het ensemble. De vraag is hoe men het ensemble ervaart vanuit de stad: is het toegankelijk; voegt het iets toe aan de stad? Omgedraaid wordt de vraag gesteld hoe men de stad ervaart vanuit het ensemble: is de stad aanwezig, zichtbaar, vanuit het ensemble; stelt het ensemble zich open naar de stad of is het een gesloten enclave?

De nieuwe open ruimte binnen de reeks ensembles maakt steeds min of meer deel uit van het omringende netwerk van stedelijke ruimten. Het gaat hier duidelijk niet om een soort 'gated communities'. De open ruimte binnen het ensemble ligt terzijde van de openbare weg, maar sluit zich er niet van af. De binnenruimten zijn meestal eigendom van de gemeente en dus openbaar, maar ook in de twee gevallen dat de open ruimte binnen het ensemble via een Vereniging van Eigenaren particulier eigendom is van de bewoners (Mariaplaats en De Grote Hof), is de open ruimte vrij toegankelijk; alleen de Mariaplaats gaat dicht na zonsondergang. Er zijn echter grote verschillen in de mate waarin de binnenruimten zich verhouden tot de buitenwereld.

De relatie tussen de open ruimte binnen het ensemble en de stad wordt vooral bepaald door de context (de binnenstad, de rand van de stad of het buitengebied), de eigendomssituatie (van de gemeente of van de bewoners, c.q. een Vereniging van Eigenaren); de inrichting (het al dan niet bieden van voorzieningen voor niet-bewoners) en de ligging ten opzichte van het stedelijke netwerk van voorzieningen, die bepaalt in hoeverre het ensemble onderdeel is van 'stedelijke routes'.

In de eerste twee binnenstedelijke projecten, Mariaplaats in Utrecht en Schuttersveld in Delft, maakt de directe omgeving deel uit van een belangrijk binnenstedelijk netwerk. De beide projecten liggen echter net terzijde en zijn aldus alleen in secundaire zin onderdeel van een stedelijke route.

De Mariaplaats is particulier eigendom. Overdag is het ensemble vrij toegankelijk. Hoewel de toegangen niet zijn aangezet, zou men op een stedelijke dwaalroute toch zomaar in het ensemble terecht kunnen komen. De pleintjes van de Mariaplaats zijn bijzonder zorgvuldig, maar uiterst kaal ingericht; een bezoeker

new open space for both residents and the city. This investigation, which reflects several years of design and research projects within the Chair of Architecture and Dwelling at Delft University of Technology, approaches the complex subject of housing and city from an architectural perspective.[4]

The projects will be examined on the basis of their urban design and architectural characteristics in terms of the new open space. The urban design aspects involve the relation between the complex and the city and its location in the network of public spaces, including the organization of routes. For the architectural aspects, our analysis focuses on the form and expression of the new open space and on the articulation of private and/or public characteristics within the complex.

The New Open Space in the Urban Network

The relation between the housing ensemble and the city works both ways, from the point of view of the ensemble and that of the city. The question is, how do people in the city experience the ensemble: Is it accessible? Does it add something to the city? The other way around, how do people in the ensemble experience the city: Is it visible from the ensemble? Is the ensemble open to the city or is it a closed enclave?

The new open space in the projects within our study is always more or less part of the surrounding network of urban spaces. They clearly are not any sort of 'gated community'. The open space within the ensemble is situated aside from the street, but is not closed off from it. The inner spaces are usually municipal property and therefore open to the public, but even in the two cases where the open space is the private property of the residents via a Homeowners' Association (Mariaplaats and De Grote Hof), those spaces are also accessible to the public, with only that of the Mariaplaats being closed after sunset. However, there are great differences in the extent to which the inner spaces are related to the outer world.

The relation between the open space in an ensemble and the city is primarily determined by the site context (the centre of the city, the periphery or outlying districts), the ownership situation (the city, or the residents and/or a Homeowners' Association); its design (offering provisions for non-residents or otherwise) and its location as regards the urban network of services, which determines the extent to which the ensemble is a part of 'urban routes'.

In the first two inner-city projects, Mariaplaats in Utrecht and Schuttersveld in Delft, the immediate surroundings are part of an important inner-city network. Both projects, however, are situated to the periphery of that network and therefore are part of an urban route only in a secondary sense.

The Mariaplaats is private property. During the daytime, this ensemble can be freely accessed. Although the entrances are not accentuated, one could wind up there by chance while taking a stroll through the city. The little squares of the Mariaplaats are laid out in a meticulous but extremely stark design; only on the larger, slightly raised square can visitors sit on a bench. Other than that, there are no outdoor facilities. Looking around from the raised square, the city is a strong presence in the ensemble as a silhouette above the roofs, dominated by the tower of the Maria Church. It is up to the Homeowners Association to close off the ensemble. At night the gates are shut, after which visitors must announce themselves at a central doorbell area with letterboxes, outside the gate.

The inner terrain of the Schuttersveld had always been accessible via alleys and gateways from various sides of the block; once there was a school and a schoolyard here. A number of those passages

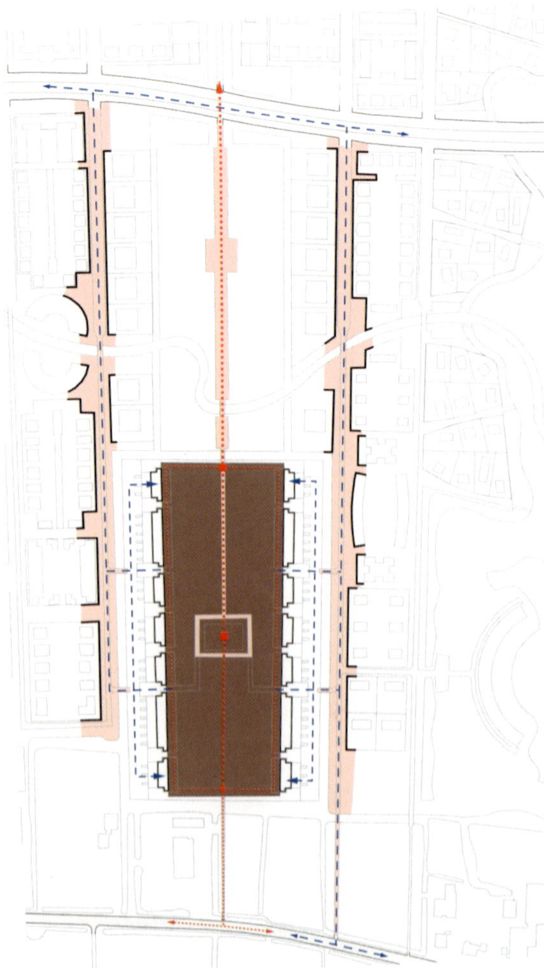

kan alleen op het grotere, iets verhoogd gelegen plein op een bankje zitten. Er zijn verder geen faciliteiten om buiten te verblijven. Vanaf het verhoogde plein is omgedraaid de stad, als stadssilhouet boven de daken, waarin de toren van de Mariakerk domineert, sterk aanwezig in het ensemble. Het is aan de Vereniging van Eigenaren om het ensemble eventueel af te sluiten. Er zijn hekken die 's avonds dichtgaan, waarna bezoekers zich moeten melden bij een centraal bellentableau met postbussen buiten het hek.

Het Schuttersveld was als binnenterrein altijd al bereikbaar via stegen en poorten vanuit verschillende kanten van het blok; er lag vroeger een school met een schoolplein. In de nieuwe opzet zijn een aantal hiervan gehandhaafd en zijn er twee andere aan toegevoegd: de entree vanaf de Doelentuin en een nieuw woonstraatje in oostelijke richting, dat precies op de toren van de oude universiteitsbibliotheek is gericht. Hoewel geen onderdeel van een belangrijke stedelijke route wordt het ensemble wel gebruikt door de buurtbewoners als verkorte, rustige doorsteek. Er is ook een speelgelegenheid, die behalve door de buurtkindertjes ook door een verderop gelegen kinderdagverblijf wordt gebruikt. Vóór de herstructurering van het gebied was er een doorgang vanaf het hoogstedelijke Doelenplein (veel horeca onder andere) naar het nu achterin gelegen schoolplein; de doorgang is in het ontwikkelingsproces verloren gegaan en is nu afgesloten. Daarom ligt het prachtige plein met een dak van oude platanen er nu als doodlopende ruimte vrijwel ongebruikt bij.

Rietlanden en IJburg-blok 23 zijn op bijzondere locaties buiten de oude stadskern van Amsterdam gelegen; de Rietlanden als deel van de herstructurering van de Oostelijke Haveneilanden

De nieuwe open ruimte binnen het stedelijke netwerk
The new open space in the urban network

rood: voetgangersroute
red: pedestrian route
blauw: autoroute
blue: automobile route

Mariaplaats, Utrecht

Zwanenwoud, Heerenveen

Schuttersveld, Delft

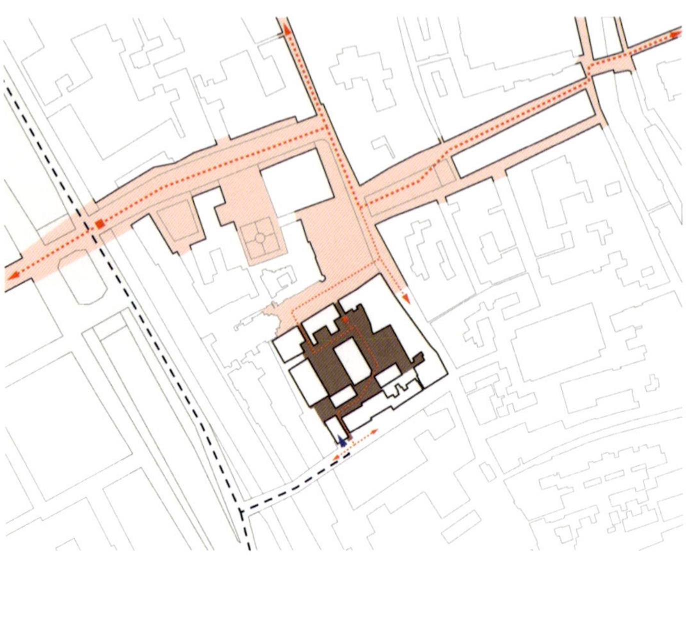

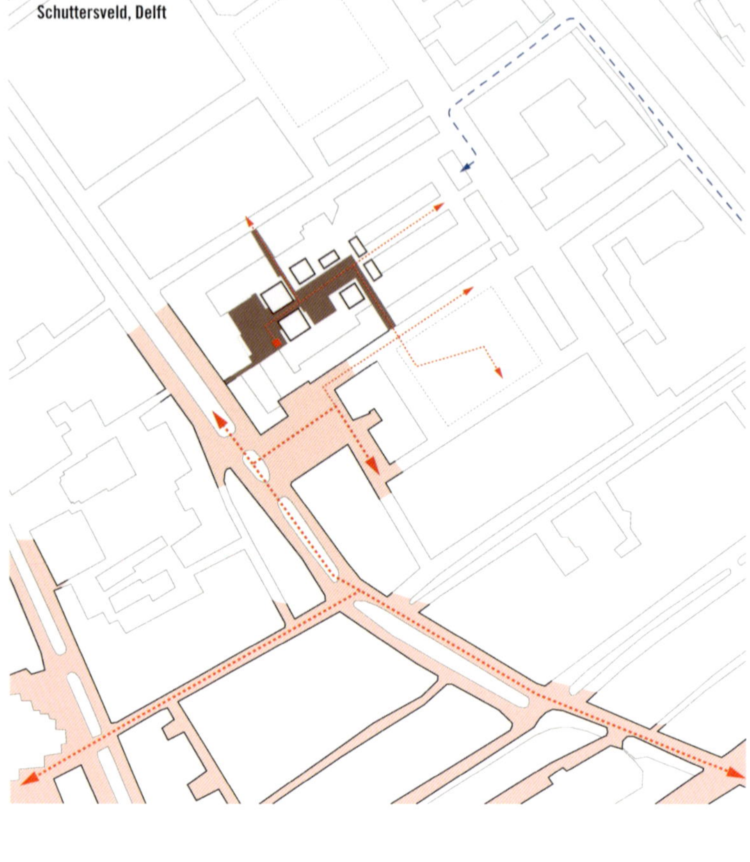

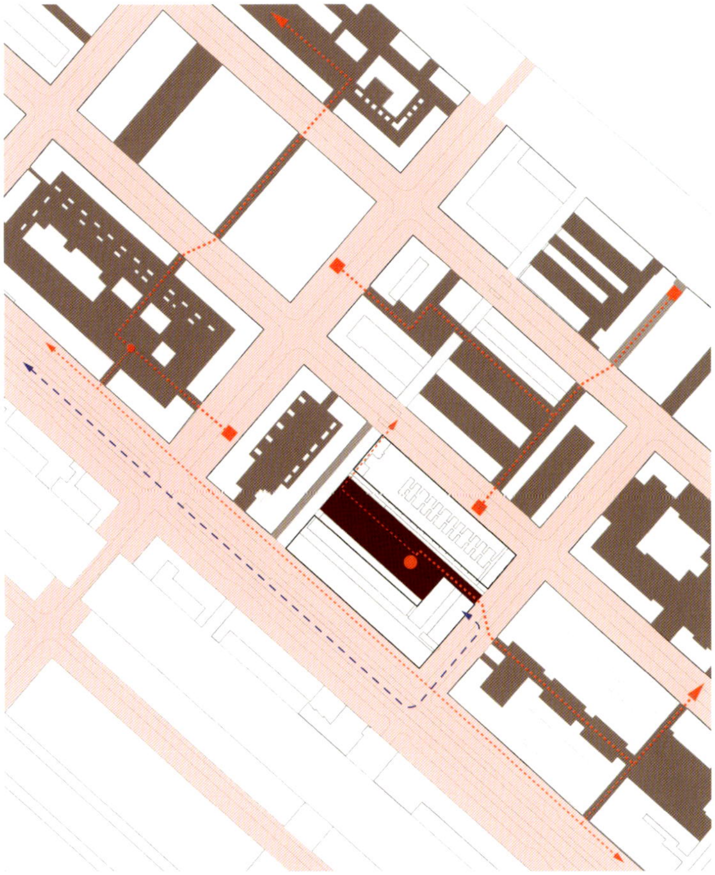

IJburg blok 23, Amsterdam

De Grote Hof, Pijnacker-Nootdorp

De nieuwe open ruimte binnen het stedelijke netwerk
The new open space in the urban network

rood: voetgangersroute
red: pedestrian route
blauw: autoroute
blue: automobile route

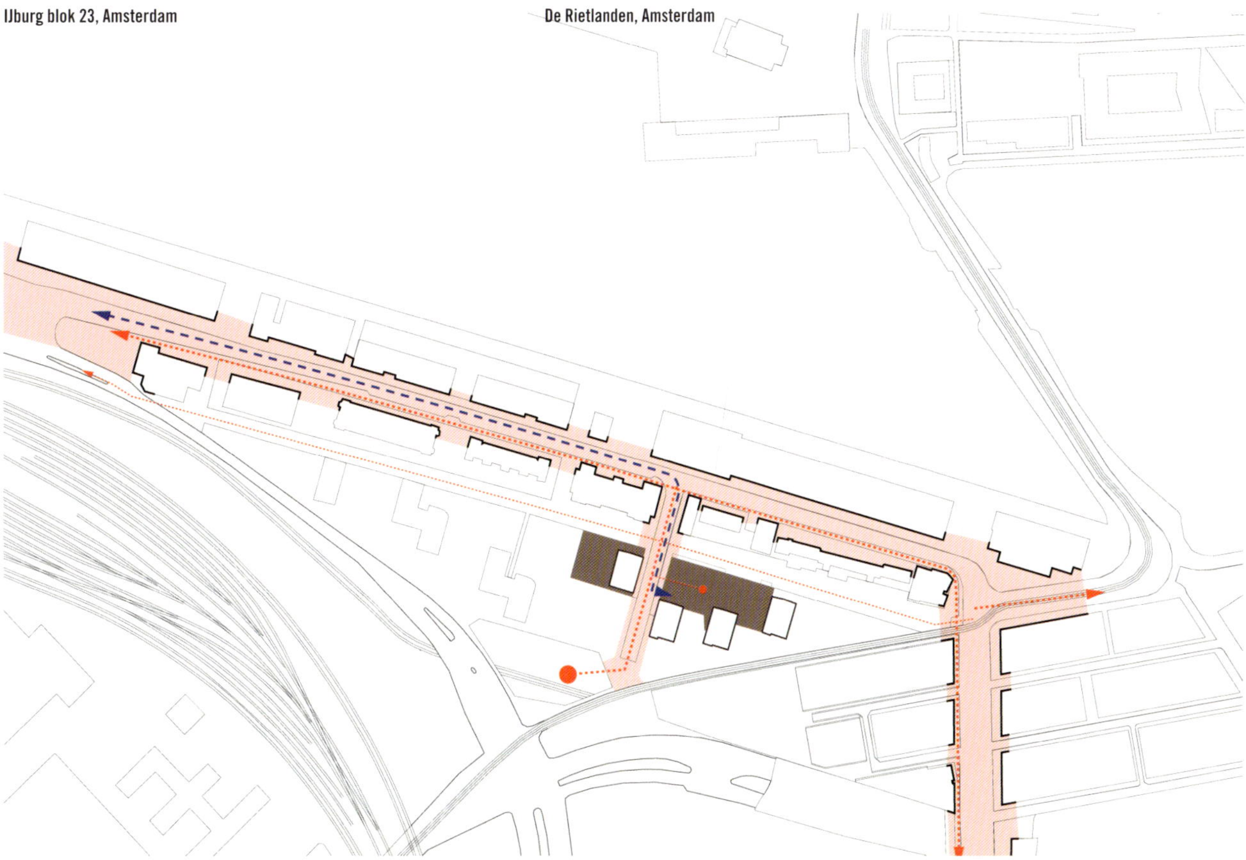

De Rietlanden, Amsterdam

Rietlanden: verhoogd dek op de parkeergarage, omzoomd door woontorens
Raised deck on top of the parking garage, lined by apartment blocks

Het oude schoolplein van het Schuttersveld
The old schoolyard of the Schuttersveld

IJburg: blok 23 binnenruimte
Inner area of Block 23

IJburg: blok 30 binnenruimte
Inner area of Block 30

en blok 23 als deel van het volkomen nieuwe Haveneiland in IJburg.

De binnenruimte van de Rietlanden heeft van de ensembles de meest openbare, hoogstedelijke uitstraling. In eerste instantie werd voor de gehele driehoek langs de Oostelijke Handelskade geprobeerd een traditionele (driehoekige) blokstructuur te realiseren: wat nu torens zijn, was in de eerste schetsplannen een min of meer gesloten randbebouwing. Door de invloed van de bewoners van de destijds gekraakte panden langs de Oostelijke Handelskade is de gesloten wand veranderd in torens, die uitzicht en zonlicht doorlaten. Het blok of 'veld' wordt doorsneden door openbare fiets- en wandelpaden, zowel in oost-west als in noord-zuid richting, en is daarmee een belangrijk onderdeel van een stedelijk netwerk. Het laatste pad is ook toegankelijk voor bestemmingsverkeer naar de parkeergarage onder het dek, waaraan de vier torens grenzen. De status van het binnengebied is bijzonder dubbelzinnig: enerzijds de achterkant van de bestaande rijhuizen, die worden afgeschermd met een dikke strook rietbeplanting; anderzijds de ingangen van de nieuwe woontorens, het openbare, verhoogde dek en de openbare paden. Daarbij komt dat vanaf het fiets- en wandelpad toegangen naar het dek zijn gemaakt, in de vorm van trappen en hellingbanen. Op het dek is een basketbalveld ingericht. De materialisering van het dek en de hekwerken met aluminium relingen en stalen roosters is degelijk en robuust, kortom stedelijk. Het sluit daarbij aan op de zilvermetalen gevelbekleding van de torens, maar is ook dubbelzinnig door het verschil in veronderstelde gebruikers: DINKY'S in de torens en skaters op het dek. Een derde factor in het ambivalente karakter van de binnenruimte is de alzijdigheid van de torens, die nauwelijks een voor- en achterkant hebben, en hun sculpturale vorm, die zowel naar het zuiden wijst (het verkeersknooppunt buiten het ensemble) als naar het noorden, waar het IJ ligt.

In tegenstelling tot de ensembles in de bestaande stad is IJburg, waar de blokken 23 en 24 liggen, een volledig nieuwe omgeving, ontwikkeld op nieuw aangelegde grond in het IJmeer. De planners van het grid voor het Haveneiland van IJburg hadden duidelijke bedoelingen met de diepe maten van de gridblokken: behalve flexibiliteit en functiemenging, hoopten zij op informele binnenruimten, die een rijk gebruik door de omwonenden zou stimuleren. Stedenbouwer Ton Schaap noemt in dit verband het 'buiten-je-huis-op-straat-zitten-gevoel'. De 'dwaalroute' van Guy Debord[5] is een andere connotatie van de ontwerpers van Haveneiland: het idee dat de stad heimelijke plekken kan bieden, onverwachte routes, een veelheid aan mogelijkheden, het onbekende. De verschillende blokken van IJburg, die allen andere programma's en andere inrichtingen hebben, bieden een scala aan mogelijkheden en gevoeligheden van de nieuwe open ruimte.

Het combineren van verschillende functies en verschillende vormen van publieke en private ruimten is extreem lastig, vraagt een veelheid aan inspanningen, regels en voorzieningen en is nog lang niet voldoende onderzocht. Knelpunten blijken bij blok 30, waar een lagere school is gecombineerd met woningen. De architectuur van het gehele blok 30, bestaand uit meerdere deelprojecten, is bijzonder doordacht, hoogwaardig uitgevoerd en mooi. De binnenruimte is echter een chaos van hekken en afbakeningen om de blijkbaar voortdurend strijdende belangen van bewoners, schoolkinderen, parkeergarage, enzovoort te scheiden. De belangrijkste oorzaak van de problemen is de combinatie van achtertuinen en publieke functies.

Blok 23 van IJburg is voor wat betreft de bijzondere potentie

have been preserved in the new setup. Two others have also been added: the entrance from the Doelentuin, and a new residential street in an easterly direction, which lines up directly with the tower of the old university library. Although the ensemble is not part of an important urban route, neighbourhood residents use it as a pleasant shortcut. There is also a play area used not only by children from the neighbourhood but also a nearby day nursery. Before the area was restructured, a passageway ran from the busy downtown area of the Doelenplein (lots of bars, restaurants, etcetera) to the schoolyard, which now lies at the back; due to changes during the realization process, the passageway has now been blocked off. As a result, the splendid square with its leafy roof of old plane trees is now a dead-end space and hardly ever used.

De Rietlanden and IJburg – Block 23 are situated on special locations outside the old centre of Amsterdam: de Rietlanden is part of the restructuring of the Oostelijke Haveneilanden (Eastern Harbour Islands) and Block 23 is part of the completely new Haveneiland (Harbour Island) in the IJburg area.

Of the ensembles described in this study, the inner area of de Rietlanden has the most open and urban atmosphere. Initially, an attempt was made to realize a traditional block structure (in this case, triangular) for the entire triangle along the Oostelijke Handelskade: what are now separate towers was in the first sketches a more or less closed perimeter block. Due to the influence of residents of what at the time were squatted buildings along the Oostelijke Handelskade, the closed block was replaced by individual towers to let in sunlight and open up sightlines.

The block or 'field' of de Rietlanden is crossed by public bicycle and pedestrian paths in both east-west and north-south directions, making it an important part of the urban network. The latter path is also accessible for local traffic to the parking garage beneath the deck, which is bordered by the four towers. All of this has made the status of the inner area very ambiguous: to one side, you see the backs of the existing terraced houses, screened off by a wide strip of reeds; to the other, the entrances to the new residential towers, the raised public deck and the public paths. Moreover, the deck can be accessed from the bicycle and footpaths via entrances in the form of steps and inclined pavement.

There is a basketball field on the deck. The material of the deck and the fencing with aluminium railings and steel grids is sound and sturdy – in short, urban. In that respect, this ties in with the silver metal façades of the towers, but it also is ambiguous because of the presumed difference in users: DINKYs in the towers and skaters on the deck. A third factor contributing to the ambivalent character of the inner space is the 'roundedness' of the towers – which can hardly be said to have a front or a back – and their sculptural shape, which points simultaneously to the south (the traffic junction outside the ensemble) and the north, where the water of the IJ lies.

In contrast to the ensembles in the inner city, IJburg, where Blocks 23 and 24 are located, is a brand new environment developed on newly created islands in the waters of the IJmeer. The designers of the grid of blocks on the island of Haveneiland had clear intentions with the broad diameters of the blocks: besides flexibility and mixed functions, they hoped for informal inner spaces that would stimulate local residents to use them intensively. Urban designer Ton Schaap calls it the *'feeling of sitting-on-the-stoop outside your house'*. The 'rambling route' by Guy Debord[5] is another notion proposed by the designers of Haveneiland: the idea that the city can offer hidden places, unexpected routes, a multiplicity of

van de diepe blokmaten één van de meer geslaagde. In dit blok is sprake van een stedelijke uitwisseling: de binnenruimte wordt door bewoners én niet-bewoners gebruikt. De belangrijkste reden voor de kwaliteit van de nieuwe open ruimte van blok 23 is ongetwijfeld de maat van de binnenruimte en de inrichting. De binnenruimte bestaat uit één groot grasveld, enkele bomen en paden daar rondom heen, en een picknicktafel. Een deel van de omliggende randen bestaat uit achtertuinen, een ander deel uit terrassen en ingangen. Deze privéranden liggen iets verhoogd ten opzichte van het openbare grasveld. Een essentieel verschil met blok 30 zijn de voorkanten aan de binnenruimte.

De Grote Hof in Ypenburg en Zwanenwoud bij het Friese Heerenveen liggen in het buitenstedelijke of landelijke gebied en zijn groter van maat dan de vorige projecten. In hoeverre zij deel uitmaken van een omringend netwerk, blijkt vooral afhankelijk van de kwaliteit van dat netwerk zelf. In deze buitenstedelijke ensembles is een 'stedelijke route', een route die door het ensemble leidt naar stedelijke en/of recreatieve voorzieningen. De Grote Hof is een netwerk op zichzelf met zijn 20 poorten tussen de hoven onderling en naar het omringende gebied. Hij biedt echter nauwelijks doorgang voor een bestaande route, omdat er geen aanknopingspunten zijn in de context. In zuidelijke richting loopt de fietser vast in een doolhof uit de jaren tachtig, in het noorden ligt de barrière van de A12. De gracht om drie zijden van het complex versterkt het idee van een op zichzelf staande entiteit. Zwanenwoud daarentegen is expliciet als openbaar park ingericht, zoals ook was omschreven in de opdracht. Het landgoed is aan de beide korte zijden volledig open. Aan de noordoostkant is de tuin of parterre verbonden met de omringende woonwijk en aan de zuidwestkant is het via een pad met het landschap verbonden.

Gezellige wandelroutes versus snelle verkeersroutes

In de strijd om de straat lijkt met deze ensembles een definitieve scheiding te zijn ontstaan tussen voetgangers en fietsers enerzijds en de auto anderzijds. Terwijl de auto steeds aan de achterkant van het ensemble wordt geparkeerd, met een zo direct mogelijke aansluiting op het (snel)wegenstelsel, zijn de mooie en plezierige routes voor voetgangers en fietsers. Je zou dit de recreatieve routes kunnen noemen: eerst vanuit de woning naar de open ruimte (waar de auto niet kan komen) en dan naar het omringende netwerk van stedelijke en/of recreatieve routes. De voetgangersroute betekent het-naar-de-stad-gaan op de vrije zondag, het slenteren, recreëren, de hond uitlaten, de dagelijkse boodschappen doen, oefenen op kinderfietsjes en rolschaatsen; de auto echter wordt louter als vervoersmiddel behandeld. De route voor de auto is dus de functionele route.

Zowel Mariaplaats als Schuttersveld heeft een onopvallende ingang voor de parkeergarage aan de noordoostkant (de niet-stadsgerichte kant), die alleen te vinden is als men het weet, dus als bewoner. De voet- en fietsverbindingen liggen aan de andere, stadsgerichte kant. De belangrijkste verbinding van het Schuttersveld met de stad is gemarkeerd door een torentje van drie gestapelde appartementen.

De Grote Hof ligt feitelijk als een op zichzelf staande enclave langs de A12. Komend vanaf de snelweg kan men direct de poort van de parkeergarage inrijden, die nauwelijks zichtbaar terzijde van de centrale poort is gelegen. De voetgangersverbindingen met het omringende landschap daarentegen zijn architectonisch benadrukt. De toegangen met hun hoge trappen naar de grote hof zijn markant aanwezig als centraal, symmetrisch gelegen,

possibilities, the unknown. IJburg's various blocks, all of which have other programmes of requirements and layouts, offer a range of possibilities and experiences for the new open space.

Combining different functions and different forms of public and private space is extremely difficult, requires a wealth of effort, regulations and facilities, and has by no means been sufficiently explored yet. Pressure points are evident at Block 30, for example, where a primary school is combined with housing. The architecture of the whole Block 30, which is comprised of several constituent projects, is extremely well thought out, constructed and designed. The inner area, however, is a chaos of fences and barricades erected to separate what appear to be the continuously clashing interests of residents, schoolchildren, the parking garage, and so forth. Main cause of the trouble is the combination of back yards and public use.

IJburg's Block 23 is one of the more successful, as far as the exceptional potential of the depth of the block is concerned. In this block, there seems to be a possibility of urban exchange, as both residents and non-residents use the inner area. The most important reason for the quality of the new open space in Block 23 is undoubtedly its size and layout. The central courtyard consists of a huge lawn, several trees, paths around that and a picnic table. One section of the perimeter consists of backyards, another section of terraces and entrances. These private areas are slightly elevated and thus naturally set apart from the public lawn. An essential difference with Block 24 is that some of the dwellings face the inner space.

De Grote Hof in Ypenburg and Zwanenwoud near Heerenveen in Friesland are larger than the above projects. The extent to which they are part of a surrounding network seems primarily to depend upon the quality of that network. In these outlying districts and rural areas, an 'urban route' is a route that leads through the ensemble to the city and/or recreational facilities. De Grote Hof is a network in itself, with its twenty gateways between its courtyards and to the immediate environs. However, it offers hardly any possibility of passage for an existing route, because there are no connection points in the area. To the south, the cyclist becomes trapped in a maze dating from the 1980s, to the north lies the A12 motorway. The canal on three sides of the ensemble reinforces the idea of an independent entity.

Zwanenwoud, by contrast, is explicitly laid out as a public park, this being one of the conditions in its programme of requirements. The estate is completely open on its two shorter sides. On the northeast side, the gardens and pavement connect up with the surrounding residential area and on the southwest side, a path leads into the landscape.

Pleasant Pedestrian Routes Versus Fast Traffic Routes

In the competition for a fair share of the street, these ensembles seem to have made a definite division between pedestrians and cyclists on the one hand and cars on the other. While cars are always parked at the back of the ensemble, with direct as possible access to roads and highways, the beautiful and pleasant routes are reserved for pedestrians and cyclists. One might call them recreational routes, starting from the home and entering the open space (where cars cannot come) and then going to the surrounding network of urban and/or recreational routes. The pedestrian route is meant for walking to the city on a Sunday, taking a stroll, playing, walking the dog, going to get groceries, for children learning to ride tricycles and for roller skaters. Cars, on the other hand, are

hoog uitgesneden poorten. Verder liggen alle doorgangen zoveel mogelijk in elkaars verlengde. Terwijl er één ingang is voor de parkeergarage, wordt het project doorsneden door maar liefst twintig voetgangerspoorten. De slechte aansluiting van het project op de omgeving heeft dan ook meer te maken met de ondoordringbaarheid van die omgeving dan met het project zelf.

Ook bij Zwanenwoud komt de auto in feite alleen aan de achterzijde van het ensemble, dat wil zeggen aan de kant van de privétuinen. De parterre, waaraan de woonkamers en terrassen liggen, maakt deel uit van een grotere, recreatieve wandelroute. De twee uiteinden, de kopse kanten van de rechthoekige parterre, zijn vrij van bebouwing en bieden dus een maximale opening naar de aanliggende buurten aan de noordoostkant en naar het landschap aan de zuidwestkant.

De recreatieve fiets- en looproutes van de ensembles zijn een essentieel onderdeel van de architectonische eenheid, zowel van de totale vorm van het ensemble, als van de architectonische en landschappelijke detaillering daarvan. De route van de auto daartegenover is economisch (in de zin van zo weinig mogelijk ruimte en aandacht verbruikend), functioneel, geruisloos en onopvallend. Deze ensembles zijn, op Zwanenwoud na, ondenkbaar zonder een parkeergarage. Er is vrijwel nooit een directe, en/of visuele relatie tussen de woning en de auto. Zoals eerder gesteld is dat de consequentie van het willen wonen aan een prettige (autoloze) buitenruimte.

De kenmerken van de recreatieve fiets- en looproute versus de snelle autoroute zijn de volgende:

de functionele autoroute	de recreatieve fiets-/looproute
snel	*langzaam*
economisch	*stijlvol*
onopvallend	*gemarkeerd*
terzijde	*centraal of opvallend*
eenmalig	*veelvormig*
direct	*indirect (dwalend)*

De architectuur van de nieuwe open ruimte

De constante in de Hollandse woningbouwpraktijk van het wonen-aan-de-straat impliceerde in eerste instantie het grondgebonden wonen, een woning met een voordeur aan het maaiveld. Ook in deze projecten keert de grondgebonden woning in vele vormen terug. Het grondgebonden huis is echter ruimteverslindend en dat staat op gespannen voet met de vraag naar stedelijkheid, gerelateerd aan het thema dichtheid. Daarom wordt in deze projecten ook veelvuldig gestapeld: Mariaplaats, Schuttersveld en blok 23 hebben zowel grondgebonden als gestapelde woningen; Rietlanden heeft alleen gestapelde appartementen (waaronder echter die op dekniveau). Alleen de twee projecten buiten het stedelijk gebied, De Grote Hof en Zwanenwoud, hebben alleen grondgebonden woningen. De Hollandse traditie van het wonen-aan-de-straat lijkt een interessante nieuwe wending te nemen; misschien belangrijker nog dan het feitelijke wonen op de grond is hier het wonen aan een kwalitatief hoogwaardige, openbare of stedelijke ruimte.

De kwaliteit van de aanliggende ruimte wordt, behalve door stedenbouwkundige factoren zoals hiervoor is beschreven, bepaald door architectonische factoren: een heldere, karakteristieke compositie; een bepaaldheid als verblijfsruimte; een specifieke (architectonische) identiteit; een formele en anonieme expressie (in tegenstelling tot een informele en functionele expressie) en

considered only as a means of transport, so the route for the automobile is simply functional.

Both Mariaplaats and Schuttersveld have an inconspicuous entrance to the parking garage on their northeast side (the side facing away from the city), which can only be found if you know it is there – in other words, if you are a resident. The pedestrian and bicycle paths are on the other side, comig from the city. The most important entrance to the Schuttersveld and the city is marked by a little residential 'tower' consisting of three apartments.

De Grote Hof is in fact situated alongside the A12 as an independent enclave. Coming from the highway, one can immediately drive into the parking garage, the entrance of which is discreetly placed to the side of the central gate and is barely visible. Conversely, the pedestrian connections to the surrounding landscape are architecturally emphasized. The entrances to the big courtyard with their high flights of steps are striking: huge gateways, symmetrically laid out at central points in the outer elevation of the ensemble. What's more, all passageways are extensions of each other as much as is feasibly possible. While there is only one entrance to the parking garage, the ensemble is transected by no less than 20 pedestrian gateways. The poor connection between the project and its surroundings has got more to do with the impenetrability of those surroundings than with the project itself.

In Zwanenwoud, too, cars actually only come to the back of the ensemble, that is to say, the side where the private gardens are. The living rooms and terraces are located at the level of the open green, which is part of a larger recreational pedestrian route. This route runs the length the rectangular green, offering connection to the adjacent neighbourhoods to the northeast, and the landscape to the southwest.

The recreational cycling and pedestrian routes of these ensembles are an essential component of the architectural unity of both the total form of the ensemble and the details of its architecture and landscaping. By contrast, the automobile route is economic (in the sense of using the least possible space and attracting the least possible attention), functional, noiseless and inconspicuous. These ensembles, with the exception of Zwanenwoud, would be unthinkable without a parking garage. There is hardly ever a direct and/or visual relation between the dwelling and the car. As was stated earlier, this is the consequence of wanting to live adjacent to a pleasant (car free) outdoor space.

The characteristics of the recreational cycling and pedestrian route versus the speedy automobile route:

the functional automobile route	the recreational bicycle/ pedestrian route
speedy	*slow*
economical	*tasteful*
inconspicuous	*marked*
at the side	*central or conspicuous*
one only	*varied forms*
direct	*indirect (wandering)*

The Architecture of the New Open Space

The constant in the Dutch housing practice of dwellings that directly border the street in first instance implied a home situated at ground level and directly connected to the street via its front door. In these projects, too, homes with a front door at ground level occur in many different forms. Single-family homes, however, take

een hoogwaardige materialisering van de omringende vlakken van de ruimte.

Vorm

Om de open ruimte als compositie te onderzoeken zijn de twee tekeningenreeksen 'de vorm van de ruimte' gemaakt. De tweedimensionale reeks toont het grondvlak van de open ruimte in relatie tot de vorm van het ensemble. De vorm van de open ruimte is een op zichzelf staande, bepaalde eenheid. De loop- en fietsroutes maken deel uit van deze grondvorm in tegenstelling tot de autoroute. De open ruimten van Zwanenwoud of Rietlanden bijvoorbeeld hebben een duidelijk begrensde, primaire vorm, waar de gebouwen als decorstukken omheen staan. Maar ook de meer veelvormige Mariaplaats kan gelezen worden als een aaneenschakeling van heldere, rechthoekige vormen.

De driedimensionale tekeningen geven de open ruimte als volume weer. Getekend zijn het grondvlak van de open ruimte en de aanliggende wanden. De identiteit van de open ruimte wordt bepaald door de leesbaarheid van haar vorm, in samenhang met de architectonische expressie van de omringende vlakken. In deze tekeningen is onderzocht in hoeverre de nieuwe open ruimte het bepalende element is van de compositie.

Architectonische expressie

De expressie van de hier gedocumenteerde projecten is steeds ondergeschikt aan de nieuwe open ruimte. In de meeste gevallen is de architectuur formeel, abstract en terughoudend. Veelal is de materialisering van de oppervlakten, die de ruimte begrenzen, vrijwel identiek en monochroom: Mariaplaats – rode baksteen, Schuttersveld – donkerpaarse baksteen, Rietlanden – zilveren metaalplaten en grijze roosters, Monnikhof – bruine, houten delen, De Grote Hof – grijze baksteen en beton en Zwanenwoud – wit en zwart geverfde baksteen. Het vloervlak van de open ruimte is gematerialiseerd in samenhang met de wanden: bij Mariaplaats in dezelfde rode baksteen; bij de Rietlanden als een samenspel van zilveren en grijze metalen, asfalt en beton. In de Groningse Monnikhof echter staan de gevels los op een dek zonder samenhang met de inrichting daarvan, wat ten koste is gegaan van de architectonische kwaliteit en het karakter van de plek. De architect had hier (in tegenstelling tot de andere projecten) geen of te weinig- invloed op de bestrating.

De ramen, deuren en loggia's zijn over het algemeen zoveel mogelijk onopvallende elementen in gesloten, monotone wanden. De detaillering is vlak en strak. Door de continuïteit in de materialisering gaan de woningen op in het grotere geheel; de nadruk ligt op de open ruimte die door de aangrenzende vlakken worden gemaakt. Het particuliere leven wordt zoveel mogelijk uitgebannen of geformaliseerd. In de kleurige gevels van de Monnikhof wordt de anonimiteit gewaarborgd door de 'willekeurige', niet functionele, compositie van de gevels. Aan de parterre van Zwanenwoud wordt het woonkamerleven juist geformaliseerd door het groteske kader van de naar buiten stekende erkers. De formaliteit, in vorm en architectonische expressie, van De Grote Hof is het meest krachtig en juist daar, in de centrale, grote hof met zijn enorme schaal van 46 x 156 m en drie verdiepingen hoge colonnade, wordt het meest uitbundige straatleven ten toon gespreid: loungebanken en kranten onder de colonnade, felgekleurde speeltuigen op het gazon.

In de nieuwe open ruimte ligt de nadruk van de architectonische expressie steeds op het geheel, op de gevels en vloer als wanden van de open ruimte. De individuele woning en de diverse functies

up lots of space and that is at odds with the demand for urbanity, which is related to the theme of density. Stacking is therefore also used frequently in these projects: Mariaplaats, Schuttersveld and Block 23 have both street-linked dwellings and stacked dwellings; Rietlanden only has stacked apartments (including those at the deck level, however). Only the two projects outside of the city, De Grote Hof and Zwanenwoud, focus entirely on dwellings with a direct connection to the ground level. The Dutch tradition of dwellings that directly border the street seems to be taking an interesting new turn; perhaps what is even more important here than actually living on the ground floor is the fact of living next to a high-quality public or urban space.

The quality of the adjoining space, besides being established by urban design factors as described above, is determined by architectural factors: a clear, characteristic composition; obviously designated as a place to be entered and used; a specific architectural identity; a formal and anonymous expression (as opposed to an informal and functional expression) and high-quality materialization of the elevations and ground surfaces of the space.

Form

To investigate the composition of the open space, two series of drawings were made, entitled 'The Form of the Space'. The two-dimensional series shows the surface area of an open space in relation to the form of the ensemble. The open space is an entity in itself with a predetermined form. The pedestrian and bicycle routes are part of this form, whereas automobile routes are not. The open spaces of Zwanenwoud or Rietlanden, for example, have a clearly bounded primary shape around which the buildings stand as background decor. However, the more variously shaped Mariaplaats can also be seen as a succession of clear, rectangular forms.

The three-dimensional drawings represent the open space as volume, showing the surface area of the open space and the adjacent elevations. The identity of the open space is determined by the legibility of its form in connection with the architectural expression of the surrounding surfaces. The way in which the new open space is the determining element of the composition is investigated in these drawings.

Architectural Expression

The expression of the architecture in the projects documented here is always secondary to the new open space. In most cases, the architecture is formal, abstract and restrained. Very often, the materials used for the surfaces bordering the space are virtually identical and monochrome: Mariaplaats – red brick; Schuttersveld – dark purple brick; Rietlanden – silver metal plate and grey grids; Monnikhof – brown wood; De Grote Hof – grey brick and concrete; and Zwanenwoud – painted white and black brick. The ground surface of the open space is related to that of the walls: at Mariaplaats, it is the same red brick, while at de Rietlanden it is a play of silver and grey metal, asphalt and concrete. In Groningen's Monnikhof, however, the buildings stand upon a deck without having any relation to its design; here, the architect had too little or no influence on the paving to determine the final identity and character of the place.

In general, windows, doors and loggias are elements that are as unobtrusive as possible in closed, monotone walls. The detailing is flat and austere. Through the continuity in materials, the dwellings become absorbed into the greater whole, so that the emphasis lies on the open space between the adjoining surfaces. Signs of private

Vorm van de ruimte, twee- en driedimensionaal
The shape of the space, two- and three-dimensional

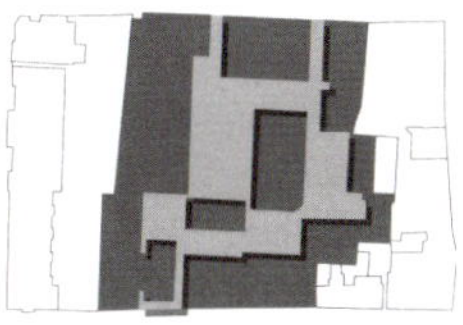

Mariaplaats, Utrecht

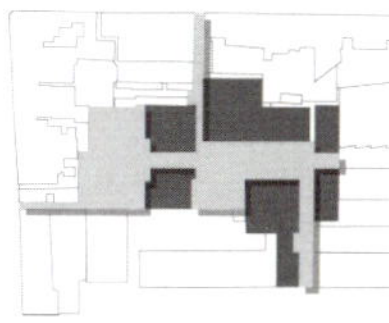

Schuttersveld, Delft

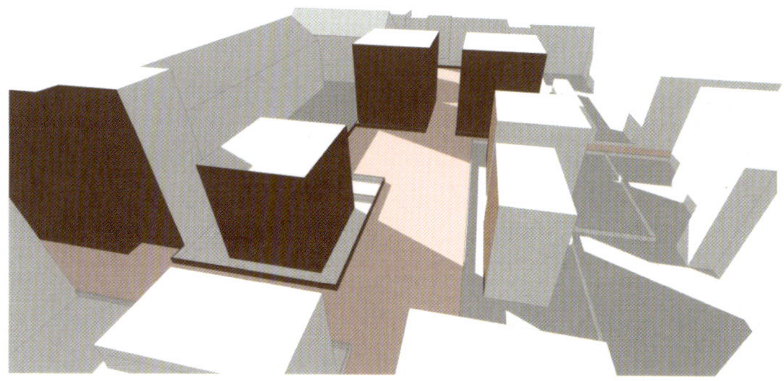

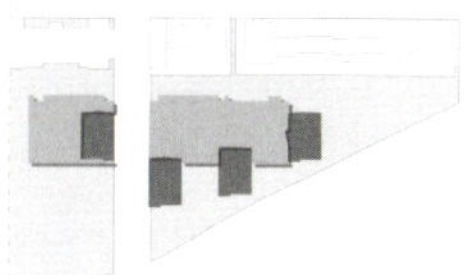

De Rietlanden, Amsterdam

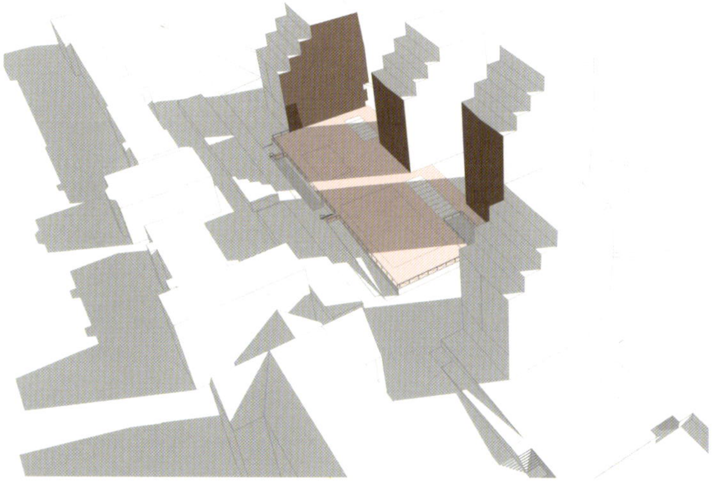

Zwanenwoud, Heerenveen

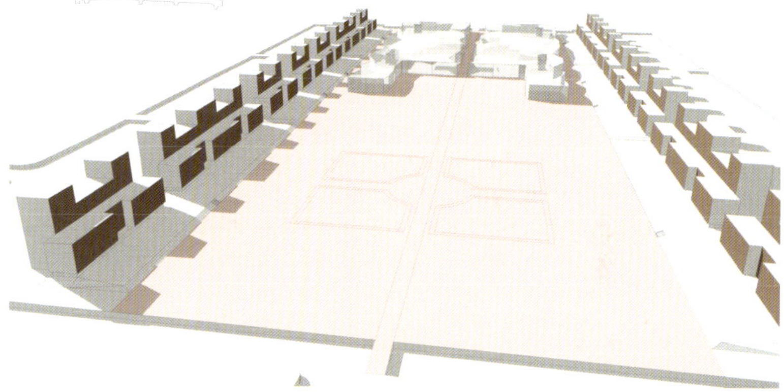

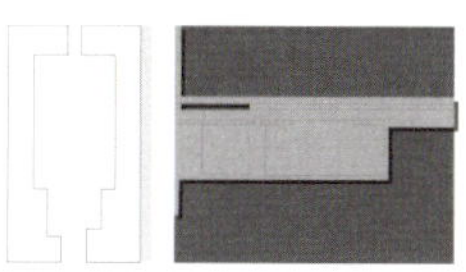

IJburg blok 23, Amsterdam

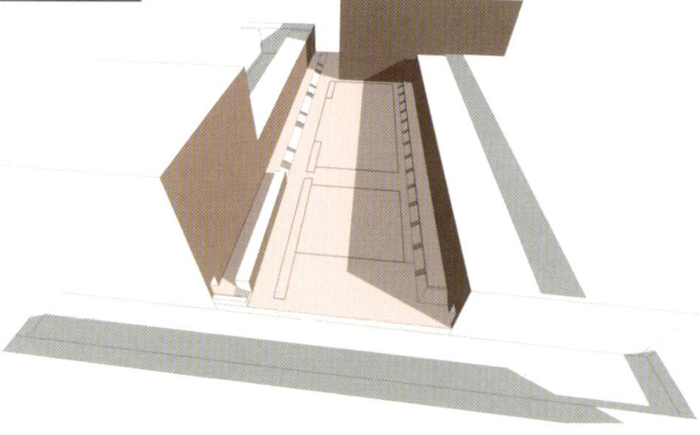

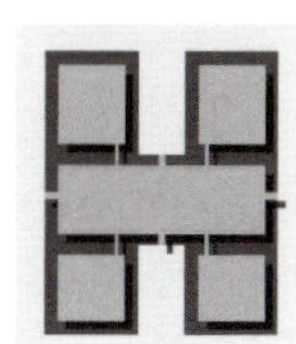

De Grote Hof, Pijnacker-Nootdorp

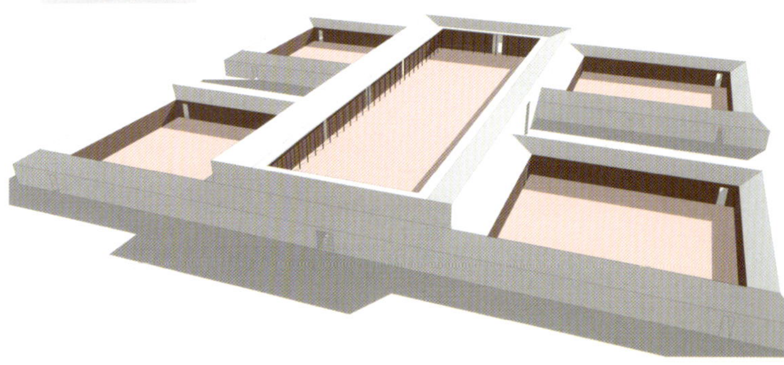

Architectonische expressie
Architectural expression

Schuttersveld
Monnikhof
Zwanenwoud

life are banished or formalized as much as possible. In the colourful façades of the Monnikhof, anonymity is guaranteed by the 'capricious', non-functional composition of the façades. On the ground floor level at Zwanenwoud, living room activities are formalized by the grotesque framework of jutting bay windows. Formality in form and architectural expression is strongest at De Grote Hof, while its huge central courtyard of 46 x 156 m, bounded by a three-storey-high colonnade, is precisely where one sees the most exuberant street life: lounge chairs and newspapers under the colonnade, brightly coloured playthings on the lawn.

In the new open space, the architectural emphasis is always placed on the whole, on the façades and ground covering as sides of the open space. The individual dwelling and the various functions within the home itself are not expressed in the architecture. The architecture is a setting for the open space and is therefore formal, reserved and anonymous.

<u>Public Versus Private, the Formal Versus the Informal</u>

Ambiguity is characteristic of the new open space: it is simultaneously private and public. At times, the private and public seem to seamlessly flow into one another.[6] The concepts of private and public are under attack, it would appear, for traditional notions of the two domains are shifting. Crucial elements in the organization and experience of the private and public domains are the boundaries and transitions: entrances to the dwellings, back sides of the buildings, gardens and the place for cars.

A comparison with the traditional perimeter block, in which the exterior of the block is public and the inner side is private, is also essential for an analysis of the social status of the new open space.

Entrance

In the new projects, the logic of the perimeter block is basically reversed: the inner side of the ensemble is its formal side and front side and also its public side; this is where the most important element of the formal side is situated – namely, the entrance to the residence. Such is true of Mariaplaats, Schuttersveld, Monnikhof, Rietlanden and De Grote Hof. The one exception is Zwanenwoud: here, to be sure, the formal side is the same as the front side and the public side (in our interpretation), but the front doors are located on the outer side, by the private gardens. The reason for this 'anomaly' is that the access roads are on the garden side and this is where the cars are parked. On the inner side, therefore, the side facing the public park, there are no front doors. On the other hand, to nevertheless guarantee the public and formal nature of the grounds, there is the tremendous size of the green and the extreme architecture with its formalistic mannerisms.

All of these ensembles can be interpreted as reversals of the perimeter block with the goal of making a public and formal inner space. The solutions for the many problems that this entails are completely different for each project and set of circumstances. However, there are a number of design issues that remain constant and have to do with the complexity of the relation between private and public domains.

Back Sides

An important consequence of the typological reversal in these projects is that the backs of the houses are on the outer side and therefore eventually in a public area. Differences in the morphological context of the projects are especially clear in this respect. The inner-city projects such as Mariaplaats and

binnen de woning worden niet uitgedrukt in de architectuur. De architectuur is een decor van de open ruimte en is daarom formeel, terughoudend en anoniem.

Publiek versus particulier, het formele versus het informele

Kenmerkend voor de nieuwe open ruimte is de dubbelzinnigheid: particulier én openbaar tegelijkertijd. Het particuliere en het openbare lijken bij tijden naadloos in elkaar over te kunnen gaan.[6] De begrippen particulier en openbaar liggen onder vuur, zo lijkt het. Er zijn verschuivingen gaande tussen wat traditioneel het particuliere en het openbare domein was. Cruciaal in de organisatie en beleving het particuliere en het publieke domein zijn de grenzen en overgangen: woningingangen, achterkanten, tuinen en de plek voor de auto.

Ook voor een analyse van de sociale status van de nieuwe open ruimte is de vergelijking met het traditionele gesloten woningbouwblok essentieel; daarin is de buitenkant van het blok openbaar en de binnenkant particulier.

Entree

In de nieuwe ensembles wordt in principe de logica van het gesloten bouwblok omgedraaid: de binnenkant van het ensemble is de formele kant, de voorkant en de openbare kant; hier ligt het belangrijkste element van de formele kant, namelijk de toegang tot de woning. Dit geldt voor de Mariaplaats, het Schuttersveld, de Monnikhof, de Rietlanden en De Grote Hof. De grote uitzondering is Zwanenwoud: hier is weliswaar de formele kant dezelfde als de voorkant (in onze interpretatie) en de publieke kant, maar de voordeuren liggen aan de buitenkant in de particuliere tuinen. De reden voor deze 'anomalie' is dat de toegangswegen aan de particuliere tuinkant liggen en daar de auto's worden geparkeerd. Aan de binnenruimte, de publieke kant van het park liggen dus geen voordeuren. Om het openbare en formele karakter van de parterre toch te waarborgen, staat daartegenover de enorme maat van de parterre en de extreme architectuur met al haar formalistisch decorum.

De ensembles zijn allen op te vatten als omdraaiingen van het gesloten bouwblok, met als doel een openbare en formele binnenruimte te maken. De oplossingen voor de vele problemen die dat met zich meebrengt zijn per project en naar gelang de omstandigheden volkomen verschillend. Een aantal ontwerpvragen is echter constant en hebben te maken met de complexiteit van de verhouding tussen het particuliere en het publieke domein.

Achterkanten

Een belangrijk gevolg van de typologische omdraaiing bij deze projecten is het ontstaan van achterkanten aan de buitenkant en dus eventueel in het openbare gebied. Vooral hier wordt het verschil in de morfologische context van de projecten duidelijk. De binnenstedelijke projecten, zoals Mariaplaats en Schuttersveld, hebben voor zover ze aansluiten op bestaande achterkanten, tuinen en bergingen aan die kant. Deze oplossing is in feite het dubbele-ringtype, zoals dat voor het eerst is toegepast in de Zaanhof in Amsterdam:[7] binnen een traditionele bloktypologie wordt een tweede 'ring' gemaakt van woningen die gespiegeld zijn ten opzichte van de buitenring. Op deze manier ontstaat een ruimte binnen het blok, waaraan voordeuren liggen (en die dus openbaar of semi-openbaar kan zijn). Ook de projecten blok 23 in IJburg, Rietlanden en Monnikhof, maken veelal dubbele ringen, waarbij tuinen rug-aan-rug liggen en zowel aan de buiten-

Schuttersveld, in as far as they link up with the backs of existing buildings, have gardens and storage spaces on that side. This solution is in fact the same double-ring type that was first applied in the Zaanhof in Amsterdam:[7] within a traditional block typology, a second 'ring' of dwellings was constructed back to back with the outer ring. This creates a space within the block where front doors are located (and thus can be public or semi-public). Block 23 in IJburg, Rietlanden and Monnikhof are also projects that for the most part use double rings, where the gardens lie back to back and the front sides with entrances lie on both the outer and inner sides of the block.

When the back sides of the dwellings are not adjacent to other back sides but to other public space, the situation is more complex. Dwellings can be stacked, so that this is not a problem (or less of one) for apartments on the higher floors. The ground floor can either be designated for a facility – less problems with the phenomenon of front versus back (public versus private) – or the back side and/or private outdoor area of the dwelling at ground level can be included as much as possible in the formal architecture. This requires a great deal of design energy and architectural devices, as can be seen in the complicated allotment of Mariaplaats, for example. Here and there, clashes between the public and private domains are also evident, such as with the angled balconies.

It can be a relief not to consider the placement of back sides towards the public as a problem, but as a new design assignment. The two suburban projects are inspiring examples of this. The edges of both De Grote Hof and Zwanenwoud offer an almost rural atmosphere: a separate world of odd jobs, gardening and barbecuing among the greenery. In Zwanenwoud, the back roads are used for parking; the combination of cars, carports, gardens and front doors is unique in its way, but absolutely plausible. Units of three dwellings, pavilions, have a more or less shared garden, which is bounded by carports towards the road. The front doors open onto the gardens, with the front door of the middle dwelling lying a distinctive half-floor higher.

The severe-looking periphery of De Grote Hof is surrounded by backyards and gardens, along which runs a path of shells with trees and broad ditches filled with water. The rural quality offers a great contrast to the urban eminence of the big inner courtyard and the appearance of the ensemble from a distance – which some people have compared to a prison.[8] As the years go by, the informal greenery of the backyards will soften the look of De Grote Hof, and the striking rectangle of the large courtyard, which rises above the buildings around the lower courtyards, will above all prove to be a distinctive visual stamp.

Car and Front Door

The reversal of the block principle, with the front door facing the car-free inner space, means that the car cannot be parked right by the door. The logical connection between street/car/parking place/front door is severed, as is the 'holy alliance' between the front door and the car. Most of these projects have a parking garage, at least for some of the dwellings. A number of these homes have a direct entrance from the garage and a second entrance from the open space. The entrances of most dwellings, however, face the open space (and the car can only be driven to the front door in special circumstances). Zwanenwoud is once again the exception, because cars are parked at street level at the edge of the ensemble. Here, indeed, the street/car/parking place/front door connection has been maintained, although these access roads are

Expressie van de gevel, de relatie formeel-informeel

Expression of the façade, the relation between formal and informal

Mariaplaats, Utrecht

Rietlanden, Amsterdam

De Grote Hof, Pijnacker-Nootdorp

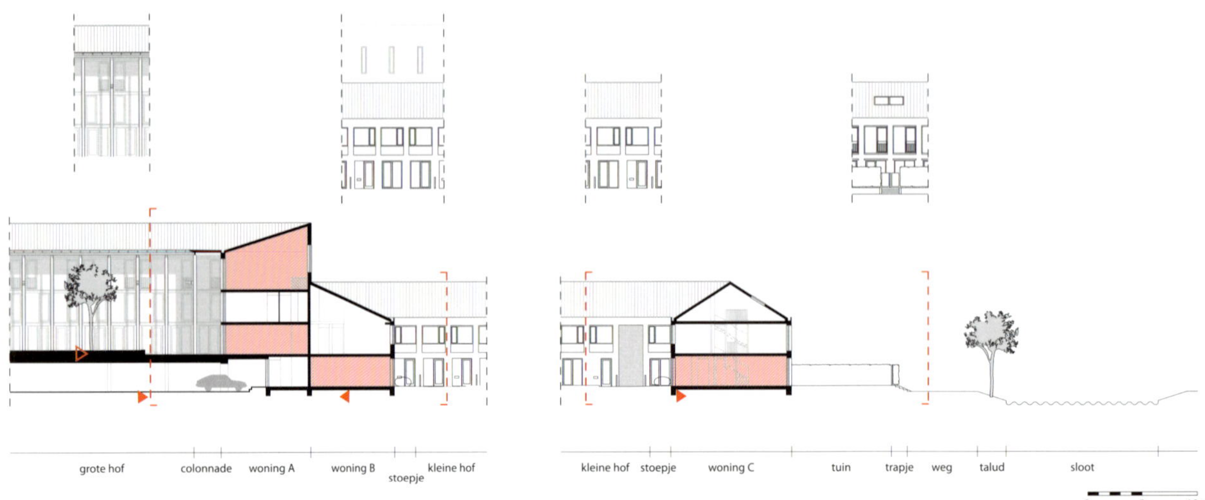

IJburg blok 23, Amsterdam

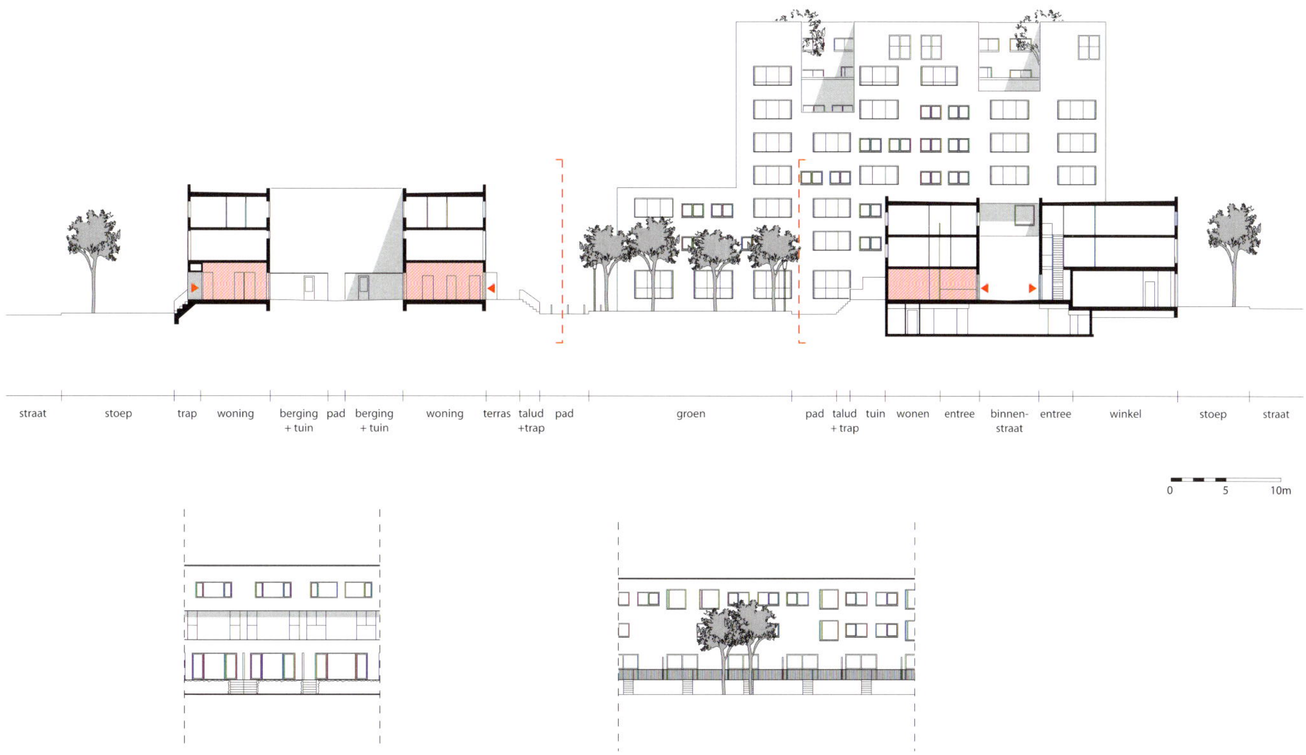

Zwanenwoud, Heerenveen

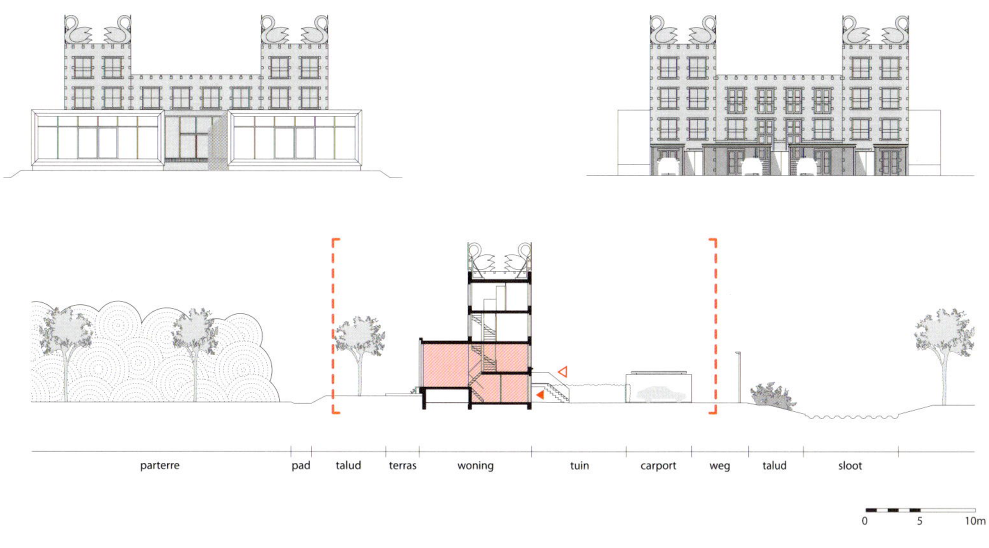

zijde van het blok als aan de binnenzijde voorkanten met entrees liggen.

Voor zover achterkanten van woningen niet grenzen aan andere achterkanten, maar aan andere openbare ruimte, is de situatie meer complex. Woningen kunnen gestapeld zijn, zodat het probleem zich niet (of minder) voordoet voor de hoger gelegen appartementen. Op de begane grond kan dan ofwel een voorziening liggen, die minder last heeft van het fenomeen voor- versus achterkant (publieke versus privékant), ofwel de achterkant, c.q. de privébuitenruimte van de beganegrondwoning wordt zoveel mogelijk binnen een formele architectuur opgenomen. Dat kost bijvoorbeeld binnen de complexe verkaveling van de Mariaplaats veel ontwerpenergie en architectonische kunstgrepen. Hier en daar zijn er ook botsingen tussen het privé- en het openbare domein, zoals bij de balkons op de hoekpunten.

Het kan een bevrijding zijn om achterkanten in het openbare gebied niet als probleem te zien, maar als nieuwe ontwerpopgave. De twee buitenstedelijke projecten bieden daarvoor inspirerende voorbeelden. De buitenranden van zowel De Grote Hof als van Zwanenwoud bieden een bijna landelijke sfeer: een eigen, groene wereld van klussen, tuinieren en barbecuen. In Zwanenwoud wordt aan de achterwegen geparkeerd; de combinatie auto's, carports, tuinen en voordeuren is uniek in haar soort, maar absoluut geloofwaardig. Eenheden van drie woningen, paviljoens, hebben een min of meer gedeelde tuin, die door carports begrensd wordt naar de weg. In de tuinen liggen ook de voordeuren, waarbij de voordeur van de middelste woningen een onderscheidende, halve verdieping hoger ligt.

De streng ogende buitenrand van De Grote Hof wordt omzoomd door tuinen, waarlangs een schelpenpad ligt met bomen en brede sloten. De landelijkheid biedt een groot contrast met de stadse voornaamheid van de grote binnenhof en met de aanblik van het complex op afstand, dat door sommigen wel vergeleken wordt met een gevangenis.[8] In de loop der jaren zal de informele, groene wereld van achtertuinen het beeld verzachten en zal de markante rechthoek van de grote hof, die boven de lagere hoven uitsteekt, vooral een beeldbepalend element blijken te zijn.

Auto en voordeur

De omdraaiing van het bouwblokprincipe, waarbij de voordeur in het autovrije binnengebied ligt, betekent dat de auto niet bij de voordeur staat. De logische samenhang straat/auto/parkeerplaats/voordeur is verbroken, en zo ook het heilig geachte verbond tussen voordeur en auto. De meeste projecten hebben een parkeergarage, tenminste voor een deel van de woningen. Een aantal van deze woningen heeft een entree direct vanuit de garage en een tweede toegang vanaf de open ruimte. De meeste woningen hebben hun entree echter aan de autovrije, open ruimte liggen (en kan de auto alleen bij uitzondering bij de voordeur komen). Zwanenwoud is hierop weer de uitzondering, omdat hier de auto's parkeren aan de buitenrand op maaiveld. De samenhang straat/auto/parkeerplaats/voordeur is hier wel behouden, zij het dat deze toegangswegen in feite doodlopend zijn, en daarmee vooral een verblijfsruimte voor de bewoners zijn geworden.

Sociale status

De dubbelzinnige sociale status van de nieuwe open ruimte, de spanning tussen particulariteit en openbaarheid is een fascinerend kenmerk van de nieuwe open ruimte. Het is zowel een cultureel-sociologische als een architectonische kwestie. In tegen-

Zwanenwoud: achterstraat langs de tuinen
Zwanenwoud: back street along the gardens

De Grote Hof: pad langs de tuinen aan de buitenrand
De Grote Hof: path along the gardens on the outer edge

Zwanenwoud: confrontatie openbaar en privé domein
Zwanenwoud: the confrontation between the public and private domain

Rietlanden: confrontatie openbaar en privé domein
Rietlanden: the confrontation between the public and private domain

stelling tot voorbeelden van binnenhoven uit het recente verleden, gaat het hier niet om collectieve ruimten: de meeste van deze nieuwe open ruimten zijn publiek eigendom. De wel collectieve binnenruimten, zoals Mariaplaats en De Grote Hof, worden niet afgesloten voor het publiek en moeten ook publiek toegankelijk blijven vanwege de voordeuren van de woningen. Spannend zijn de situaties, waarin een privébuitenruimte direct met de nieuwe open ruimte wordt geconfronteerd. Daar wordt de dubbelzinnigheid van de nieuwe open ruimte het meest voelbaar en wordt de spanning opgevoerd tussen de frictieloze ruimte van het collectieve woonerf en de conflictueuze ruimte van de stad.

Belangrijke factoren in het mogelijk maken van deze confrontatie zijn wellicht in de eerste plaats de sociale samenstelling van de bewonersgroep.[9] Daarnaast zijn de openbaarheid en anonimiteit belangrijk, evenals de hoogwaardige kwaliteit van de architectuur. In een artikel over de nieuwe buitenwijk Ypenburg gaf socioloog Ivan Nio een aanzet tot een begrip van 'nieuwe vormen van stedelijkheid', waaronder hij bijvoorbeeld ook De Grote Hof in Ypenburg verstaat. Nio schrijft hierin: 'De collectiviteit moet niet zijn opgelegd. Een zekere neutraliteit en anonimiteit zijn een voorwaarde, zodat verschillende woon- en leefstijlen naast elkaar kunnen voortbestaan.'[10] In deze projecten is de formaliteit van de architectuur bijzonder sterk gearticuleerd. De architectuur is als een masker, als een decor voor de buitenruimte. De oriëntatie van woningen is zoveel mogelijk niet op elkaar, maar naar diverse richtingen. De oriëntatie van de buitenruimte is niet op de woningen, maar op het geheel en, zo mogelijk, naar buiten, naar het grotere geheel van de stad gericht. Er wordt duidelijk afstand genomen van de informaliteit en collectiviteit die het kenmerk is van de eerdere generaties plannen die vorm gaven aan hoven, woonerven en andere vormen van 'pseudo-stedelijk' leven. Interessant is dat daarbij blijkbaar het openbare aspect zeer belangrijk is, ook al wordt die openbaarheid gecontroleerd door poorten, hekken, overgangen en andere drempels.

Opmerkelijk in de zin van het confronteren van particuliere en publieke domeinen zijn bijvoorbeeld de grote glaspuien van de woonkamers aan het dek met een basketbalveld van de Rietlanden. Ook de privébuitenruimte (het stoepje) onder de colonnade van De Grote Hof is een nieuw fenomeen. Maar het meest fascinerend zijn de ietwat verhoogd gelegen, houten terrasvlonders aan de parterre van Zwanenwoud, waar het traditionele, Hollandse wonen-aan-de-straat verheven wordt tot een on-Hollands, theatraal spel van kijken en bekeken worden.

Conclusie

Nio spreekt in vernoemd artikel ook van de 'utopie van de vertraging': 'De utopie van de vertraging is verbeeld als pastorale idylle, door Ypenburg te definiëren als buitenplaats, als rustpunt en retraite in het dagelijks leven. (...) Het wezen van Ypenburg moet zich niet vanaf de autoweg openbaren, maar tussen de huizen, wandelend over de paden. (...) als de plannen worden vergeleken met de pseudo-stedelijk vormgegeven woonwijken uit de jaren tachtig en negentig [wordt] de wisseling van paradigma [zichtbaar]. Deze plannen vatten de verkaveling niet meer primair op als afbakening van de openbare ruimte met rooilijnen, maar benaderen haar vanaf de andere kant, vanuit het privé-domein of het collectieve ensemble. Het brandpunt is verschoven van het openbare gebied naar het woondomein. (...) De netwerkstad is in de plannen voor Ypenburg vormgegeven als een contramal van

in fact cul-de-sacs, and therefore have become areas mostly used by residents.

Social Status

The ambiguous social status, the tension between private and public, is a fascinating characteristic of the new open space, one that is both a sociocultural and an architectural problem. In contrast to courtyard projects from the recent past, the issue here is not collective space: most of these new open spaces are public property. The inner spaces which are indeed collective, such as Mariaplaats and De Grote Hof, are not closed off from the public and in any case must always remain accessible because of the front doors of the dwellings. Those situations where private outdoor spaces are directly confronted with the new open space are particularly rewarding. Here, the ambiguity of the new open space is most evident and there is greater tension between the frictionless space of the collective residential area and the discordant space of the city.

In making this confrontation possible, what is important is perhaps first of all the social composition of the group of residents.[9] In addition, the public character and anonymity of the new open space, and the high quality of the architecture are of importance. In an article on the new suburb of Ypenburg, the sociologist Ivan Nio made a first attempt to understand these 'new forms of urbanity', under which he also includes De Grote Hof in Ypenburg, for example. Nio writes: 'Collectivity must not be imposed. A certain neutrality and anonymity are essential, so that different lifestyles can continue to coexist next to each other.'[10]

In these projects, the formality of the architecture is very strongly articulated. The architecture is like a mask, a décor for the outdoor space. The dwellings are oriented not towards one another but as much as possible in different directions. The outdoor space is oriented not to the individual dwellings but to the ensemble as a whole, and, where possible, to the outside world, to the greater whole of the city. A clear distance has been taken from the informality and collectivity that is characteristic of earlier generations of town planning for courtyards, home zones, and other forms of 'pseudo-urban' life. What is interesting here is that the public aspect is evidently considered very important, even though it is controlled by archways, gates, fences, passages and other thresholds.

A striking example of the confrontation between private and public is the ground-floor dwellings at Rietlanden, whose living rooms with their glass facades are opposite the basketball field. Another new phenomenon is the private outdoor space (the porch) under the colonnade of De Grote Hof. But the most fascinating are the slightly raised wooden terrace pallets on the green borders of Zwanenwoud, where the traditional Dutch dwelling that directly border the street is elevated to an un-Dutch, theatrical play of watching others and being watched.

Conclusion

Nio also speaks in the above-mentioned article of the 'utopia of slowing down': 'The utopia of slowing down is pictured as a pastoral idyll, defined by Ypenburg as a country estate, a refuge and retreat from daily life. . . . The essence of Ypenburg is not to be discerned from the highway but by wandering along the paths among the houses. . . . If the plans are compared with pseudo-urban residential districts designed in the 1980s and '90s, the change in paradigm . . . is evident. These plans no longer

binnengebieden, die rust, beslotenheid en intimiteit moeten verzekeren.'[11] In de hier besproken ensembles is inderdaad het brandpunt verschoven naar het binnengebied dat wordt omsloten door de woningen. Het is echter de vraag of dat een verschuiving betekent van het publieke domein ten faveure van het particuliere woondomein. In deze ensembles is (een deel van) het publieke domein zelf verschoven naar het woondomein. En daarmee is de pastorale idylle niet meer zo pastoraal als het leek, want in deze nieuwe open ruimten komt alsnog een scala aan confrontaties, afbakeningen en overgangen voor, die evenzovele oplossingen vragen.

De zelfstandigheid van het ensemble, in de zin van een verzelfstandiging van de omringende morfologie, maakt een eigen typologie en eigen gedragsregels mogelijk. Door zich te onderscheiden van het doorgaande, openbare gebied kunnen eigen regels worden gesteld, zoals het buitensluiten van verkeer en door onderlinge regelgeving en overleg kunnen conflicten worden beperkt. Anderzijds wordt in deze ensembles divers gebruik, door meerdere bewonersgroepen en door buitenstaanders, toegestaan.[12] Om te ontkomen aan een ongewenste, specifieke collectiviteit, die een geforceerde betrokkenheid veronderstelt op een toevallige groep medebewoners, wordt het 'straatleven' in het nieuwe woondomein aldus niet collectief, maar anoniem beleefd.

De nieuwe ensembles zijn te zien als experimenten op het gebied van het hedendaagse spanningsveld tussen de woning en het openbare domein. Ze hebben daarbij een dubbelzinnige verhouding met de stad. Het zijn hybriden in de zin van particulier-publieke ruimten. In deze ensembles wordt steeds opnieuw gezocht naar de verhouding tussen het particuliere en het openbare. De eenduidigheid en de exclusiviteit van het traditionele, gesloten Hollandse bouwblok is hier volkomen verdwenen.

primarily conceive of allotment as the demarcation of public space with building alignments, but approach it from the opposite side, from the private domain or the collective ensemble. The focus has shifted from the public domain to the residential domain. . . . In the plans for Ypenburg, the design of the networked city is a counter-template of inner areas that are meant to ensure peace and quiet, privacy and intimacy.'[11] In these ensembles teh focus has indeed shifted to the inner area as enclosed by the dwellings. However, it might be questioned whether this means a shift away from the public to the private residential domain. In these ensembles, the public domain itself (or part of it) has been inserted into the private domain. And as a result, the pastoral idyll is no longer as pastoral as it seemed, for still to be found in this new open space are a slew of confrontations, demarcations and transition points, and they require an equal number of solutions.

The autonomy of the ensemble, in the sense of its morphology in relation to the surrounding context, enables its own typology and rules of conduct. By clearly demarcating the ensemble from the larger, continuous public area, the ensemble can set up its own rules, such as the barring of automobile traffic. Mutual codes of behavior and agreements can limit conflicts. On the other hand, these ensembles allow different groups of residents and outsiders to use the open spaces in a variety of ways.[12] In order to avoid an undesired specific collectivity – which presupposes involvement forced upon a coincidental group of fellow residents – 'street life' in the new residential domain is not a collective experience, but an anonymous one.

The new ensembles can be seen as experiments in the contemporary field of tension between the dwelling and the public domain. As such, they have an ambiguous relation with the city. They are hybrids, in the sense of private-public spaces. In each of these ensembles, the relation between the private and the public is being sought anew. The unequivocalness and exclusivity of the traditional Dutch perimeter block has completely vanished here.

Noten

1 Tijdens het rondetafelgesprek over het onderzoek naar de nieuwe open ruimte, georganiseerd door de leerstoel Architectuur en Woningontwerp, TU Delft, oktober 2007.

2 Particulier = niet geldend voor of behorend bij iedereen, maar slechts voor of bij een gedeelte of een enkel persoon; wat iemand persoonlijk betreft. Publiek = openbaar in tegenstelling tot geheim; bekend; openlijk; algemeen; voor iedereen toegankelijk (Van Dale).

3 In een eerder artikel heb ik het idee van differentiatie van de openbare ruimte geïntroduceerd naar aanleiding van een stadsreconstructieplan van Venturi Scott Brown and Associates voor Austin, TX, USA uit 1984, waarin VSBA een nieuwe, stedelijke ruimte binnen het blok (her-)introduceert: de passage, de hof, het binnenstraatje. Ik omschreef deze differentiatie toen als 'een divers netwerk van openbare, semi-openbare en privéruimten, binnen en buiten het blok.' In dat artikel uit 1999 stelde ik: 'De vraag naar nieuwe, stedelijke ruimte, als alternatief voor de overvolle, wellicht ongastvrije of onveilige, door auto's gedomineerde straat, waarbij het ook of juist gaat om een meer teruggetrokken en meer beschermde openbaarheid, is nu ook in Nederland actueel.' zie Karin Theunissen, 'The Difficult Whole', in: Leen van Duin (red.), *Hybrides, stedelijke architectuur tussen centrum en perifere*, Delft: Delftse Universitaire Pers, 1999.

4 Van de ontwerp- en onderzoeksprojecten die aan deze publicatie vooraf gingen, moet genoemd worden de oefening Architectonische Analyse voor master-studenten onder de titel 'Architectonische articulatie van het sociale' van 2006. In deze oefening werden door studenten tekentechnieken ontwikkeld om de uitdrukking van 'sociale' boodschappen in architectuur zichtbaar te maken. Genoteerd werd bijvoorbeeld de expressie, dan wel dissimulatie, dan wel negatie van functies achter de gevel in de architectonische articulatie. Het meeste van dit werk is bij de brand van onze faculteit op 13 mei 2008 verloren gegaan. Een ander resultaat van dit voorgaande onderzoek is een artikel, dat is gepubliceerd in *ARQ*: K. Theunissen, 'Re-opening the Dutch city block: recent housing projects as experiments in the public domain', *ARQ*, 3/4, volume 10 (2006).

5 Ton Schaap, rondetafelgesprek oktober 2007. Over de dwaalroute zie ook: Ton Schaap, 'Amsterdam', *Forum*, Rotterdam: Uitgeverij 010, 2008, 14.

6 Wellicht hebben we hier te maken met een fenomeen dat vergelijkbaar is met de versmelting van het particuliere en het publieke in andere nieuwe media, zoals *reality tv*, de persoonlijke filmdocumentaire, het *docu-drama*.

7 Zaanhof in de Spaarndammerbuurt, Amsterdam, 1919; zie o.a. Susanne Komossa e.a., *Atlas van het Hollandse bouwblok*, Bussum: Uitgeverij Thoth, 2002.

8 Door de auteur opgetekende uitspraak van omwonenden.

9 Ongetwijfeld is een belangrijke, niet alleen architectonische factor gelegen in de samenstelling van de doelgroep. De meeste projecten, zijn bestemd voor de hogere middenklasse: Mariaplaats, Schuttersveld, Rietlanden en Zwanenwoud. In Mariaplaats en Rietlanden zijn er binnen de doelgroep wel veel verschillende woningtypen. In IJburg zijn bevolkingsgroepen per blok gemengd per architectonisch project; er is een grotere spreiding van prijscategorieën over het gehele middenveld. In De Grote Hof zijn de grootste verschillen te vinden, verdeeld per hof; de grote hof bestaat uit duurdere koopwoningen en de kleine hoven bieden koop- dan wel huurhuizen in het lagere segment.

10 Ivan Nio, 'Op zoek naar de nieuwe buitenwijk', in: Hans Venema, *Buitenplaats Ypenburg, een bevlogen bouwlocatie*, Bussum: Uitgeverij Thoth, 2000.

11 Ibid.

12 De onduidelijke status dient zich aan op het niveau van het gebruik: wie gebruiken het; op het niveau van de afbakening: wellicht alleen visueel en eventueel alleen tijdelijk; op het niveau van de architectonische articulatie; en op juridisch niveau. Ook de eigendomsrechten van de ontstane open ruimten zijn veelal hybride. De grond kan gemeentelijk eigendom zijn, terwijl de Vereniging van Eigenaren invloed heeft op het gebruik en het onderhoud van het woondomein (Rietlanden, Doelenplein, Zwanenwoud, blok 23 in IJburg), of omgedraaid: het woondomein is eigendom van de VvE, terwijl de gemeente invloed uitoefent op het gebruik ervan (Mariaplaats, De Grote Hof).

Notes

1 During the roundtable discussion on the investigation into the new open space organized by the Chair of Architecture and Dwelling, Delft University of Technology, October 2007.

2 Private = pertaining to or affecting a particular person or a small group of persons; individual; personal. Public = of, pertaining to, or affecting a population or a community as a whole; open to all persons, generally known, open to the view of all. (Random House)

3 In an article I published earlier, I introduced the idea of differentiation of public space, in reference to the urban reconstruction plan for Austin, TX, USA of 1984 by Venturi Scott Brown and Associates, in which VSBA (re-)introduces a new, urban space within the block: the passage, the courtyard, the alleyway. At the time I called this differentiation 'a diverse network of public, semi-public and private spaces, inside and outside of the building block'. In that article, written in 1999, I claimed: 'The demand for new urban space – as an alternative for the crowded, perhaps unhospitable or dangerous, automobile-dominated street – especially a more secluded and protected publicness, is now also relevant in the Netherlands.' See Karin Theunissen, 'The Difficult Whole', in: Leen van Duin (ed.), *Hybrides, stedelijke architectuur tussen centrum en periferie* (Delft: Delft University Press, 1999).

4 Among the design and research projects that preceded this publication, mention must be made of the architectural analysis exercise for master students entitled 'Architectural Articulation of the Social' from 2006. In this exercise, students developed drawing techniques for visualizing the expression of 'social' messages through architecture. For example, note was made of the expression, dissimulation or negation in the architectural articulation of functions 'behind the façade'. Most of this work was lost in the fire at our department on May 13, 2008. Another result of this prior research is an article published by K. Theunissen in *ARQ*: 'Re-opening the Dutch City Block: Recent Housing Projects as Experiments in the Public Domain', *ARQ*, 3/4, volume 10 (2006).

5 Ton Schaap, round table discussion, October 2007. For the rambling route, see also: Ton Schaap, 'Amsterdam', *Forum* (Rotterdam: 010 Publishers, 2008), 14.

6 Perhaps we are dealing with a phenomenon comparable to the merging of the private and public in other new media, such as reality TV, the personal film documentary, the docu-drama.

7 Zaanhof in the Spaarndammer district, Amsterdam, 1919; see: Susanne Komossa, *Atlas van het Hollandse bouwblok* (Bussum: Thoth Publishers, 2002).

8 Statements by neighbours, noted by the author.

9 Undoubtedly, the composition of the target group is an important factor, and not only architecturally. Most of these projects are intended for the upper middle class, such as Mariaplaats, Schuttersveld, Rietlanden and Zwanenwoud. Mariaplaats and Rietlanden offer many different types of dwellings for their target group. In IJburg, population groups are mixed per block and architectural project; there is a greater spread of price categories over the entire mid-range. The greatest differences are found in De Grote Hof, divided over courts; the big court comprises the more expensive owner-occupied dwellings and the small courts offer private ownership or rental dwellings in the lower price range.

10 Ivan Nio, 'Op zoek naar de nieuwe buitenwijk', in: Hans Venema, *Buitenplaats Ypenburg, een bevlogen bouwlocatie* (Bussum: Thoth Publishers, 2000).

11 Ibid.

12 The vague status becomes evident at the level of use (who uses it); at the level of demarcation (perhaps only visual and eventually only temporary); at the level of architectural articulation; and at the juridical level. Also, ownership rights to these open spaces are often hybrid. The land can be municipal property, while the Homeowners' Association has an influence over its use and the maintenance of the residential domain (Rietlanden, Doelenplein, Zwanenwoud, Block 23 in IJburg); or the other way round: the residential domain is the property of the Homeowners' Association, while the city has an influence over its use (Mariaplaats, De Grote Hof).

Plan Documentation for the New Open Space in the Housing Ensemble

Karin Theunissen en Sebastiaan Kaal

The plan documentation for the new open space in the housing ensemble comprises a set of recent projects and some historical reference points. The documentation sets out to facilitate a comparative analysis of the various projects. For this purpose the projects have all been newly drawn and photographed, using both documentation supplied by the architecture offices involved and archival material. The characteristic features and the internal cohesion of the new open space within these developments have been the guiding principle here. The drawing technique is based on the method used in the *Atlas of the Dutch Urban Block*. The emphasis within this documentation lies on the form and the meaning of the open space within the housing block or ensemble. The principal plan depicts the ground-floor level, showing the interiors of the ground-floor dwellings as well as the design of the new open space. The focus is on the relationship between the dwellings and their place within the development and the relationship between the block structure and the dwelling typology. Both the architectural coherence and the wider context have been mapped. The morphological unity of the projects has been sketched within the wider urban structure to show the relationship with the city.

The set of contemporary residential ensembles comprises the widest possible range of variations on the new open space. The examples in question can be found at very distinct locations: the city centre, special settings such as former industrial sites and outside the city, either as part of Vinex neighbourhoods or in rural areas. This collection also illustrates the differences in density, the mix of target groups, typology and architecture. We look at the following 8 projects:

De Grote Hof, Pijnacker-Nootdorp – Rapp + Rapp (1998-2006)
Block 23 IJburg, Amsterdam – various architects: De Architecten Cie., Dick van Gameren architecten, VMX architects (2000-2005)
Block 24 IJburg, Amsterdam – various architects: Meyer en Van Schooten Architecten, Claus en Kaan architecten, ANA architecten (1999-2005)
Schuttersveld, Delft – Geurst & Schulze Architecten (2001-2003)
Monnikhof, Groningen – S333 Architecture + Urbanism (1998-2002)
Zwanenwoud, Heerenveen – Soeters Van Eldonk Architecten (1998-2002)
Rietlanden, Amsterdam – Venhoeven CS (1995-2001)
Mariaplaats, Utrecht – Bob van Reeth AWG (1994-1998)

The characteristics of this collection of contemporary projects are discussed at length in the articles by Karin Theunissen and by Like Bijlsma and Nynke Jutten. The articles are accompanied by analytical drawings that were produced in conjunction with this plan documentation. Each of these series of analytical drawings considers the new open space from different angles. The autonomous series have been printed alongside the texts.

These series of drawings can also be seen as mapping out the sequence from the large scale of the city to the smallest scale of the architectural detail:

1 The new open space within the network of the urban space
2 The new open space within the network of internal spaces in the city
3 The shape of the new open space – two-dimensional
4 The shape of the new open space – three-dimensional
5 The living space and the transitional zone vis-à-vis the new open space
6 The architectural design of the collective elements
7 Formal versus informal: cross sections and views across the new open space and adjacent buildings

The set of recent projects has been supplemented with four historical projects, which have been documented in the same way. They may be seen as epitomizing moments in the debate about the relationship between housing, public space and the city. The four projects are in no way intended to present an exhaustive overview of the historical experiments with the closed perimeter block and the collective or public space; however, they do provide starting points for the process of identifying the continuity and the differences between past and more recent projects. The following projects are included:

Het Pentagon, Amsterdam – Theo Bosch and Aldo van Eyck (1975-1983)
De Kasbah, Hengelo – Piet Blom (1966-1974)
Veronesestraat, Amsterdam – Architectenbureau Eduard Cuypers, K. van Geijn and H.J.A. Bijlard (1928-1929)
Tuinwijk-Zuid, Haarlem – J.B. van Loghem (1918-1922)

Plandocumentatie van de nieuwe open ruimte in het woonensemble

Karin Theunissen en Sebastiaan Kaal

De plandocumentatie van de nieuwe open ruimte in het woonensemble omvat een reeks recente projecten en een aantal historische referenties. Deze documentatie beoogt een vergelijkende analyse tussen de verschillende projecten mogelijk te maken. Daartoe zijn op basis van door de betreffende bureaus aangeleverde documentatie en aan de hand van historisch archiefmateriaal alle projecten opnieuw getekend en gefotografeerd. De karakteristiek en samenhang van de nieuwe open ruimte in de ensembles is daarbij richtinggevend geweest. De tekentechniek ligt in het verlengde van de methodiek van de *Atlas van het Hollandse Bouwblok*. In deze documentatie ligt de nadruk bij de vorm en de betekenis van de open ruimte binnen het ensemble. De belangrijkste tekening is de plattegrond van het ensemble op maaiveldniveau. In deze tekening worden de interieurs van de beganegrondwoningen aangegeven evenals de inrichting van de nieuwe open ruimte. De nadruk in deze tekeningen komt zo te liggen op de relatie tussen de woningen en de ligging in het ensemble, ofwel de relatie tussen de blokstructuur en de typologie van de woningen. Naast de architectonische samenhang is ook de ruimere, stedenbouwkundige situatie in kaart gebracht. De morfologische eenheid van de ensembles is in de stedelijke structuur getekend om zo de samenhang met de stad te tonen.

De reeks van eigentijdse woonensembles omvat een zo breed mogelijk scala aan varianten op de nieuwe open ruimte. Het gaat om voorbeelden op geheel diverse locaties: binnenstedelijk, op bijzondere locaties als voormalige bedrijventerreinen, en buiten de stad, als onderdeel van de Vinex-opgave of in het landelijk gebied. De reeks demonstreert ook de voorkomende verschillen in dichtheid, menging van doelgroepen, typologie en architectuur. Het gaat om de volgende 8 projecten:

De Grote Hof, Pijnacker-Nootdorp – Rapp + Rapp (1998-2006)
Blok 23 IJburg, Amsterdam – diverse architecten: De Architekten Cie., Dick van Gameren architecten, VMX architects (2000-2005)
Blok 24 IJburg, Amsterdam – diverse architecten: Meyer en Van Schooten Architecten, Claus en Kaan architecten, ANA architecten (1999-2005)
Schuttersveld, Delft – Geurst & Schulze Architecten (2001-2003)
Monnikhof, Groningen – S333 Architecture + Urbanism (1998-2002)
Zwanenwoud, Heerenveen, Soeters Van Eldonk Architecten (1998-2002)
Rietlanden, Amsterdam – Venhoeven CS (1995-2001)
Mariaplaats, Utrecht – Bob van Reeth AWG (1994-1998)

De kenmerken van de verzameling van eigentijdse projecten worden uitvoerig besproken in de artikelen van Karin Theunissen en Like Bijlsma en Nynke Jutten. Hiervoor zijn diverse analysetekeningen gemaakt die in samenhang met deze plandocumentatie zijn geproduceerd. In deze analysetekeningen worden de ensembles als reeksen getekend, waarbij de nieuwe open ruimte steeds op andere aspecten wordt bekeken. De reeksen staan op zichzelf en zijn apart weergegeven bij de teksten.

De reeksen kunnen echter ook worden gelezen als doorgaande serie vanaf de grotere schaal van de stad naar de kleinste schaal van architectonische detaillering:

1 De nieuwe open ruimte binnen het netwerk van de stedelijke ruimte
2 De nieuwe open ruimte binnen het netwerk van binnenruimten in de stad
3 De vorm van de nieuwe open ruimte, tweedimensionaal
4 De vorm van de nieuwe open ruimte, driedimensionaal
5 De positie van woonruimte en overgangszone in relatie tot de nieuwe open ruimte
6 De architectonische vormgeving van de collectieve elementen
7 Formeel versus informeel: doorsneden en aanzichten over de nieuwe open ruimte en aanliggende bebouwing

Vier historische projecten, zijn aan de reeks recente projecten toegevoegd en op eenzelfde wijze gedocumenteerd. Deze kunnen als kenmerkende momenten in de discussie over de relatie tussen woningbouw, publieke ruimte en de stad worden geïnterpreteerd. De vier projecten zijn geenszins bedoeld als een volledig overzicht van de experimenten met het gesloten bouwblok en de collectieve of openbare ruimte uit het verleden; wel geven ze aanknopingspunten om de continuïteit en het verschil tussen voorgaande en deze recente projecten te benoemen. Het gaat om de volgende projecten:

Het Pentagon, Amsterdam – Theo Bosch en Aldo van Eyck (1975-1983)
De Kasbah, Hengelo – Piet Blom (1966-1974)
Veronesestraat, Amsterdam – Bureau Eduard Cuypers, K. van Geijn en H.J.A. Bijlard (1928-1929)
Tuinwijk-Zuid, Haarlem – J.B. van Loghem (1918-1922)

De Grote Hof (Ypenburg), Pijnacker-Nootdorp

Architectenbureau Rapp+Rapp

Een van de kleine hoven
One of the smaller courtyards

Architect:
Architectenbureau Rapp+Rapp
Opdrachtgever / Client:
Ontwikkelaar / Developer
Ontwerp / Design: 1998
Uitvoering / Realization: 2006
Totaal aantal woningen /
Total number of dwellings: 246
Woningtypes / Dwelling types:
Eengezinshuizen / Single-family dwellings
Marktsegment / Market segment:
Combinatie koop en huur /
Combination of owner-occupied and rental properties
Parkeeroplossing / Parking solution:
Gemeenschappelijke parkeergarage /
Communal multi-storey car park
Eigendom en beheer binnengebied /
Ownership and management of inner area: Vereniging van Eigenaren, woningbouwvereniging /
Home-owners' Association and housing association
Afsluitbaarheid binnengebied /
Secure inner area: Nee / No
Binnengebied onderdeel van een doorlopende route / Inner area part of a through-route: Ja / Yes

De Grote Hof is een project van Rapp + Rapp in de Vinexwijk Ypenburg, het gedeelte dat valt onder de gemeente Pijnacker-Nootdorp. Het maakt deel uit van De Venen, het deelplan van Ypenburg dat zich uitstrekt tussen Nootdorp en de A12. De opzet van de wijk is geënt op de morfologie van de kassenbouwbedrijven die in deze omgeving hun sporen hebben nagelaten, zoals de lintbebouwing van grote boerenhuizen, met daarachter (op enige afstand van de weg) kassencomplexen.

In het stedenbouwkundig plan van De Venen (van Palmboom & van den Bout) is dit vertaald in twee-onder-een kap huizen langs een centrale straat, de Veenweg, en in verscheidene daarachter gelegen complexen met woningen rond een of meerdere hoven. Het meest noordelijk gelegen hofcomplex is ontworpen door Christian Rapp.

Rapp keert met De Grote Hof het traditionele gesloten bouwblok binnenstebuiten. De 246 woningen zijn ondergebracht in vijf hoven, in een nagenoeg vierkante grondvorm van 250 x 230 m. Alle woningen zijn gericht op het binnengebied, terwijl de individuele tuinen aan de buitenkant zijn gelegen. Een sloot omsluit het geheel.

De strategie om de tuinen aan de buitenkant te leggen, zou tot een rommelig beeld kunnen leiden. Tot op zekere hoogte is dat ook zo, ware het niet dat er voor de tuinafscheiding een uniform begroeiingsplan is opgesteld dat langzaam vorm begint te krijgen. De schuttingen van verschillend fabricaat worden zo aan het oog onttrokken. Het hogere middengedeelte van het plan steekt een aantal meters boven de tuinafscheidingen uit en bindt het complex visueel samen.

De Grote Hof telt vijf hoven. Vier daarvan zijn vierkant en ongeveer even groot, de vijfde is rechthoekig en met zijn lengte van 160 m een stuk groter dan de andere vier. De kleine hoven hebben een ander karakter dan de langwerpige hof. De architect omschrijft het als het verschil tussen een dorpsplein en een stadsplein.

Het verschil in atmosfeer wordt niet alleen veroorzaakt door de schaal, maar ook door de architectonische expressie van de 'overgangszone' tussen de individuele woningen en het collectieve domein van de hof. In de vier kleine hoven is deze zone in de bestrating aangegeven, en met dunne hekken per woning gecompartimenteerd. De zone is 1,6 m breed en niet overkapt. Bewoners kunnen hier voor hun huis zitten en hebben door de kleine afmetingen van de hoven snel contact met elkaar. Wanneer ze dit niet willen, kunnen ze in hun achtertuin gaan zitten. De informele architectuur lijkt aan te sluiten bij het ontspannen contact dat tussen de bewoners van de vier kleine hoven bestaat.

In de langwerpige hof is een meer grootstedelijk, formeel gebaar gemaakt. De overgangszone tussen de collectieve hof en de privéwoningen bestaat uit een rondlopende, overkapte colonnade van circa 2,3 m breed en 9 m hoog. De kolommen zijn zorgvuldig vormgegeven, uitgevoerd in prefab beton en voorzien van speciale verlichtingselementen.

De huizen aan de langwerpige hof zijn van het rug-aan-rug type. De bewoners hebben dus geen tuin en zijn, als ze buiten willen zitten, aangewezen op de ruimte onder de colonnade. Daar wordt dan ook veelvuldig gebruik van gemaakt. Toch geven de bewoners aan, hun naaste buren oppervlakkig te kennen en de overburen helemaal niet. Dit wordt waarschijnlijk veroorzaakt door het formele, stedelijke karakter van de colonnade en door de grote afmetingen van de hof.

Bronnen / Sources:
Hans Venema (red/ed.), *Buitenplaats Ypenburg, een bevlogen bouwlocatie* (Bussum: Uitgeverij THOTH, 2000)

De Grote Hof is a Rapp + Rapp project in Ypenburg, a so-called 'Vinex' location in The Hague. It forms part of De Venen, a section of Ypenburg that stretches from Nootdorp to the A12 motorway. The neighbourhood's layout was inspired by the morphology of the greenhouses that have left their mark on this area, including the ribbon development of large farmhouses and the adjacent greenhouses themselves (at some distance from the road).

In the urban design for De Venen (by Palmboom & Van den Bout) these elements have been translated into semi-detached houses along a central street, Veenweg, and several complexes grouped around one or more courtyards. The northern-most courtyard complex was designed by Christian Rapp.

Rapp's design for De Grote Hof turns the traditional closed urban block inside-out. Five virtually square courtyards measuring 230 x 250 m accommodate 246 homes. All of these homes face inwards, while the individual gardens are situated on the outside. The complex as a whole is framed by a canal.

The decision to situate the gardens on the outside might have made the place look cluttered. And to some extent it does, were it not for the fact that a uniform vegetation plan to separate the gardens is gradually taking shape, thus concealing all the different fences. The plan's taller middle section rises a few metres above the garden fences and lends the development a visual unity.

De Grote Hof has five courtyards. Four of them are square and roughly the same size, while the fifth is rectangular and, at 16 m in length, much larger than the other four. The smaller courtyards have a completely different character than the rectangular courtyard. The architect describes it as the difference between a village green and an urban square.

The difference in atmosphere derives not only from the difference in scale, but also from the architectural styles of the 'transitional zone' between the individual homes and the courtyard's communal space. In the four small courtyards, this zone is marked out in the paving and partitioned off for each home with small fences. The zone is 1.6 m wide and uncovered. Residents can sit in front of their homes here and make contact with their neighbours, something that is facilitated by the courtyards' modest dimensions. If they prefer not to meet their neighbours they can sit in their back garden. The informal architecture appears to complement the casual contact between the residents of the four small courtyards.

The rectangular courtyard makes a more metropolitan, formal statement. The transitional zone between the communal courtyard and the private homes consists of a covered circular colonnade measuring approximately 2.3 x 9 m. The carefully designed columns are made of prefab concrete and fitted with special lighting features.

The houses along the rectangular courtyard have been built in back-to-back style. Their residents have no gardens, so if they want to sit outside they will have to use the space underneath the colonnade. They do so quite regularly. But at the same time, the residents say they scarcely know their next-door neighbours and do not know the people across the courtyard at all. The colonnade's formal, urban character and the courtyard's large dimensions are probably to blame.

De private zone in de centrale hof
The private zone in the central courtyard

Poort tussen een kleine hof en de centrale hof
Gate connecting a small courtyard and the central courtyard

Poort tussen de centrale hof en een kleine hof
Gate connecting the central courtyard and a small courtyard

Zicht vanaf de snelweg
View from the motorway

Fragment van de centrale hof
Fragment of the central courtyard

Buitenrand met gracht en achtertuinen
Periphery with canal and back gardens

Winnend prijsvraagontwerp van Rapp & Scheulen
Winning competition entry by Rapp & Scheulen

Gevels en doorsneden
Façades and sections

Situering ten opzichte van het dorpscentrum van Nootdorp en Vinex-locatie Ypenburg
Location in relation to Nootdorp town centre and Vinex site Ypenburg

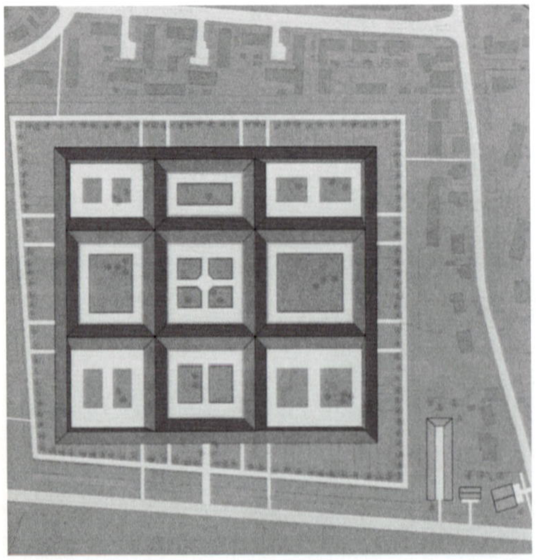

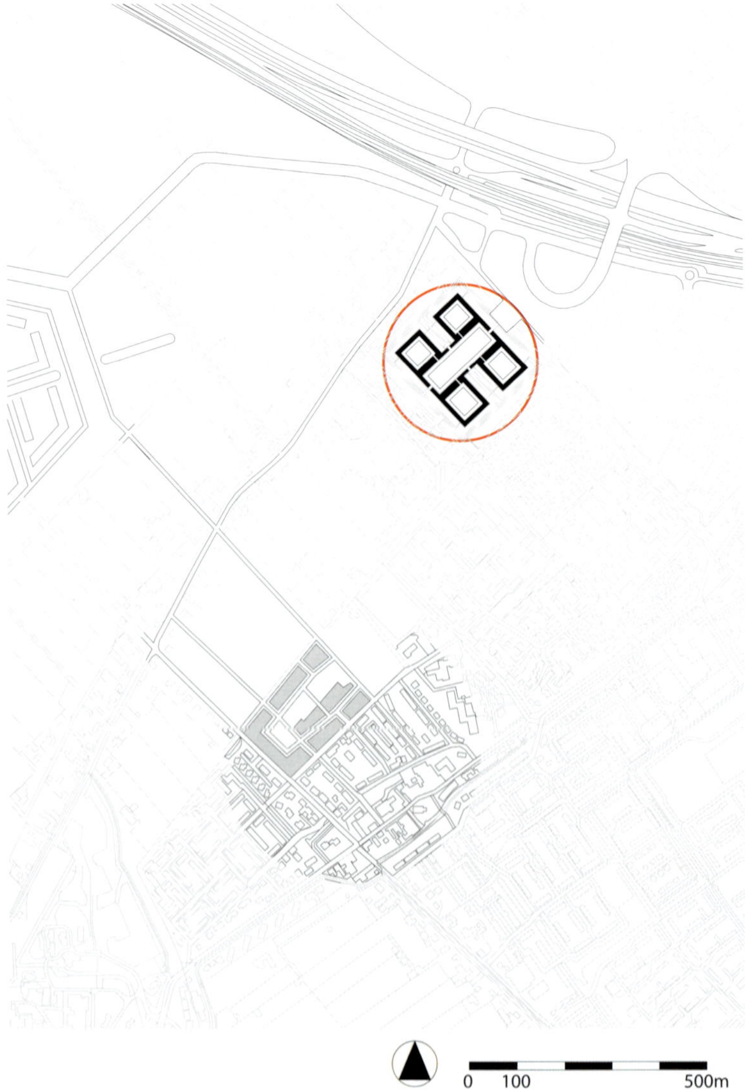

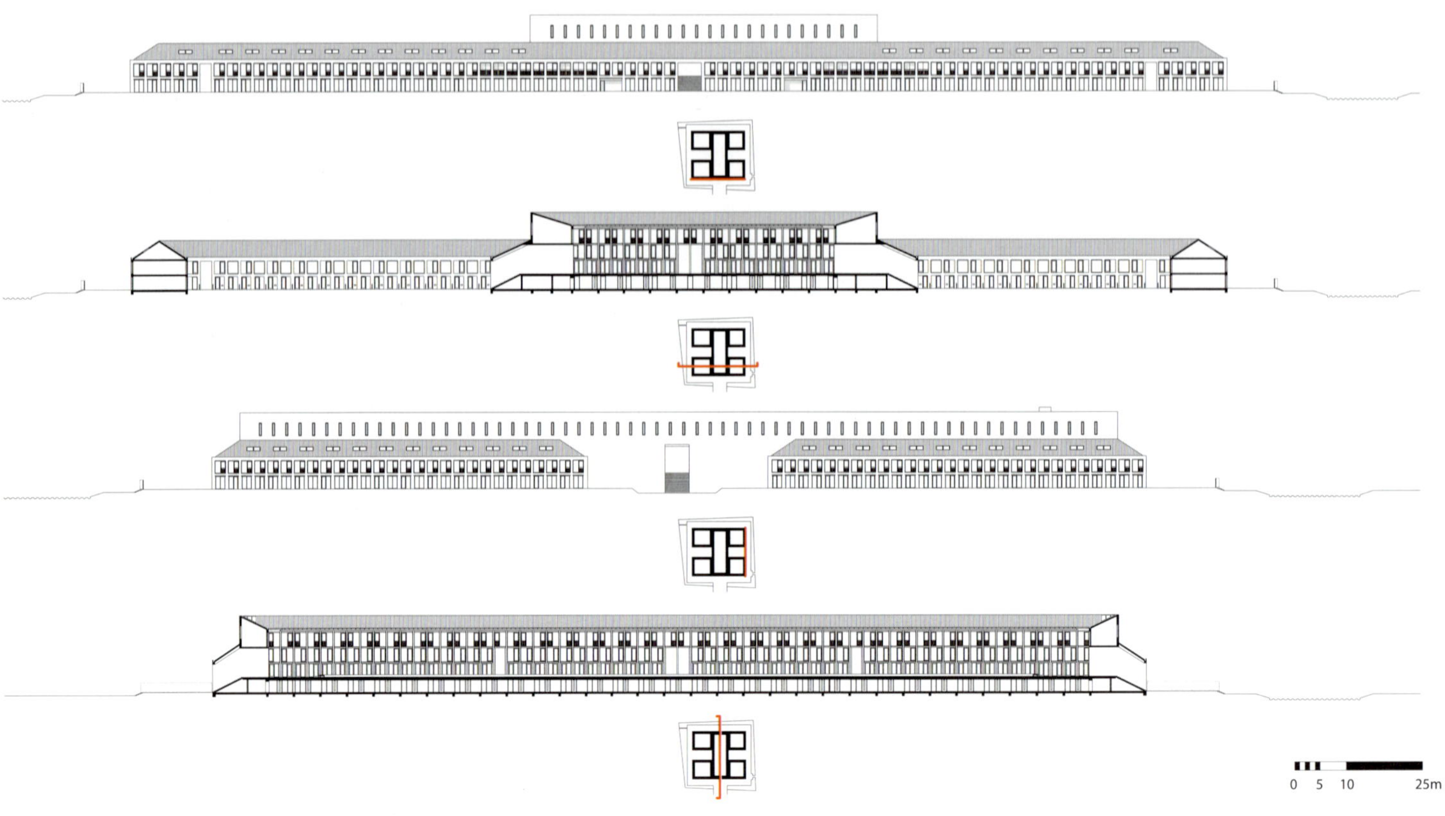

Begane grond kleine hoven in combinatie met de eerste verdieping van de centrale hof
Ground floor of the small courtyards and the first floor of the central courtyard

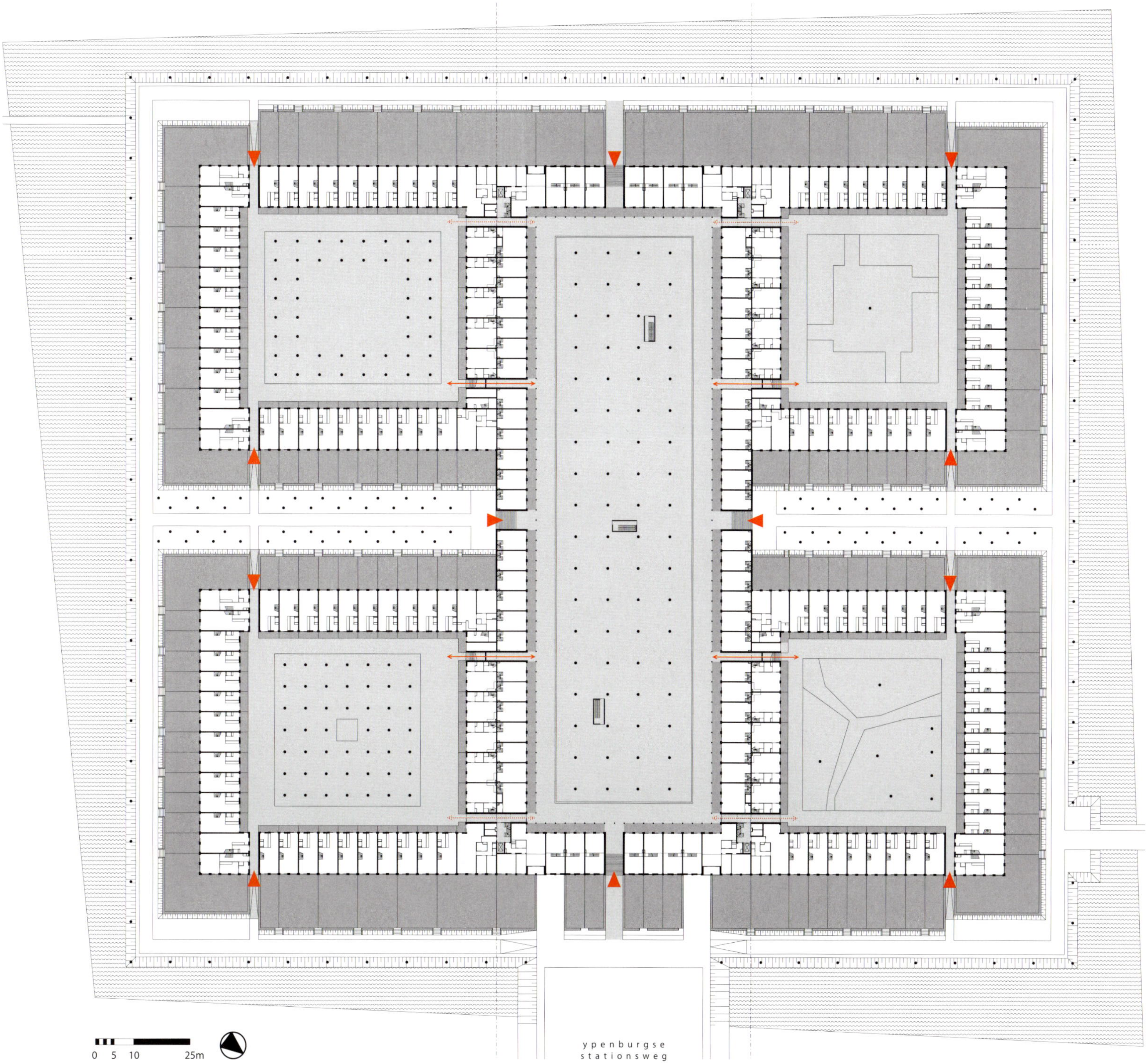

De centrale hof
The central courtyard

IJburg blok 23 & 24 Amsterdam

Architekten Cie., Dick van Gameren, VMX (blok 23)
Meyer en Van Schooten, Claus en Kaan, ANA (blok 24)

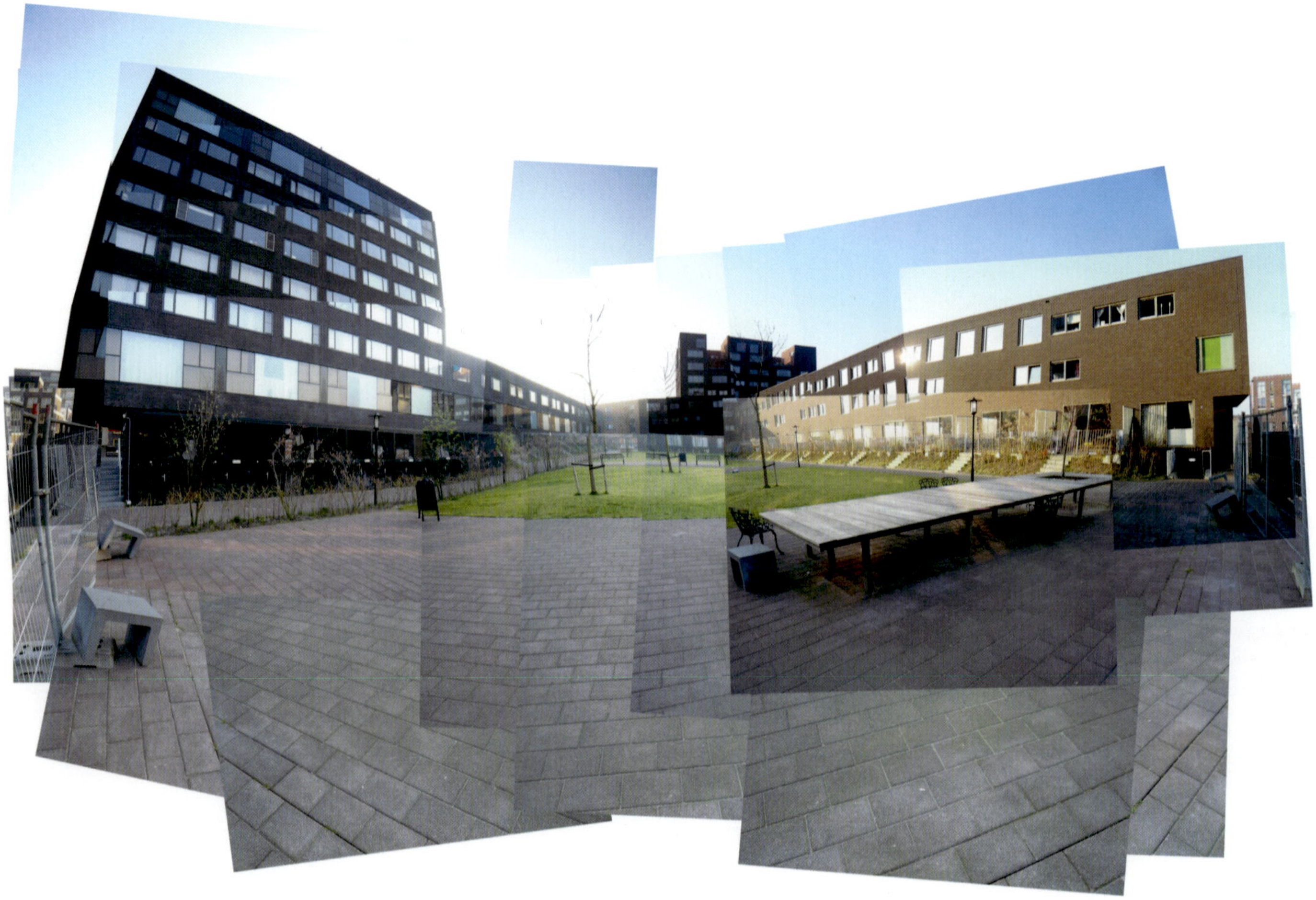

Blok 23, zicht vanaf het terras aan de gracht
Block 23, view from the terrace by the canal

Blok 24, de Sanne Sanneshof
Block 24, the Sanne Sanneshof

Blok / Block 23

Coördinerend architect / Coordinating architect **De Architekten Cie.** Uitvoerend architecten / Project architects: **De Architekten Cie.** (23-A), **Dick van Gameren architecten** (23-B1) en **VMX architects** (23-B2) Opdrachtgever / Client: Consortium van ontwikkelaars en woningbouwvereniging / Consortium of developers and housing association Ontwerp / Design: 2000 Uitvoering / Realization 2004-2005 Totaal aantal woningen / Total number of dwellings: 139 23-A: buiten beschouwing gelaten / not discussed 23-B1: 82 23-B2: 57 Woningtypes / Dwelling types: 23-B1: Eengezinswoningen, maisonnettes, appartementen / Single-family dwellings, maisonettes, apartments 23-B2: Eengezinswoningen, maisonnettes, appartementen, penthouses / Single-family dwellings, maisonettes, apartments, penthouses Marktsegment / Market segment 23-B1: Combinatie koop en huur / Combination of owner-occupied and rental properties 23-B2: Koop / Owner-occupied properties Overige functies / Other functions: Commerciële ruimtes (Blok 23-B1) / Commercial spaces (Block 23-B1) Parkeeroplossing / Parking solution: 23-B1: gemeenschappelijke parkeergarage / Communal underground car park 23-B2: gemeenschappelijke parkeergarage in combinatie met parkeren op verdiepingen hoogbouw met autolift; tevens parkeren op openbare straat / Communal underground car park and upper-level parking via carlift; parking on public street Eigendom en beheer binnengebied / Ownership and management of inner area: Gemeente / Municipality Afsluitbaarheid binnengebied / Secure inner area: Nee / No Binnengebied onderdeel van een doorlopende route / Inner area part of a through-route: Ja / Yes

De uitbreidingswijk IJburg, aan de oostkant van Amsterdam, bestaat uit zeven kunstmatige eilanden. Eén daarvan, het grootste, is Haveneiland. De blokken op Haveneiland west zijn ontwikkeld door consortia van opdrachtgevers en ontwikkelaars/bouwers. Voor elk blok is een coördinerend architect aangesteld die samen met andere bureaus, ook de uitwerking voor zijn rekening neemt. Deze strategie bleek duur en tijdrovend, zodat in het later ontwikkelde Haveneiland oost gekozen is voor één uitvoerende architect per blok. Na de economische recessie van begin van de 21e eeuw moest de ontwikkeling van Haveneiland west immers drastisch worden bijgesteld.

Het stedenbouwkundig plan voor IJburg is gemaakt door Felix Claus, Frits van Dongen en Ton Schaap. Dit voorziet op Haveneiland in een raster van straten, waartussen rechthoekige blokken ontstaan met een lengte van 175 m en een breedte die varieert van 90 tot 70 m. Het raster van blokken en straten is doorsneden door een gracht.

Wezenlijk kenmerk van de grondlegger is dat het binnenterrein van de blokken tot het publieke domein behoort. De organisatie van de binnengebieden is een primaire ontwerpopgave. De bouwblokken moeten dus geopend zijn, de binnenhoven verbonden met de omliggende straten. De voorgeschreven woningdichtheid is zo hoog dat het binnengebied van de blokken voor een deel bebouwd moet worden. Hierdoor ontstaan binnen één blok gevarieerde en gedifferentieerde publieke ruimten. Het oorspronkelijke idee om de binnenterreinen 's avonds af te sluiten, stuitte op bezwaren van ontwikkelaars die problemen voorzagen met het beheer.

Rond alle blokken (behalve aan de IJburglaan) is een strook van 1,2 m voorzien, die door de bewoners kan worden gebruikt om de stap van publiek (de straat) naar privé (de woning) minder abrupt te maken. Het parkeren dient grotendeels op eigen terrein te gebeuren. Vrijwel overal resulteert dit in parkeerkelders. Een opvallende uitzondering vormt het blok van VMX, dat over een autolift beschikt.

Blok 23

Coördinerend architect van blok 23 is de Architekten Cie. Dit bureau is ook verantwoordelijk voor de uitwerking van een van de drie deelplannen. De andere twee zijn uitgevoerd door Dick van Gameren architecten en door VMX architects.

De gracht die Haveneiland west doorkruist, snijdt ook door blok 23. In het oorspronkelijke plan was door middel van bruggen toch één binnengebied gemaakt, maar door de herontwikkeling is het deel van de Architekten Cie. feitelijk gescheiden van de deelplannen van Van Gameren en VMX.

Die laatste twee omsluiten een met enkele bomen beplant grasveld, waartoe ze zich echter zeer verschillend verhouden. In het deelplan van Van Gameren, een haakvormig gebouw, liggen de woningen aan weerszijden van een binnenstraat. De woningen aan de binnenzijde van de haak hebben een achtertuin, die via een trappetje toegang biedt tot het lager gelegen plantsoen met gras en bomen. De woningen aan de buitenzijde van de haak hebben geen buitenruimte.

De korte poot van het haakvormige volume is met acht lagen beduidend hoger dan het lange gebouwdeel, dat slechts drie lagen telt. Oorspronkelijk waren hier duurdere woningen gepland, maar na de herontwikkeling zijn het juist de sociale huurwoningen die het riante uitzicht hebben op het IJ. Ook de penthouses op de

The suburban district IJburg, to the east of Amsterdam, consists of seven artificial islands. One of them, the biggest, is Haveneiland. The blocks on Haveneiland West were developed by syndicates of clients and developers/builders. Each block has a coordinating architect who, in conjunction with the other offices, is responsible for the development. Because this strategy proved to be expensive and time-consuming, the later development of Haveneiland East worked with a single project architect per block. After all, the economic recession of the early 21st century called for drastic changes to the development of Haveneiland West.

The urban design for IJburg was drawn up by Felix Claus, Frits van Dongen and Ton Schaap. It has filled Haveneiland with a grid of streets, framing rectangular blocks measuring 70 to 90 m in width by 175 m in length. The grid of blocks and streets is bisected by a canal.

One key feature of the footprint area is that the blocks' enclosed courtyard serves as a public space. In fact, the layout of the internal spaces was paramount in the design brief. In other words, the blocks had to be opened up and the inner courtyards connected with the adjacent streets. The prescribed housing density was so high that it necessitated construction on part of the blocks' internal spaces. This has led to a range of different public spaces within a single block. The original plan to close the internal spaces in the evening met with opposition from developers who anticipated management problems.

Apart from the elevations along IJburglaan, all blocks are framed by a 1.2-m strip, which eases the transition from public (the street) to private (the home) for the residents. Parking is largely restricted to private property, which has resulted almost everywhere in underground car parks. A notable exception is the VMX-designed block, which has a car lift.

Block 23

The coordinating architect for Block 23 is the Architekten Cie. This office is also responsible for developing one of the three sector plans. The other two were done by Dick van Gameren architecten and by VMX architects.

The canal bisecting Haveneiland West also cuts through Block 23. The original plan used bridges to create a single internal space, but following the redevelopment the section taken on by the Architekten Cie. has to all intents and purposes been separated from the areas designed by Van Gameren and VMX.

The latter two both enclose a lawn dotted with trees, although they do so in entirely different ways. The section by Van Gameren, an L-shaped building, has homes on either side of an inner street. The homes along the inside of the L-shape have back gardens, from which steps lead to a lower-level public garden with grass and trees. The homes along the outside of the L-shape have no outdoor area.

At eight storeys, the shorter leg of the L-shaped structure is significantly taller than its longer leg, which has only three storeys. Originally, this had been earmarked for more expensive homes, but following the redevelopment the council houses were given the splendid view across the IJ waterfront. Even the penthouses on the top floor are social housing units. They lend the high-rise its distinctive, castle-like profile.

In some respects, VMX's plan is the opposite of that of Van Gameren. It is a closed rectangle with a strip of gardens bordering on the public garden, which mediates between the individual homes and the public internal space. The front doors are on the outside. The VMX plan also has a taller element: the north-western end of the building, which has eight storeys. Its bottom storey contains the parking spaces for the low-rise residents. On each of the other levels of the high-rise six parking spaces are available next to the apartments. They are

Blok / Block 24

Coördinerend architect / Coordinating architect **Meyer en Van Schooten architecten**
Uitvoerend architecten / Project architects: **Meyer en Van Schooten architecten** (24-1 & 24-3), **Claus en Kaan architecten** (24-2; 24-4 & 24-5), **ANA architecten** (24-6)
Opdrachtgever / Client: Consortium van ontwikkelaars en woningbouwvereniging / Consortium of developers and housing association
Ontwerp / Design: 1999-2005
Uitvoering / Realization: 2004-2006
Totaal aantal woningen / Total number of dwellings: 180
24-1: 22
24-2: 12
24-3: 58
24-4: 24
24-5: 30
24-6: 34
Woningtypes / Dwelling types:
24-1: Appartementen, penthouses / apartments, penthouses
24-2: Eengezinswoningen / Single-family dwellings
24-3: Eengezinswoningen, appartementen, penthouses / Single-family dwellings, apartments, penthouses
24-4: Eengezinswoningen / Single-family dwellings
24-5: Eengezinswoningen, praktijkwoningen, appartementen / Single-family dwellings, combined home-and-surgery units, apartments
24-6: Ouderenwoningen / Accommodation for the elderly
Marktsegment / Market segment:
24-1: Koop / Owner-occupied properties
24-2: Beleggershuur / Investment mortgage
24-3: Combinatie koop en huur / Combination of owner-occupied and rental properties
24-4: Beleggershuur / Investment mortgage
24-5: Koop / Owner-occupied properties
24-6: Huur / Rental properties
Overige functies / Other functions: Commerciële ruimtes (blok 24-5) / Commercial Spaces (blocks 24-25)
Parkeeroplossing / Parking solution:
24-1: Openbare straat / Public street
24-2: Garage op eigen terrein / Private garage
24-3: Gemeenschappelijke parkeergarage / Communal underground car park
24-4: Openbare straat / Public street
24-5: Gemeenschappelijke parkeergarage / Communal underground car park
24-6: Gemeenschappelijke parkeergarage / Communal underground car park
Eigendom en beheer binnengebied / Ownership and management of inner area: Gemeente / Municipality
Afsluitbaarheid binnengebied / Secure inner area: Nee / No
Binnengebied onderdeel van een doorlopende route? / Inner area part of a through-route? Ja / Yes

hoogste verdieping zijn sociale huurwoningen. Het hoge bouwdeel heeft een kenmerkend, op een kasteeltoren gelijkend profiel.

Het deelplan van VMX is in zekere zin omgekeerd aan dat van Van Gameren. Het is een gesloten rechthoek met een strook tuinen aan het plantsoen die bemiddelt tussen de individuele woningen en het openbare binnengebied. De voordeuren zijn aan de buitenkant. Ook het plan van VMX kent een hoger deel, de noordwestelijke kop van het gebouw die acht lagen telt. De onderste laag hiervan bevat de parkeerplaatsen voor de bewoners van de laagbouw. Op de overige verdiepingen van het hogere bouwdeel zijn naast de appartementen zes parkeerplaatsen per verdieping beschikbaar, die met een autolift worden bediend. De lift loopt door tot de zesde verdieping.

In tegenstelling tot het gebouw van Van Gameren, waar gekozen is voor baksteen in twee tinten rood en bruin, is dat van VMX nagenoeg zwart van kleur. De eerste verdieping is voorzien van woningbrede glaspanelen, terwijl het daar tegenover liggende laagbouwdeel van Van Gameren een gesloten, met ramen geperforeerde baksteengevel laat zien.

Blok 24

Blok 24 ligt naast blok 23 en heeft ruwweg dezelfde karakteristieken. Ook hier deelt de gracht het binnengebied in twee delen. Maar hier is het wel gelukt om de delen aan weerszijden van het water met een brug tot één territorium te smeden.

Het coördinerende architectenbureau is Meyer en Van Schooten. De andere twee bureaus die bij blok 24 zijn betrokken, zijn Claus en Kaan architecten en ANA architecten.

Het blok is opgebouwd uit zes deelprojecten: op de kop staat een U-vormig gebouw van Meyer en Van Schooten, met parkeerplekken op het binnenterrein. In het middendeel staan twee projecten van Claus en Kaan. Het ene bestaat uit twee rijen eengezinshuizen met tuinen ertussen; het andere uit een rij huizen met achter de tuin een garage.

Aan de overkant van de gracht staat hoogbouw van Meyer en Van Schooten, ouderenhuisvesting van ANA en nog een woonblok van Claus en Kaan.

Tussen deze laatste drie projecten ligt een vierkant plein dat als publiek verblijfsgebied dienst doet. Het is met een brug verbonden met de hof aan de overzijde van de gracht (Adriaan Ditvoorsthof), waaraan de garages van de huizen van Claus en Kaan liggen, maar die vooral wordt gebruikt als speelplek door de buurtkinderen.

accessible by a car lift that reaches up to the sixth floor.

In contrast to the Van Gameren building, which has been executed in brick in two shades of red and brown, the VMX building is virtually black. The first floor has glass panels along the width of the façade, whereas Van Gameren's low-rise across the street offers a closed, brick façade, perforated with windows.

Block 24

Block 24 is situated next to Block 23 and has roughly the same characteristics. Here, too, the canal bisects the internal space. However, the attempt to bridge the areas on either side of the water and forge them into a single territory did prove successful here.

The coordinating architecture firm here is Meyer en Van Schooten. The other two offices involved in Block 24 are Claus en Kaan architecten and ANA architecten.

The block is made up of six subprojects: at one end is a U-shaped building by Meyer en Van Schooten, with parking spaces in the inner courtyard. The middle section features two projects by Claus en Kaan. One consists of two rows of single-family dwellings interspersed with gardens; the other of a row of houses with a garage at the back of the garden.

Across the canal are high-rises by Meyer en Van Schooten, accommodation for the elderly by ANA and another housing block by Claus en Kaan.

Amids the latter three projects lies a square plaza. A bridge connects this public area to the courtyard across the canal (Adriaan Ditvoorsthof). This courtyard abuts the garages of the houses designed by Claus en Kaan and has been appropriated by local children as a play area.

Situering ten opzichte van de binnenstad
Location in relation to the city centre

Oorspronkelijk masterplan van de Architekten Cie. voor blok 23
Original masterplan for Block 23 by De Architekten Cie.

Mogelijke secundaire routes door de verschillende blokken
Possible secondary routes through the various blocks

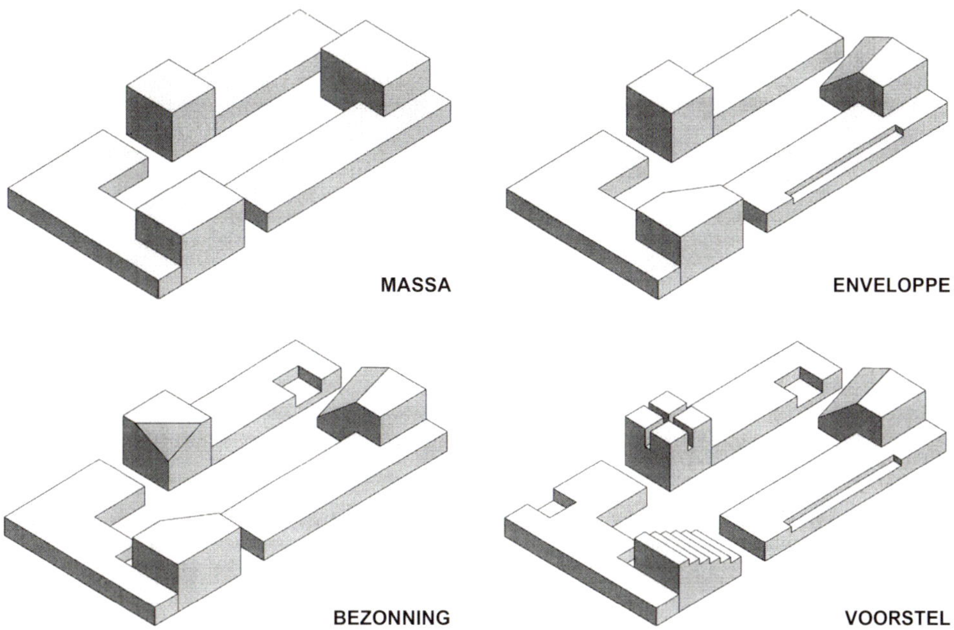

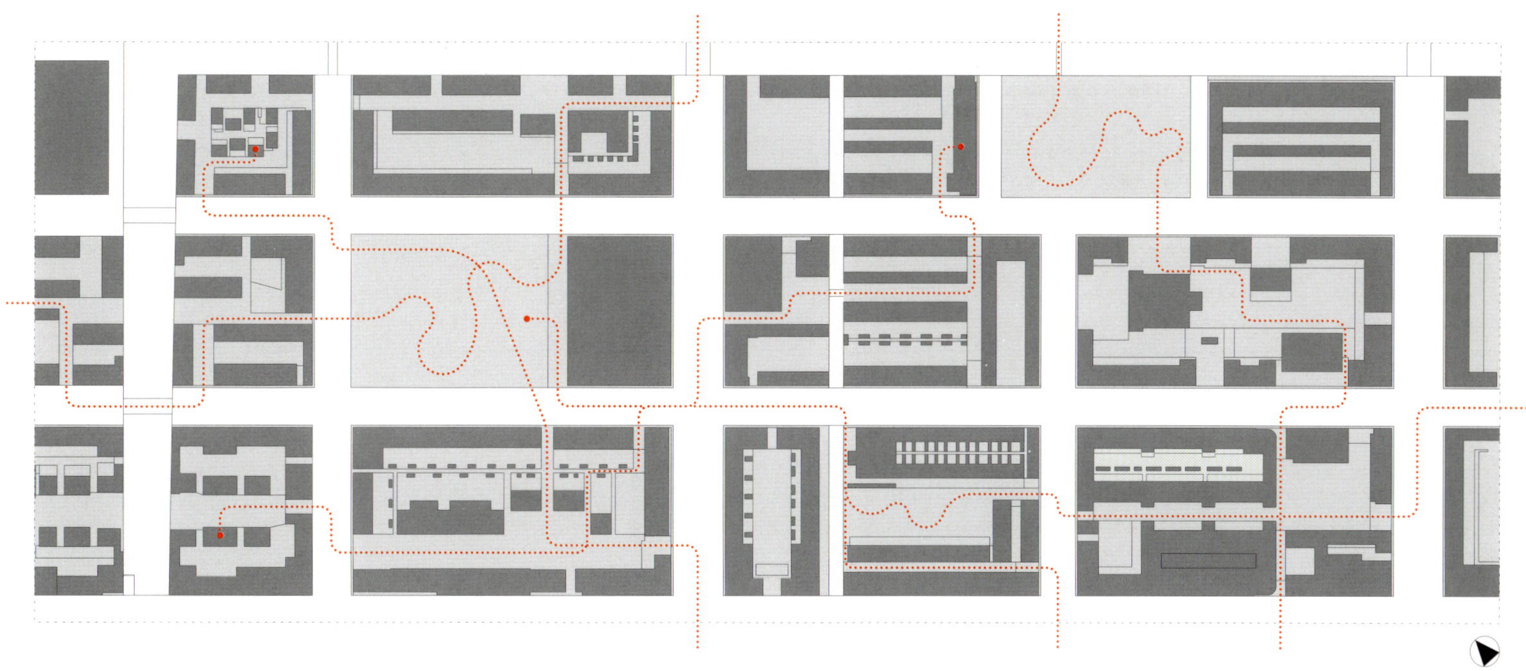

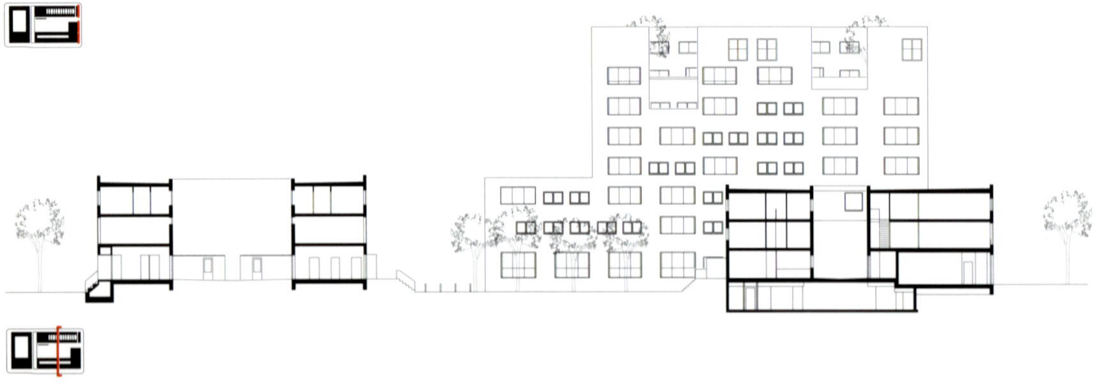

0
5
10
20m

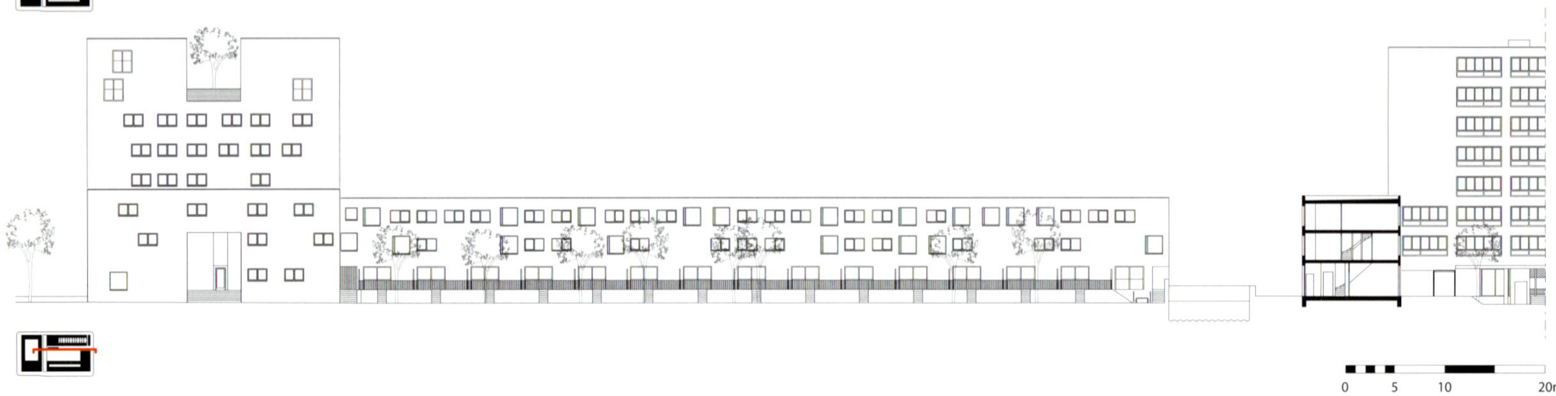
0
5
10
20m

Dwarsgevels en doorsneden blok 23
Diagonal elevations and sections
Block 23

Langsgevels en doorsneden blok 23
Long elevations and sections
Block 23

Begane grond blok 23
Ground floor Block 23

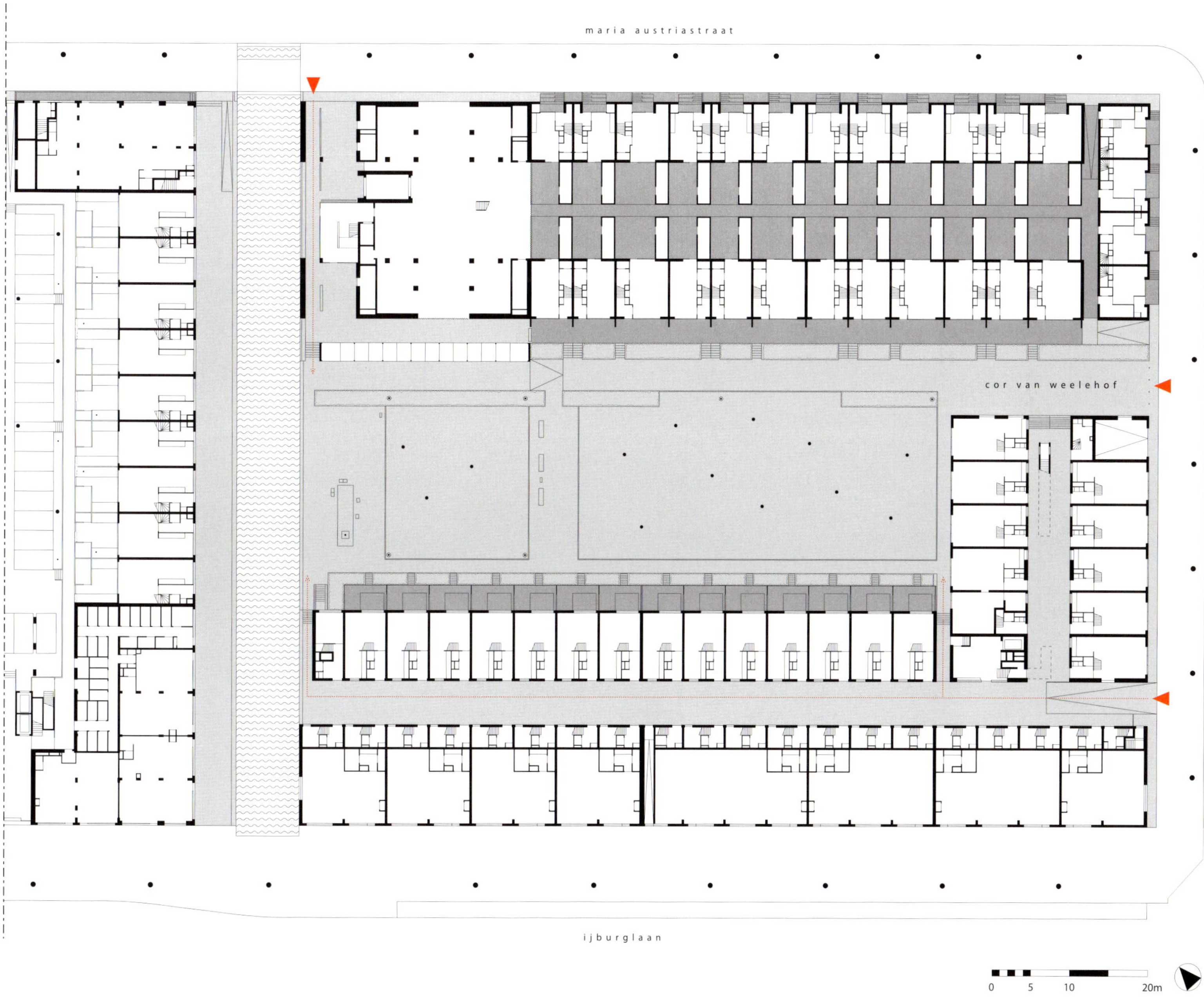

Hoek Maria Austriastraat / Kiekstraat
Corner of Maria Austriastraat and Kiekstraat

Toegang tot de Cor van Weelehof vanuit de Kiekstraat
Entrance to Cor van Weelehof from Kiekstraat

Zicht op blok 23A aan de overzijde van de gracht, ontwerp de Architekten Cie.
View of Block 23A across the canal, design by De Architekten Cie

Overzicht van de Cor van Weelehof
Overview of Cor van Weelehof

De achtertuinen van blok 23B1 aan de Cor van Weelehof
The back gardens of Block 23B1 along Cor van Weelehof

De voortuinen en toegangen van blok 23B2 aan de Cor van Weelehof
The front gardens and entrances of Block 23B2 along Cor van Weelehof

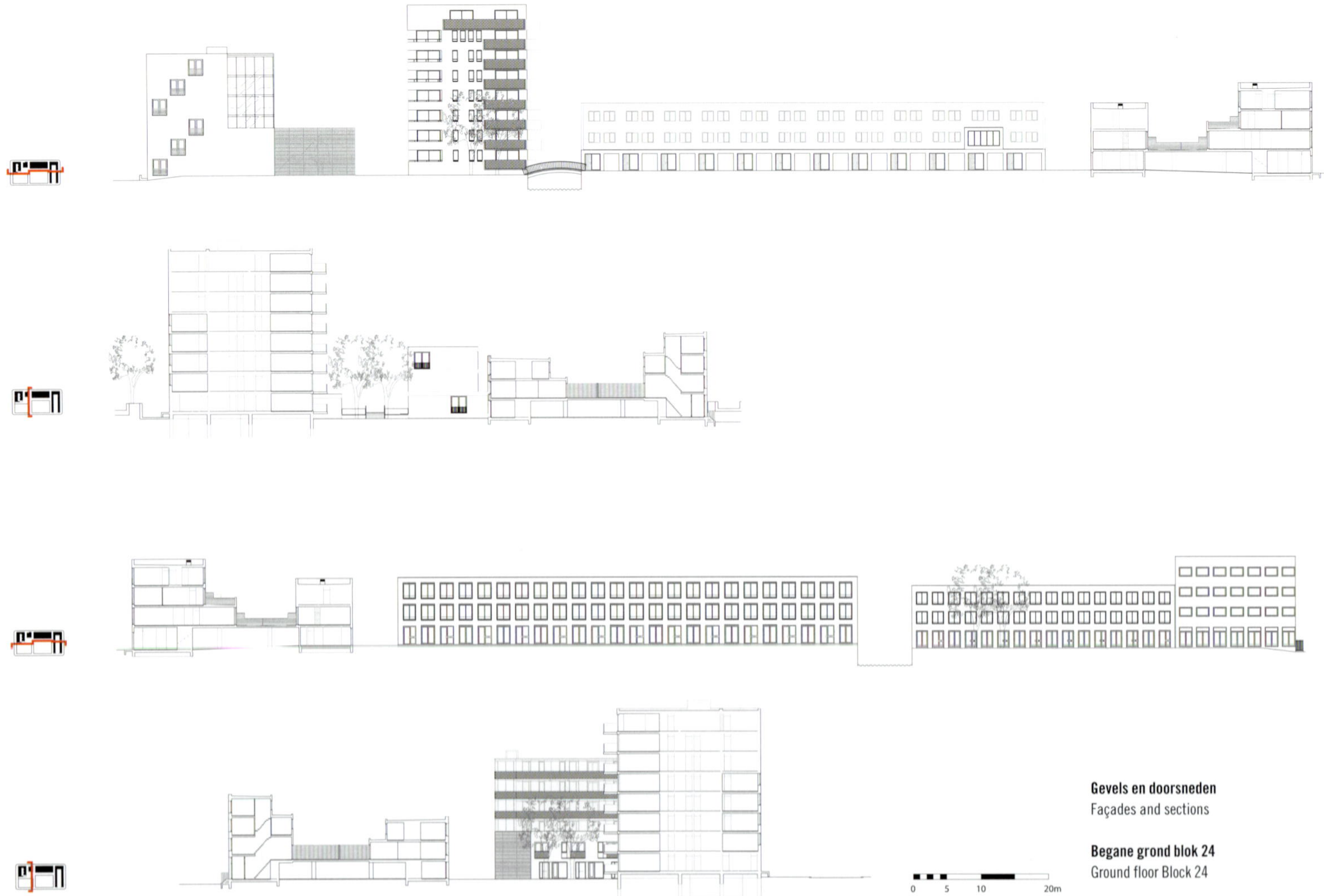

Gevels en doorsneden
Façades and sections

Begane grond blok 24
Ground floor Block 24

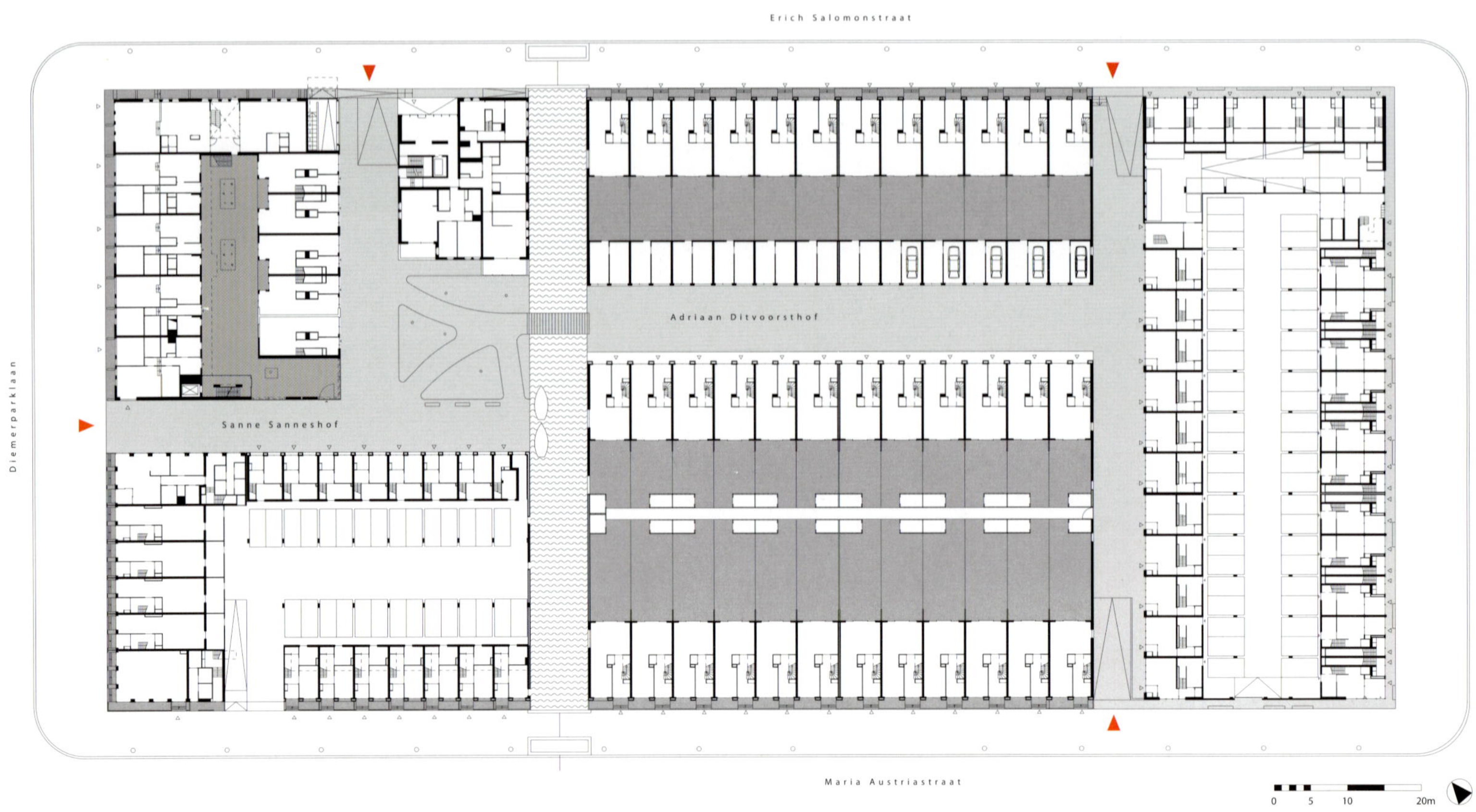

Ingang vanaf de Diemerparklaan tot de Sanne Sanneshof
Entrance to Sanne Sanneshof from Diemerparklaan

Brug tussen Sanne Sanneshof en Adriaan Ditvoorsthof
Bridge connecting Sanne Sanneshof and Adriaan Ditvoorsthof

Hoek Diemerparklaan/Maria Austriastraat
Corner of Diemerparklaan and Maria Austriastraat

Ingang vanaf de Erich Salomonstraat tot de Sanne Sanneshof
Entrance to Sanne Sanneshof from Erich Salomonstraat

De gracht door blok 23 en 24
The canal bisectingBlocks 23 and 24

Nieuwe open ruimte in het woonensemble

New Open Spac… ousing Ensembl…

Schuttersveld Delft

Geurst & Schulze architecten

Zicht vanuit de binnenhof richting voormalig schoolplein
View of the former schoolyard from the courtyard

Architect:
Geurst & Schulze architecten
Opdrachtgever / Client: Ontwikkelaar / Developer
Ontwerp / Design: 1997-2000
Uitvoering / Realization: 2001-2003
Totaal aantal woningen / Total number of dwellings: 23
Woningtypes / Dwelling types: Vrijstaande eengezinshuizen, appartementen / Detached single-family dwellings, apartments
Marktsegment / Market segment: Koop / Owner-occupied properties
Parkeeroplossing / Parking solution: Parkeergarage / Underground car park
Eigendom en beheer binnengebied / Ownership and management of inner area: Gemeente, Vereniging van Eigenaren / Municipality, Home-owners' Association
Afsluitbaarheid binnengebied / Secure inner area: Nee / No
Binnengebied onderdeel van een doorlopende route / Inner area part of a through-route: Ja / Yes

Het Schuttersveld maakt deel uit van het Doelengebied in de historische binnenstad, dat in de afgelopen jaren een transformatie heeft ondergaan van een onopvallend tweederangs buurtje naar een luxe, gewilde woonlocatie. Supervisor voor het gehele gebied is architect Fons Verheijen. Ontwerper van het hier besproken woonensemble is Geurst & Schulze architecten.

Het Schuttersveld is een ensemble van acht kleinere woningbouwvolumes, gerealiseerd op het binnengebied van een bestaand bouwblok, waar vroeger een lagere school stond. Het voormalige schoolplein functioneert nog als een van de twee pleinen, die binnen het blok zijn verwezenlijkt.

Het gehele ensemble omvat drie kleine appartementengebouwen, vijf woonblokjes en twee binnenruimtes. Een torentje met drie appartementen markeert de toegang vanaf de openbare straat naar het binnengebied. Vijf kleinere blokjes en de twee iets grotere appartementengebouwen liggen gegroepeerd rond het eerste plein. De vijf blokjes bevatten in totaal zeven grondgebonden woningen: één vrijstaand, twee kopwoningen en de overige vier twee aan twee geschakeld. De twee appartementengebouwen staan op de plek van het oorspronkelijke schoolgebouw, maar delen de kavel in tweeën, zodat een doorgang ontstaat naar het daarachter gelegen voormalige schoolplein. Hier heeft de architect de opdrachtgevers ervan kunnen overtuigen dat het profijt van de opdeling groter is dan het nadeel van de extra kosten (twee liften, twee ingangen, enzovoort, in plaats van één). De winst is de toegankelijkheid van dit plein, omrand door een bakstenen muur en beschut door vijf oude platanen. Met de doorgang wordt bovendien de zichtas op de toren van de oude universiteitsbibliotheek verlengd.

Des te vreemder is het dat dit intieme plein vervolgens dood loopt, terwijl het schoolplein vroeger wel met de stad verbonden was. Ondanks deze beperking van de toegankelijkheid, maakt het ensemble toch deel uit van het fijnmazig netwerk in dit deel van de binnenstad. Het eerste plein is via drie achtersteegjes en binnenstraten een verbindende schakel tussen de Doelenstraat, de Paardenmarkt en de tot luxe woningen verbouwde bibliotheek, de Doelentuin, het Doelenplein en de binnenstad.

De architectuur is terughoudend en formeel. De blokken zijn geheel en al in één paarsrode kleur uitgevoerd, zowel het metselwerk als de kozijnen en andere details. De abstractie wordt benadrukt door de diepliggende ramen en dubbelhoge loggia's als scherpe uitsnijdingen in het vlak van het metselwerk; er zijn geen uitstekende of zichtbare dakranden, lateien of lekdorpelstenen. De nadruk ligt niet op de individuele woning, maar op de totale compositie van gevelvlakken en daarmee ook op het open binnengebied.

De bestrating van de pleinen vormt onderdeel van de architectuur. Het eerste plein is ingericht met een kinderspeelplaats en een aantal stenen bankjes; in principe komen er geen auto's. De woonblokken worden aan de voor- en zijkanten omgeven door beukenhagen. Bij de eengezinshuizen ligt de eetkeuken op de begane grond en de woonkamer op de verdieping. De voordeuren liggen aan de zijkant, wat de afstand tussen woningen en plein verder vergroot.

De appartementen en woningen behoren tot de duurdere categorie koopwoningen. Bij de koop hoort ook een parkeerplaats in een parkeerkelder onder het belendende woonstraatje, dat onderdeel uitmaakt van het nieuwbouwproject. Hoewel het plein eigendom is van de gemeente, is de Vereniging van Eigenaren van de woningen sterk bij het beheer betrokken.

Schuttersveld forms part of the Doelen area in Delft's historic town centre, which in the past few years has undergone a transformation from an unexceptional, second-rate neighbourhood to a luxury, much sought-after location. The area supervisor is architect Fons Verheijen. The residential development discussed here was designed by Geurst & Schulze architecten.

Schuttersveld consists of eight small-scale residential buildings, realized in the internal space of an existing block, which used to accommodate a primary school. The former playground survives as one of the two squares built within the block.

The entire development comprises three small apartment buildings, five modest housing blocks and two internal spaces. A small tower housing three apartments marks the street-side entrance to the internal space. The five relatively small blocks and the two slightly bigger apartment buildings are grouped around the first square. The five blocks contain a total of seven ground-accessed homes: one detached unit, two end-of-terrace houses and the other four grouped in pairs. The two apartment buildings are on the site of the old school building, but divide the plot in two, creating a passage to the former playground at the rear. The architect managed to convince the clients that the benefits of such a division are greater than the burden of the extra costs (two lifts, two entrances, etcetera, instead of just one of each). The benefit lies in the accessibility of the square, which is enclosed by a brick wall and sheltered by five old plane trees. The passage also extends the view of the tower of the old university library.

This intimate square is a dead end, which is all the more baffling because the playground used to be connected with the city Yet despite this restricted access, the development is an integral part of the intricate network that characterizes this part of town. Three back alleys and interior streets link the first square to Doelenstraat, Paardenmarkt and the luxury apartments in the former library, Doelentuin, Doelenplein and the town centre.

The architecture is formal and understated. The blocks are a purplish-red all over, including the brick, the window frames and the other details. Their abstraction is accentuated by the deep-set windows and double-height loggias, which are sharp cut-outs in the brick surface; there are no projecting or visible eaves, lintels or sills. The emphasis is not on the individual unit, but on the overall composition of façades and hence on the open internal space.

The square's paving is part and parcel of the architecture. The first square has been fitted with a children's playground and a few stone benches; in principle, the area is car-free. At the front and side the housing blocks are framed by rows of beech trees. The single-family dwellings have their kitchen-dining room on the ground floor and their living room on the first floor. The front doors are on the side, further increasing the distance between the homes and the square.

The apartments and houses are in the more expensive segment. They are sold with a parking space in a car park underneath the adjacent residential street, which forms part of the new development. Although the square is owned by the city, the Homeowners' Association is also heavily involved in managing the site.

Gevels en doorsnede
Façades and section

Situering ten opzichte van het stadshart
Location in relation to the city centre

Begane grond
Ground floor

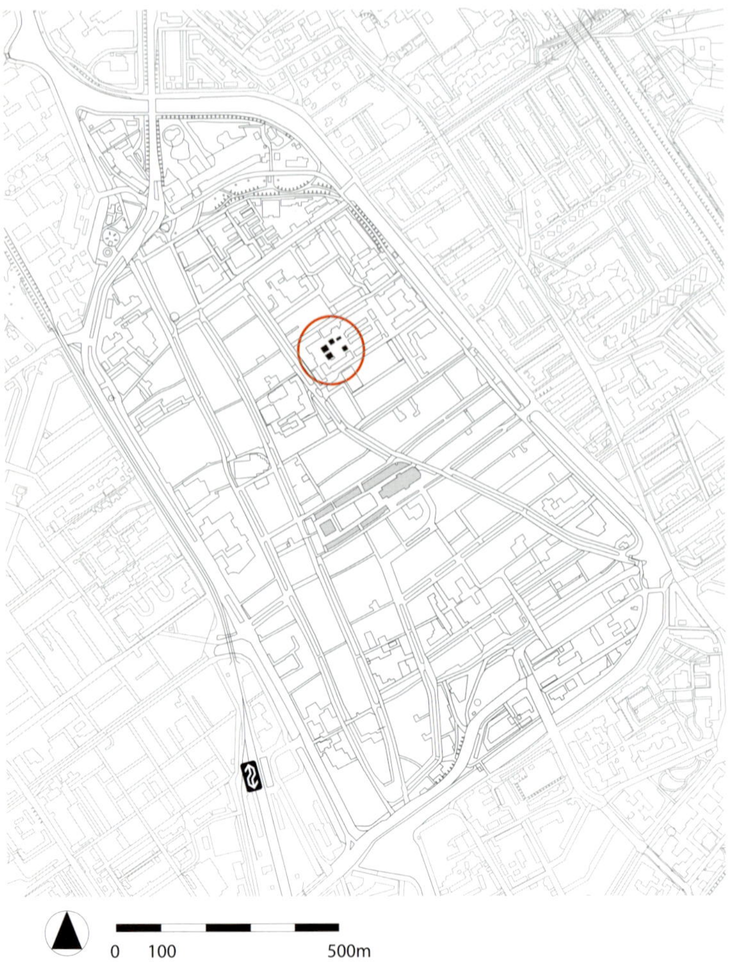

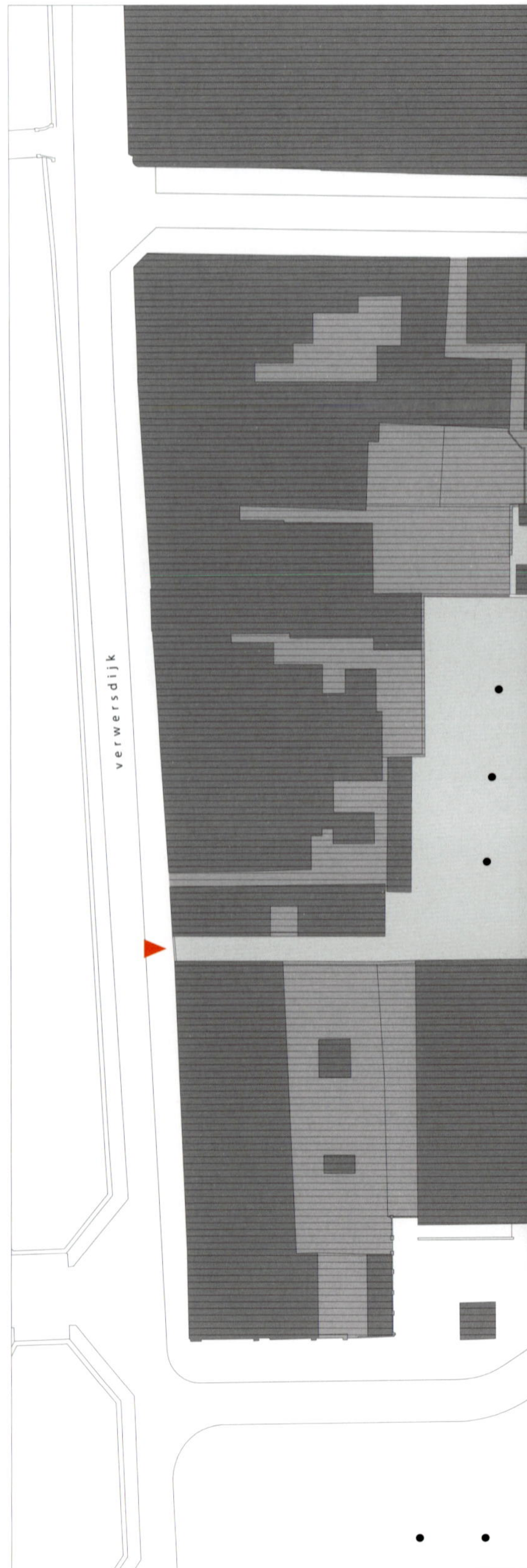

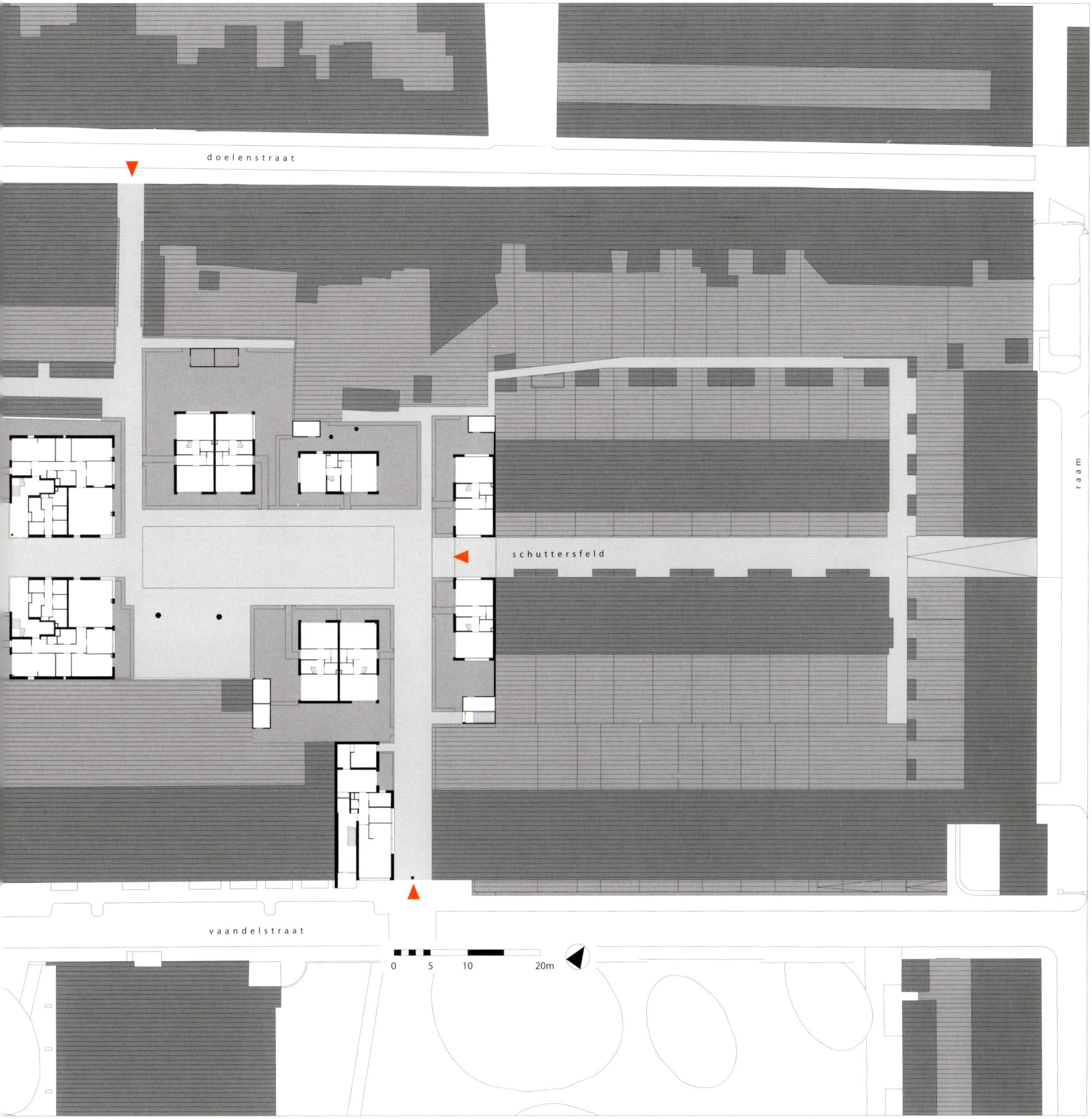
doelenstraat
schuttersfeld
raam
vaandelstraat
0
5
10
20m

Het voormalige schoolplein (2x)
The former schoolyard (2x)

Zicht vanuit de binnenhof richting Schuttersveld
View of Schuttersveld from the courtyard

Monnikhof (CiBoGa-terrein/site), Groningen

S333 Architecture + Architecture

De hof gezien vanaf het hoogste dek
The courtyard seen from the upper deck

Architect:
S333 Architecture + Urbanism
Opdrachtgever / Client:
Ontwikkelaar, gemeente / Developer, municipality
Ontwerp / Design: 1998
Uitvoering / Realization: 2002
Totaal aantal woningen / Total number of dwellings 41
Woningtypes / Dwelling types
Eengezinswoningen / Single-family dwellings
Marktsegment / Market segment:
Koop / Owner-occupied properties
Overige functies / Other functions:
Commerciële ruimtes / Commercial spaces
Parkeeroplossing / Parking solution:
Gemeenschappelijke parkeergarage / Communal underground car park
Eigendom en beheer binnengebied / Ownership and management of inner area: Gemeente / Municipality
Afsluitbaarheid binnengebied / Secure inner area: Nee / No
Binnengebied onderdeel van een doorlopende route / Inner area part of a through-route: Nee / No

In 1994 won S333 in het kader van Europan 3 de prijsvraag voor het zogenaamde Circusterrein, een ten noorden van de Groningse binnenstad gelegen locatie. Het bureau kreeg vervolgens de opdracht een masterplan te ontwerpen voor het gehele Circus, Boden en Gasfabriek terrein. De gemeente Groningen wenste voor dit 14 hectare grote CiBoGa-terrein een 'openheid', door een gelijkwaardige verhouding tussen bebouwing en landschap. Er lag al een stedenbouwkundig plan met routes en zichtlijnen; er moest in het gebied een autovrije zone komen. Om te voldoen aan deze randvoorwaarden introduceerde S333 het schotsenconcept, waarbij een schots een compact gebouw is met daarbinnen een semi-openbare ruimte. In totaal bestaat het plan uit 13 schotsen die als een overgangszone fungeren tussen de binnenstad en de 19e-eeuwse uitbreidingswijken. Doordat het terrein sterk vervuild was door de gasfabriek is het terrein dusdanig diep uitgegraven dat volledig ondergronds parkeren mogelijk werd.

S333 werkte zelf de schotsen 1 en 2 uit, opgevat als stedelijke volumes die gevormd worden door vervoersstromen en zichtlijnen naar de binnenstad.

De binnenruimte van schots 1 (de Beren) is als collectieve ruimte slechts toegankelijk voor de bewoners. Schots 2 (Monnikhof) heeft een vrij toegankelijke binnenruimte. Met uitzondering van zes woningen langs de Bloemsingel, liggen alle voordeuren aan deze hof.

Het maaiveld van de hof stijgt via trappen en terrassen tot de tweede verdieping. Vanaf dit niveau worden de woningen ontsloten die bovenop de commerciële ruimten aan de winkelstraat en de bergingen zijn gebouwd. Deze opgetilde woningen zijn voor hun buitenruimte op de hof aangewezen. Er is daarbij geen afleesbare privézone gecreëerd tussen de woning en de collectieve ruimte van de Monnikhof. (De woningen aan de overzijde binnen de hof beschikken wel over een achtertuin.)

Daar waar de trap het hoogste niveau bereikt, steekt een rij woningen onder een poortwoning door naar het achtergebied. Dit gedeelte loopt dood. In tegenstelling tot het centrale deel van het project is hier een gebiedje ontstaan dat de bewoners zich lijken te hebben toegeëigend. Het openbare karakter is hier weggevallen.

Door de opzet van het project met de verschillende richtingen en het oplopende maaiveld is er ondanks een beperkt aantal woningtypes toch een grote variatie ontstaan.

De winnende Europan-inzending bestond uit woningblokken zonder verschil in voor- en achterkant in een parkachtige omgeving. In overeenstemming met deze gedachte is Monnikhof, met uitzondering van de commerciële plint aan de Beren, geheel bekleed met horizontale delen western red cedar.

De individuele woningen zijn niet afleesbaar, de achterliggende functies niet gearticuleerd. Voor de gevelopeningen zijn overal dezelfde verdiepingshoge puien gebruikt. Er is alleen een verschil te bespeuren in de gesloten en te openen delen. Door hetzelfde element enkel, dubbel of met drie naast elkaar toe te passen, is een schijnbaar willekeurig patroon gemaakt dat zich voortzet over alle gevels. Ook de doorgang vanuit de hof naar de achterliggende tuinen valt hierdoor weg in de raamcompositie.

In 1994, S333 won the Europan 3 competition for the so-called Circus site to the north of Groningen city centre. The office was then commissioned to design a master plan for the entire Circus, Boden and Gasfabriek site. The city of Groningen wanted 'openness' for this 14-hectare CiBoGa site through a balance between development and landscape. An urban design with routes and sight lines was already on the table and stipulated a car-free zone. In order to meet these preconditions, S333 introduced the so-called *schotsen* concept, which defined a *schots* as a compact building framing a semi-public space. The plan consists of a total of 13 *schotsen* that form a transitional zone between the city centre and the 19th-century suburbs. The site was badly contaminated by the gas factory and required such deep excavation that it can now accommodate underground car parking.

S333 took on the design for *schotsen* 1 and 2, interpreting them as urban blocks shaped by traffic flows and views towards the city centre.

The communal, internal space of *schots* 1 (De Beren) is accessible only to residents. The internal space of *schots* 2 (Monnikhof) is accessible to all. With the exception of six homes along Bloemsingel, all the front doors are along this courtyard.

Staircases and patios raise the courtyard level up to the second floor, from where residents can access the homes that were built above the commercial premises along the shopping street and above the storage spaces. These raised homes rely on the courtyard for their outdoor space. No distinct private zone was created between the homes and the communal space of the Monnikhof. (The homes across the courtyard, however, do have a back garden.)

At the top of the staircase, a row of houses passes underneath a gatehouse towards the rear. This is a dead end. In contrast to the project's central section, a small corner here appears to have been appropriated by residents. Its public character has disappeared.

Notwithstanding the limited number of dwelling types, the design's different orientations and rising ground level have led to a great diversity.

The winning Europan submission consisted of housing blocks with identical fronts and backs set in park-like surroundings. True to plan the whole of Monnikhof, with the exception of the commercial ground-floor units along De Beren, has been clad in horizontal courses of western red cedar.

The individual units are not visible as such and the underlying functions remain unarticulated. Throughout, the same storey-height window panels were used, with this difference that some are closed and some can be opened. The application of a single element in sets of one, two or three creates a seemingly random pattern that extends across all façades. Likewise, the passage from the courtyard to the gardens at the back is camouflaged by the fenestration.

Bronnen / Sources:
Jacqueline Tellinga, Ben Rebel (red./ed.), *Europan 3, Thuis in de Stad; Verstedelijking van Woongebieden* (Rotterdam: NAi Publishers, 1994)
Javier Mozas, Aurora Fernández Per, *Density, New Collective Housing* (Vitoria-Gasteiz: A+T Ediciones, 2006)

Bloemsingel met toegang tot de hof
Bloemsingel with entrance to the courtyard

Zicht naar de toegang van de hof vanonder de poort
View of the courtyard entrance from under the gate

Winkelstraat tussen de Monnikhof en de Beren
Shopping street between Monnikhof and De Beren

Gemeenschappelijk gebied achter de poort
Communal space behind the gate

Situering ten opzichte van het stadshart
Location in relation to the city centre

Gevels en doorsneden
Façades and sections

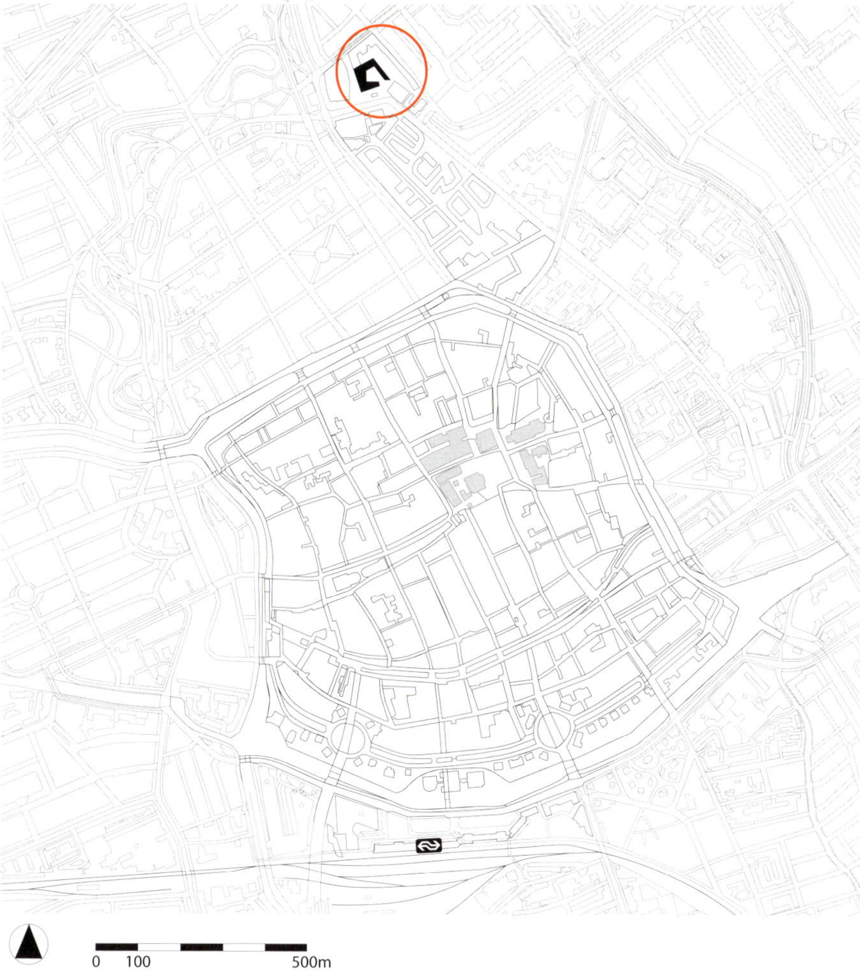

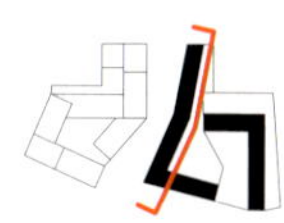

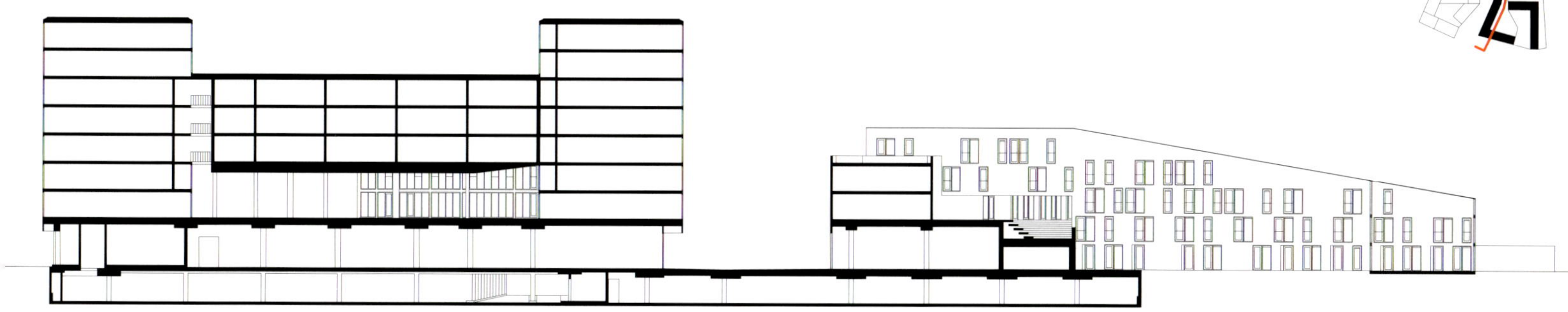

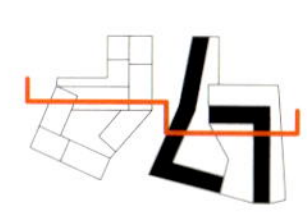

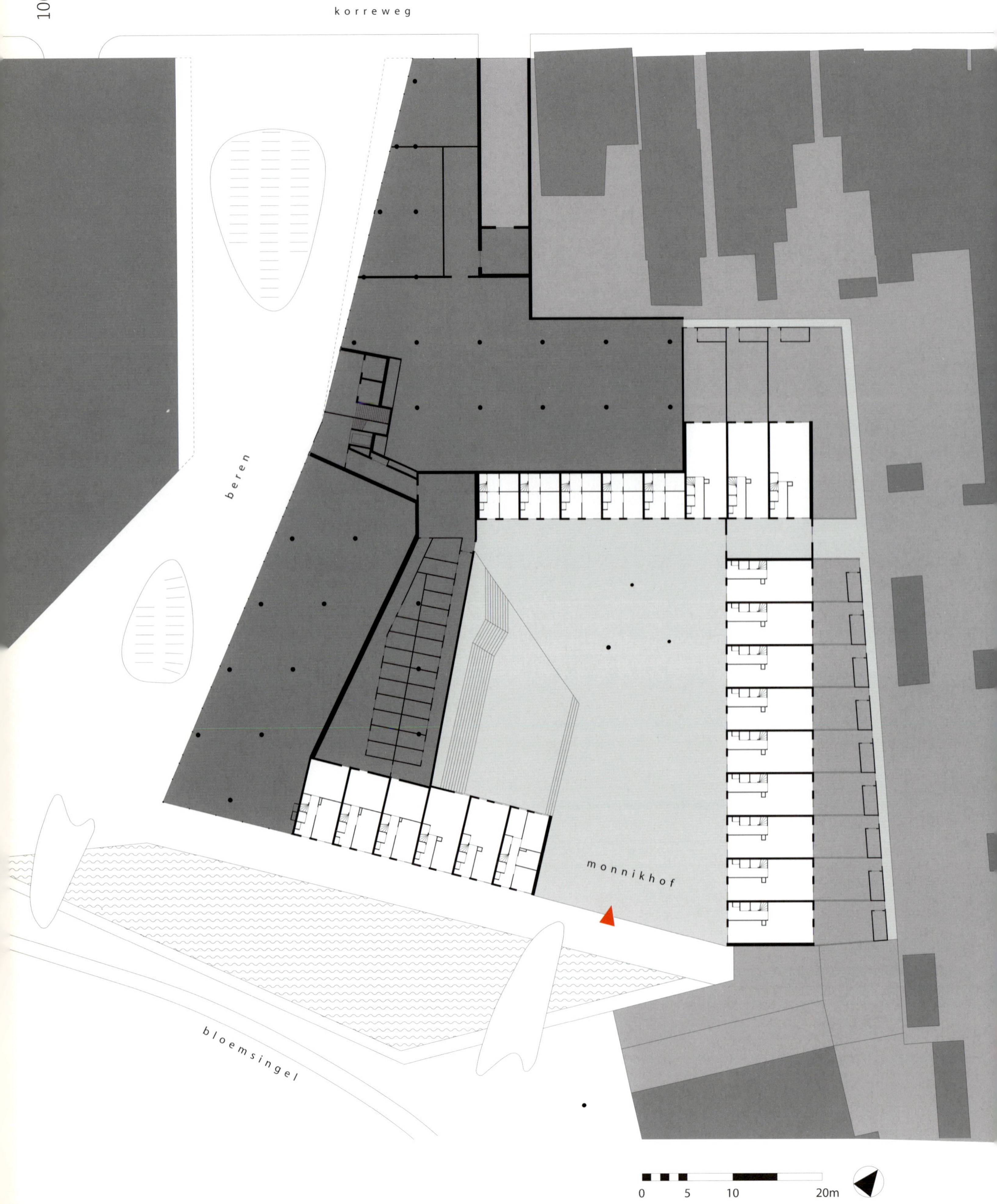
korreweg
beren
monnikhof
bloemsingel
0
5
10
20m

Begane grond
Ground floor

Eerste verdieping
First floor

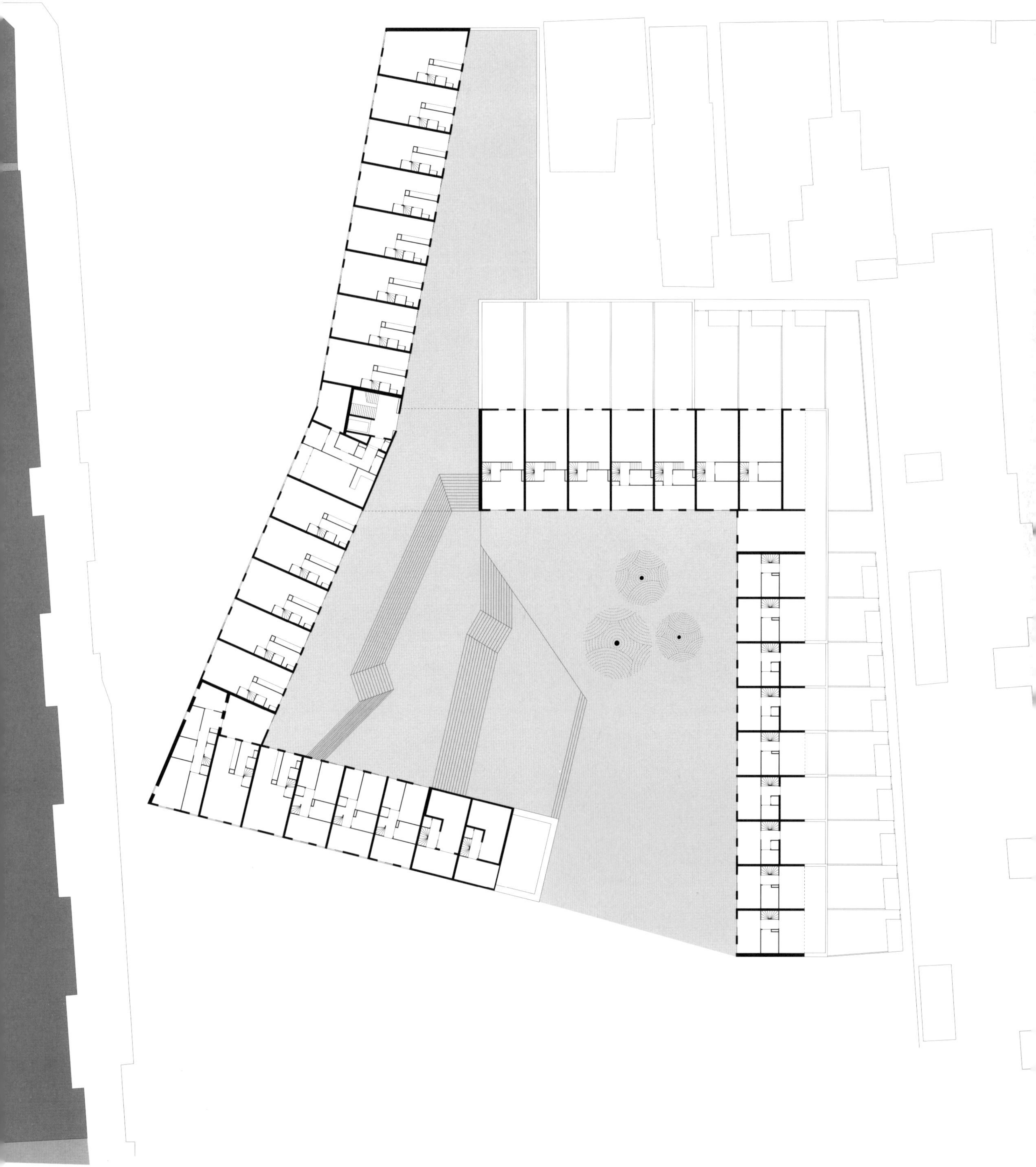

Toegang tot de Monnikhof
Entrance to Monnikhof

Monnikhof

Zwanenwoud Heerenveen

Sjoerd Soeters, Soeters Van Eldonk architecten

De oostzijde van het binnengebied
The eastern side of the courtyard

Architect:
Soeters Van Eldonk Architecten
Opdrachtgever / Client:
Ontwikkelaar / Developer
Ontwerp / Design: 1998
Uitvoering / Realization: 2002
Totaal aantal woningen / Total number of dwellings 54
Woningtypes / Dwelling types: Eengezinswoningen / Single-family dwellings
Marktsegment / Market segment Koop / Owner-occupied properties
Parkeeroplossing / Parking solution Parkeren op eigen terrein: carports / Private parking: carports
Eigendom en beheer binnengebied / Ownership and management of inner area: Gemeente / Municipality
Afsluitbaarheid binnengebied / Secure inner area: Nee / No
Binnengebied onderdeel van een doorlopende route / Inner area part of a through-route: Ja / Yes

De wijk Zwanenwoud maakt deel uit van het door KuiperCompagnons ontworpen stedenbouwkundig plan 'Buitenplaatsen Skoatterwâld' aan de oostzijde van Heerenveen. De eerste fase is opgedeeld in vier langgerekte bosstroken die parallel aan elkaar van noord naar zuid lopen. Hiertussen worden in totaal circa 2500 woningen gebouwd.

De opzet van Skoatterwâld volgt de door het Ruimtelijk Planbureau (RPb) in 2005 opgestelde nota 'Landstad. Landelijk wonen in de netwerkstad'. Hierin wordt geconcludeerd dat er een grote behoefte is aan 'landstedelijk wonen' met de rust, het groen en de gemeenschappelijkheid van een dorp, tegenover de culturele en recreatieve voorzieningen van de stad. Met zijn ontwerp voor Zwanenwoud heeft architect Sjoerd Soeters dit landstedelijk wonen vormgegeven als een nieuwe buitenplaats of landgoed.

De stedenbouwkundige opzet met zijn parkbossen sluit wonderwel aan op het nabij gelegen landgoed Oranjewoud, ontstaan aan het begin van de 17e eeuw als buitenverblijf van een grootaandeelhouder van een veenontginningsmaatschappij. Later werd het gekocht door een prinses van Oranje die een geometrische tuin met een centrale as in de toen populaire Franse barokstijl liet aanleggen. De Oranjes kochten vanaf de 18e eeuw heidegronden ten oosten van het landgoed, waar de Friese adel later buitenplaatsen stichtte. Aan het eind van de 18e eeuw werd de tuin getransformeerd naar de Engelse landschapsstijl.

Het oorspronkelijke landgoed bestaat tegenwoordig uit verschillende delen: buitenplaatsen Oranjewoud en Oranjestein, de Overtuin, Tuimelaarsbos (sterrenbos) en Reigersbos. De verschillende deelplannen van de nieuwe wijk Zwanenwoud kunnen samen met de nieuwe museumtuin van het aangrenzende museum Belvédère als een uitbreiding op deze reeks worden beschouwd; ze vormen daarmee eveneens een recreatieve en ecologische verbinding.

Marly, een buitenverblijf van Lodewijk XIV, inspireerde Sjoerd Soeters bij het ontwerp van Zwanenwoud: een paleis met 12 vrijstaande paviljoens in twee rijen aan weerszijden van een formele tuin met een grote vijver. Deze referentie leidt bij Zwanenwoud tot een tuin langs een centrale as met aan iedere langszijde zeven korte rijen grondgebonden huizen van drie lagen hoog. In totaal bestaat het plan uit 54 huizen, onderverdeeld in tien blokken van drie en vier blokken van zes huizen.

De formele zijde van de huizen bevindt zich aan de tuinkant, waarbij een ruime tuinkamer op de begane grond aansluit op een relatief klein houten terras. Dit terras rust op een breed talud, waardoor een overgangszone wordt gecreëerd tussen de woningen en de openbaar toegankelijke tuin. De verhoogde randen kunnen worden gezien als de aarden wallen die in baroktuinen de parterres insloten.

De buitenbergingen staan aan de voorkant van de huizen; ze sluiten met de carports de voortuinen af van de openbare weg. Tussen de woningblokken zijn directe doorsteken naar het binnengebied gemaakt.

De gemetselde gevels van de huizenblokken zijn om en om zwart en wit geverfd met op ieder wit blok een beëindiging van grote zwanen en op ieder zwart blok een dakrandversiering van langwerpige elementen, 'makelaars' genoemd. Deze versieringen verwijzen naar de traditionele uilenborden op de nokken van Friese boerderijen.

De met metaalplaat beklede, strak vormgegeven tuinkamers contrasteren met de gedecoreerde, gemetselde gevels.

Zwanenwoud forms part of the urban design for 'Buitenplaatsen Skoatterwâld', east of Heerenveen. The initial phase of this KuiperCompagnons design has been divided into four elongated strips of woodland. A total of some 2,500 homes will be built among these parallel, north-south strips.

Skoatterwâld's design will comply with a report drawn up in 2005 by the Netherlands Institute for Spatial Research (Ruimtelijk Planbureau, or RPb) called 'Landstad. Rural Living in the Network City'. This report concludes that there is considerable demand for so-called 'rurban' residential environments, providing the peace and quiet, green spaces and sense of community offered by a village, along with the cultural and leisure facilities of the city. In his design for Zwanenwoud architect Sjoerd Soeters has interpreted this 'rurban' living as a new kind of country estate or country house.

With its landscaped parks the design sits remarkably well with the nearby country estate Oranjewoud, which was created in the early 17th century as the country seat of a major shareholder in a peat development company. It was later bought by a princess of the House of Orange who commissioned a geometric garden with a principal axis in the then popular French baroque style. From the 18th century onwards members of the House of Orange bought heath land to the east of the estate, where the Frisian aristocracy later built their country houses. Towards the end of the 18th century, the garden was transformed to reflect the English country style.

These days, the original estate comprises a number of different elements: country houses Oranjewoud and Oranjestein, the Overtuin, Tuimelaarsbos (a wood with a star-shaped configuration of paths) and Reigersbos. The various sector plans for the new Zwanenwoud district and the new garden of the adjacent Museum Belvédère can be seen as an extension of this cluster, as well as a complement in terms of leisure and ecology.

Sjoerd Soeters' design for Zwanenwoud was inspired by Marly, one of Louis XIV's country seats: a palace with twelve detached pavilions arranged in two rows on either side of a formal garden with a large pond. Zwanenwoud translates this into a garden around a central axis with seven short rows of ground-accessed, three-storey houses on either side. The plan consists of a total of 54 dwellings, subdivided into ten blocks of three and four blocks of six dwellings each.

The formal elevation faces the garden, with a spacious ground-floor sunroom leading to a relatively small wooden patio. This patio sits on a wide bank, thus creating a transitional zone between the homes and the publicly accessible garden. The elevated borders evoke the beds of soil framing parterres in baroque-style gardens.

The sheds are in front of the dwellings; together with the carports they separate the front gardens from the main road. Passages between the blocks provide access to the internal space.

The blocks' brick façades have been painted black and white in an alternating pattern, with each white block topped by big swans and each black one decorated with rectangular ornaments called *makelaars.* These ornamentations refer to the traditional triangular *uilenbord* on the roofs of farms in Friesland.

The sleek design of the metal-clad sun rooms forms a sharp contrast with the ornate, brick façades.

Bronnen / Sources:
B. Hulsman, 'Met Uitzicht op de Dam en op de Veluwe', *NRC Handelsblad,* 20 augustus/August 2006
C. Boling, *Geschiedenis van Oranjewoud, van vorstelijk lustslot tot voorname buitenplaatsen* (Alphen aan den Rijn: Uitgeverij Canaletto/ Repro-Holland, 1989)

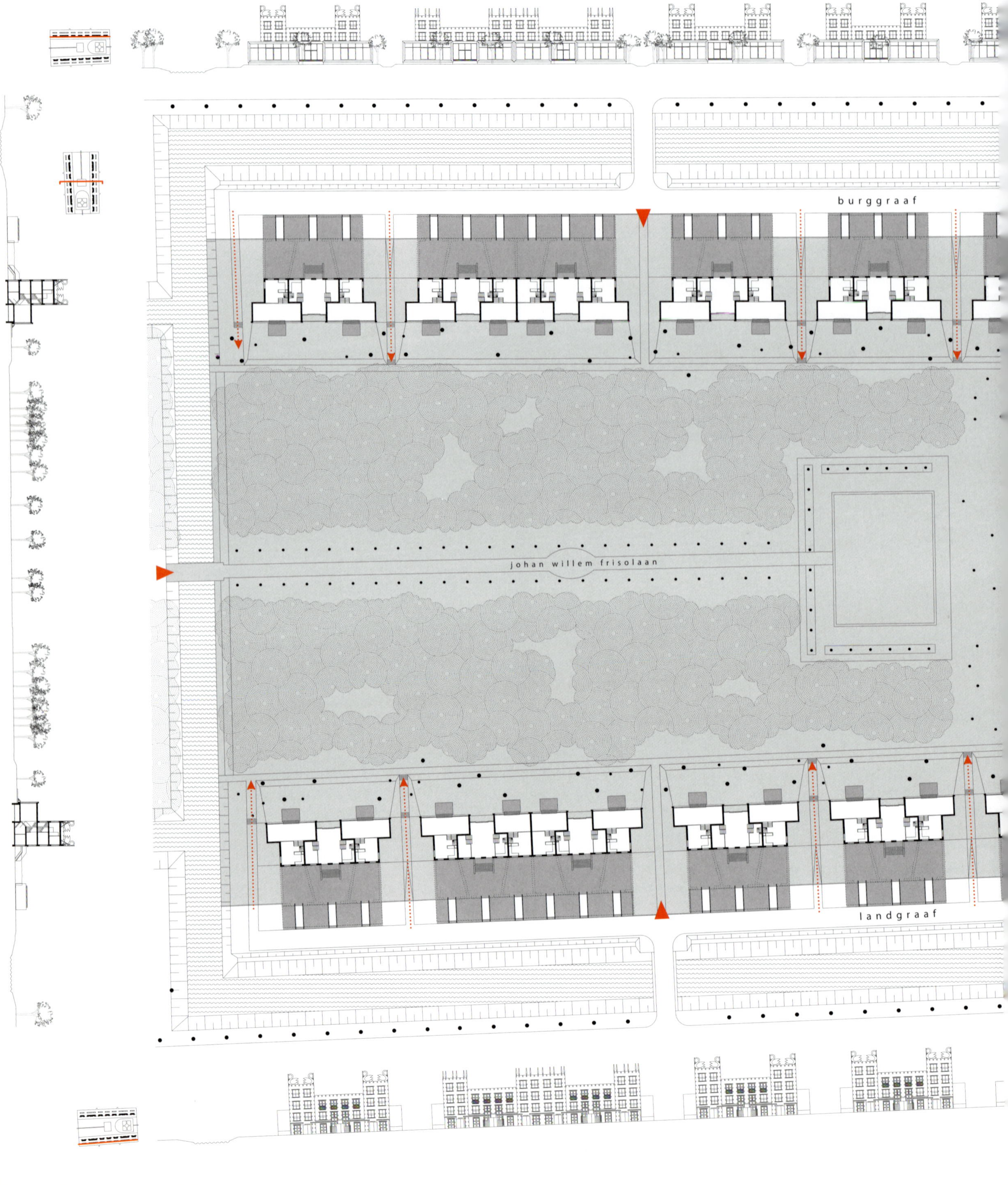
burggraaf
johan willem frisolaan
landgraaf

Begane grond en gevels
Ground floor and façades

Situering in de wijk Skoatterwâld en ten opzichte van buitenplaats Oranjewoud
Location within the Skoatterwâld neighbourhood and location in relation to country estate Oranjewoud

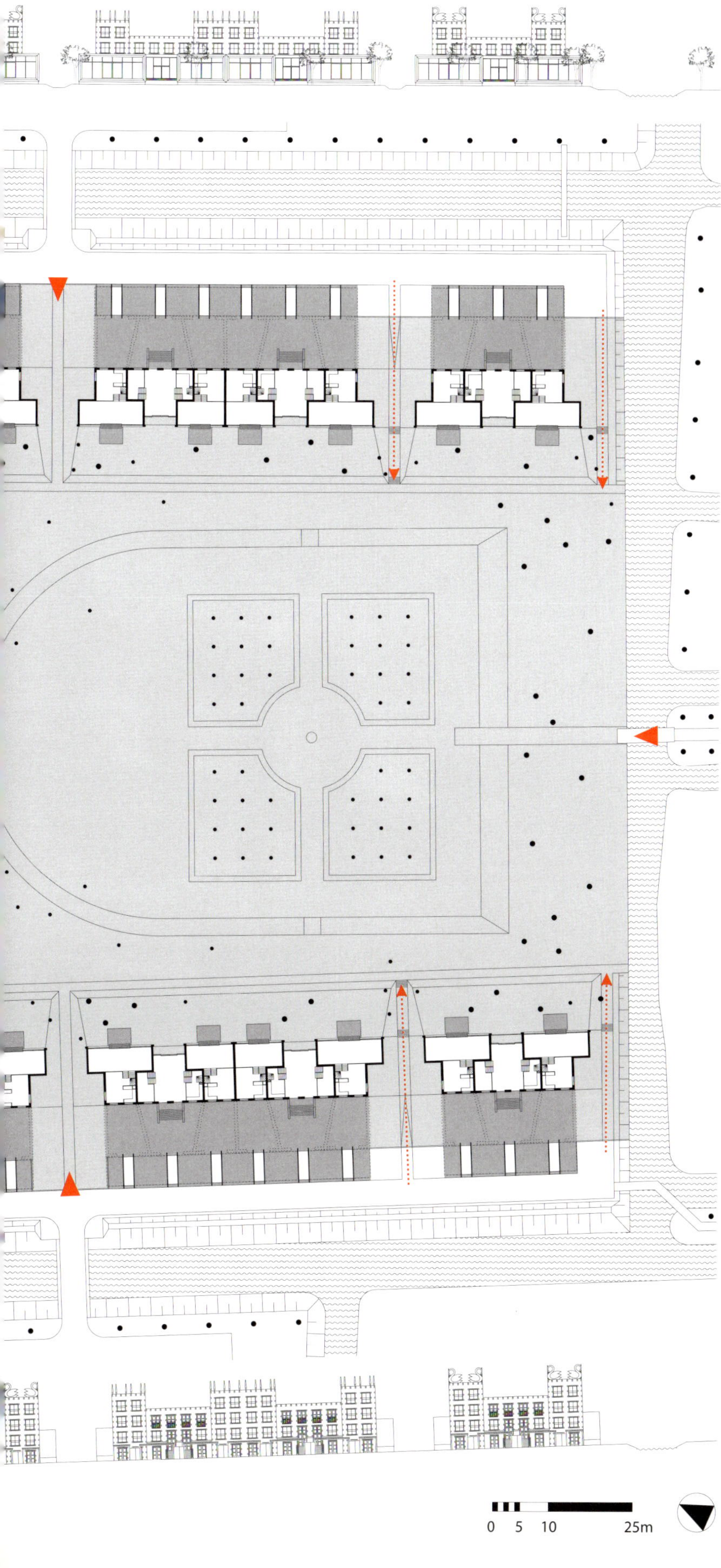

De carports aan de voorgevels
The carports at the front

De tuinkamers aan de achtergevels
The sun rooms at the rear

De voortuinen tussen carports en entreegevels
The front gardens between the carports and the entrance façades

Pad tussen de taluds en het beboste deel van het binnengebied
Path connecting the grassy bank and the wooded part of the courtyard

De centrale as in noordelijke richting
The central axis pointing north

Zicht vanaf de westelijke zijde naar de overzijde
Opposite view from the west

Nieuwe open ruimte in het woonensemble

New Open Space in Housing Ensembles

De Rietlanden Amsterdam

VenhoevenCS

Overzicht van het binnengebied
Overview of the internal space

Architect:
VenhoevenCS
Opdrachtgever / Client: Ontwikkelaar, woningbouw-verenging, gemeente / Developer, housing association, municipality
Ontwerp / Design: 1995
Uitvoering / Realization: 1999-2001
Totaal aantal woningen / Total number of dwellings: 156
Woningtypes / Dwelling types: Appartementen, maisonnettes, penthouses / apartments, maisonettes, penthouses
Marktsegment / Market segment: Combinatie koop en huur / Combination of rental and owner-occupied properties
Overige functies / Other functions: Commerciële ruimtes / Commercial spaces
Parkeeroplossing / Parking solution: Parkeergarage / Multi-storey car park
Eigendom en beheer binnengebied / Ownership and management of inner area: Vereniging van Eigenaren, woningbouwvereniging, gemeente / Home-owners' Association, housing association, municipality
Afsluitbaarheid binnengebied / Secure inner area: Nee / No
Binnengebied onderdeel van een doorlopende route / Inner area part of a through-route: Ja / Yes

De Rietlanden in Amsterdam, een ensemble van vier woontorens en een parkeergarage naar ontwerp van VenhoevenCS, maakt deel uit van het veel grotere project Rietlanden in het Oostelijk Havengebied. Het wordt gedomineerd door infrastructuur: trein, tram, de ringweg en de Piet Heintunnel. Het woonensemble is onderdeel van een driehoekig bouwblok, dat een rand particuliere woningen langs de Oostelijke Handelskade aan de noordzijde omvat en – oorspronkelijk – treinsporen aan de zuidzijde.

Het ontwerp werd in belangrijke mate bepaald door de invloed van de zittende bewoners, krakers van de Oostelijke Handelskade. De eerste schetsen van het stedenbouwkundig ontwerp van de gemeente Amsterdam (Ton Schaap) tonen een gesloten randbebouwing aan de zuidzijde. Uiteindelijk kwam er een reeks torens, met een hoogte variërend van elf tot acht lagen, gericht op het doorlaten van licht en uitzicht voor de zittende bewoners.

Het ensemble wordt doorsneden door een weg vanaf de Oostelijke Handelskade naar de garage, die voor voetgangers en fietsers is doorgetrokken naar het openbaar vervoersknooppunt in het zuiden. Ook is er een openbaar pad in oostwest richting, langs het garagedek en onderlangs de tuinen van de bestaande huizen. Tussen dit pad en de achtertuinen is een dik rietbos aangelegd bij wijze van formele begrenzing.

Bijzonder is dat de toegangen tot de torens aan de 'binnenkant' liggen; de zware infrastructuur aan de zuidzijde maakt een ontsluiting aan deze kant ongewenst. Met de entrees van de torens wordt ook het openbare karakter van het dek op de parkeergarage versterkt. Dit plein, waarop een basketbalveld is aangelegd, is verbonden met de omliggende paden via luie trappen en hellingbanen. Twee torens worden ontsloten aan een openbare noordzuid doorgang; ze hebben een commerciële functie in de plint. De twee andere torens worden aan het hoger gelegen dek ontsloten. De appartementen op de begane grond liggen hier direct aan het openbare gebied, slechts gescheiden door een grote glaspui.

In de woontorens is vrijwel geen enkel appartement gelijk. In de complexe stapeling zijn woningtypen opgenomen met een dubbele hoogte, meerdere entrees en niveauverschillen in vloeren en plafonds.

De zilveren aluminium gevels en de bijzondere plastiek verschaffen de torens een vervreemdend, bijna zwevend effect; de verschillende woningen erin zijn niet herkenbaar. De oriëntatie van de torens is dubbelzinnig: de plastiek is van boven gericht op de noord(water)kant, terwijl de 'rugzak' aan de zuidzijde een oriëntatie naar de Piet Heinkade heeft. De materialisering van de plint is aangepast aan de wereld van het maaiveld: de stalen roosters van de torens lopen over in de bekleding van de garagewanden. Ook de detaillering van het dek is robuust en strak met roestvrij stalen relingen en betonelementen.

De parkeergarage is gemeentelijk eigendom, net als het dek en de openbare paden. De koopappartementen en verhuurbare ruimten worden beheerd door een ontwikkelaar en een Vereniging van Eigenaren. Een complexe constructie.

De Rietlanden in Amsterdam, an ensemble of four tower blocks and a multi-storey car park designed by VenhoevenCS, forms part of the much more comprehensive Rietlanden project in the Eastern Docklands Area. It is dominated by various forms of infrastructure: train, tram, ring road and Piet Hein Tunnel. The residential development forms part of a triangular block, which comprises a strip of private homes along Oostelijke Handelskade to the north and – originally – train tracks to the south.

The incumbent residents, squatters at Oostelijke Handelskade, had a considerable input in the design. The first sketches of the urban plan put forward by the city of Amsterdam (Ton Schaap) showed an enclosed fringe development on the south side. The final design featured a series of tower blocks, ranging in height from eight to eleven storeys, aimed at admitting both light and a view for the incumbent residents.

The development is bisected by a road from Oostelijke Handelskade to the car park; this road has been extended for pedestrians and cyclists to the public transport junction in the south. Another public path runs east to west, past the car park and along the bottoms of the gardens of the existing houses. A thick reeded bank has been planted as a kind of formal boundary between this path and the back gardens.

Unusually, the entrances to the tower blocks are on the 'inside'; because of the heavy infrastructure on the south side access here would be inappropriate. The tower block entrances also enhance the public character of the parking deck. Shallow steps and ramps link this square, which features a basketball court, to adjacent paths. Two of the tower blocks can be accessed from a public north-south passage; these two have commercial premises at ground-floor level. The two other tower blocks can be accessed from the higher deck. The apartments on the ground floor border directly onto the public area, separated only by a large glass façade.

Hardly any two apartments in the tower blocks are identical. The complex stacking arrangement includes flats with double-height spaces, with multiple entrances and with differences in floor and ceiling level.

The silver, aluminium façades and special shape lend the tower blocks an alienating, almost floating effect, concealing the individual units inside. The towers have a dual orientation: the top points towards the north side, the water front, whereas the 'backpack' on the south side looks out across Piet Heinkade. The plinth has been rendered in materials inspired by the world found at ground-floor level: the steel grids of the towers are mirrored in the cladding of the car park walls. The deck's detailing is equally robust and sleek with its stainless steel railings and concrete elements.

The multi-storey car park is owned by the city, as are the deck and public paths. The freehold apartments and rental properties are managed by a developer and a Homeowners' Association – a complex construction.

Maquettefoto van het oorspronkelijke ontwerp voor Rietlanden, met midden in beeld de in- en uitgang van de Piet Heintunnel. Rechts op de foto de locatie die door VenhoevenCS is uitgewerkt tot het deelplan De Rietlanden. Het oorspronkelijke ontwerp (van Ton Schaap) voor dit deelgebied laat een vrijwel gesloten wand zien. VenhoevenCS heeft hier vier torens van gemaakt.

Model of the original design for Rietlandsn, with the entrance and exit to the Piet Hein Tunnel in the center. On the right hand side of the photograph is the location that was developed into subplan De Rietlanden by VenhoevenCS. The original design (by Ton Schaap) for this are shows an almost closed façade. VenhoevenCS created four towers instead.

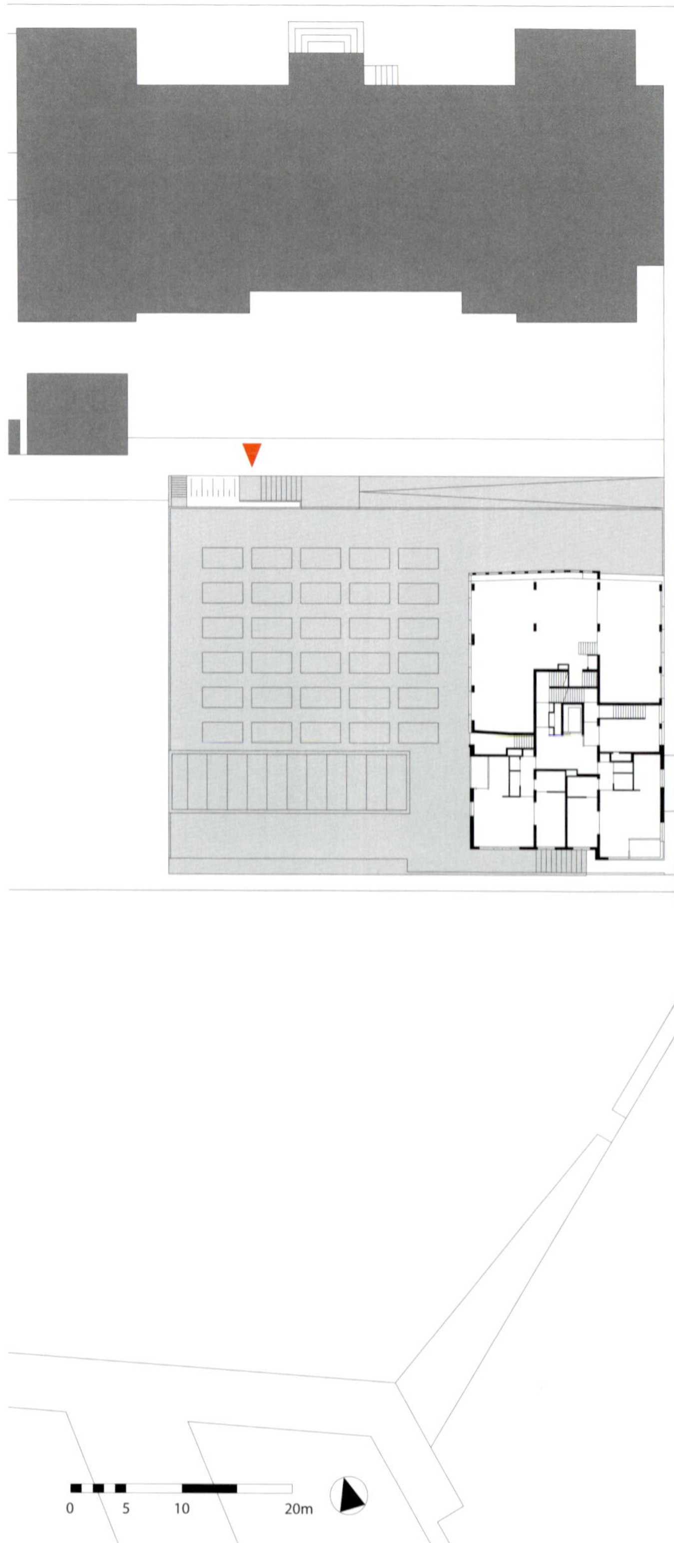

Situering ten opzichte van de binnenstad
Location in relation to the city centre

Plattegrond op dekniveau
Floor plan at deck level

Gevels en doorsnede
Façades and section

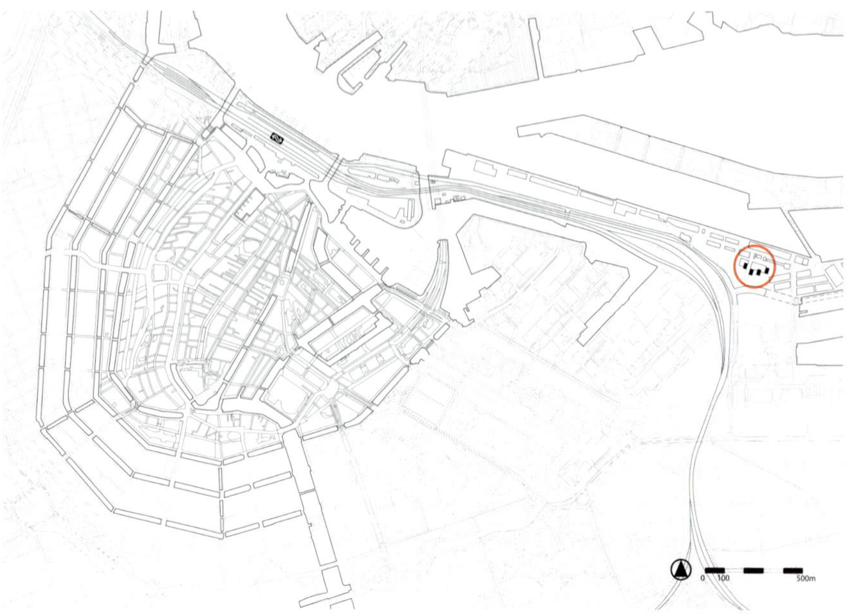

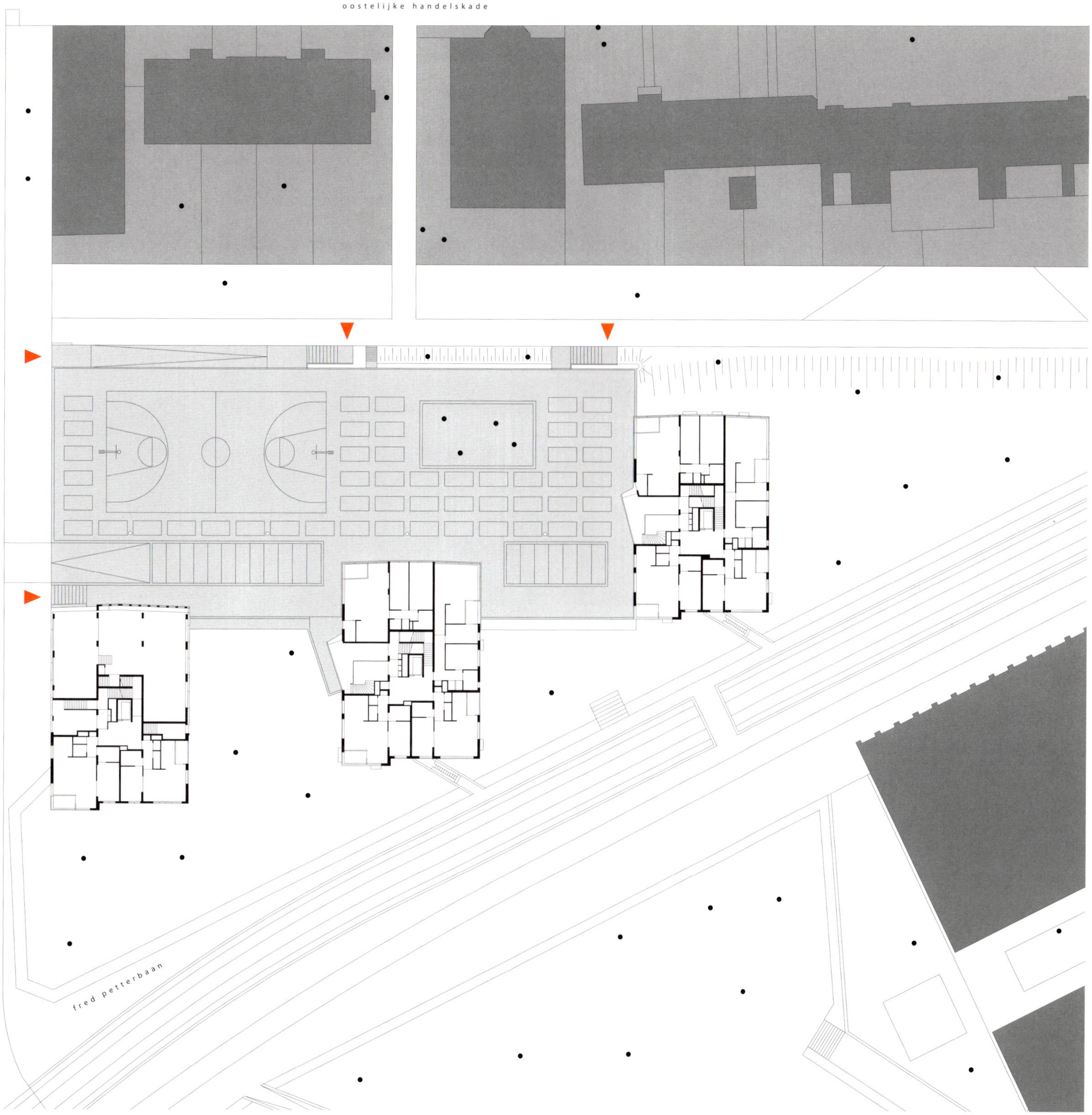
oostelijke handelskade
fred petterbaan

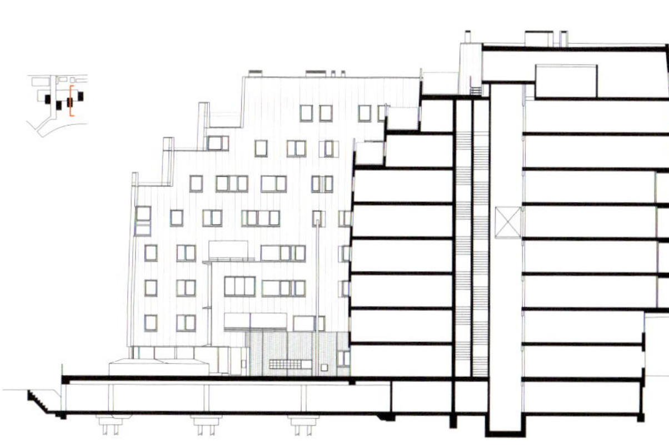

4

Fietspad tussen het project en de bestaande panden
Cycle path connecting the project and the existing buildings

Overzicht van het binnengebied
Overview of the internal space

Wonen aan het dek op de begane grond
Living along the ground-floor deck

Verschillende materiaaltoepassing tussen onder- en bovenbouw
Different materials for upper and lower levels

Toegang parkeergarage en opgang naar het dek
Car park entrance and steps to the deck

Verschillende materiaaltoepassing tussen onder- en bovenbouw
Different materials for upper and lower levels

Mariaplaats Utrecht

Bob van Reeth, AWG Architecten, Antwerpen/Antwerp

Het centrale plein
The central square

Verbindingen tussen de diverse pleintjes
Links between the various squares

Architect:
Bob van Reeth – Architectenwerkgroep AWG
Opdrachtgever / Client: Ontwikkelaar, gemeente / Developer, municipality
Ontwerp / Design: 1994-1995
Uitvoering / Realization: 1996-1998
Totaal aantal woningen / Total number of dwellings: 54
Woningtypes / Dwelling types: Stadsvilla's, patiovilla's, herenhuizen, appartementen / Urban villas, patio villas, townhouses, apartments
Marktsegment / Market segment: Koop / Owner-occupied properties
Parkeeroplossing / Parking solution: Gemeenschappelijke parkeergarage / Communal multi-storey car park
Eigendom en beheer binnengebied / Ownership and management of inner area: Vereniging van Eigenaren / Home-owners' Association
Afsluitbaarheid binnengebied / Secure inner area: Ja / Yes
Binnengebied onderdeel van een doorlopende route / Inner area part of a through-route: Ja / Yes

De locatie in de binnenstad van Utrecht werd lange tijd als geïmproviseerde parkeerplaats gebruikt. Eind jaren tachtig bestemde de gemeente deze plek voor de ontwikkeling van woningen. Na een prijsvraag zonder bevredigend resultaat, formuleerde de gemeente de ontwerpopgave opnieuw. Het zwaartepunt kwam nu meer te liggen bij de cultuurhistorische onderlegger; de geschiedenis van de locatie moest centraal te staan.

Rondom de verdwenen Mariakerk, één van de vijf kapittelkerken binnen het in de 11e eeuw aangelegde Utrechtse kerkenkruis, vormde zich een immuniteit. Dit was een van de buitenwereld afgesloten, ommuurd gebied, waar kanunniken woonden. Typerend voor de immuniteit waren de brede percelen met in het midden grote stenen huizen van verschillende hoogtes, met daarachter lagere dienstgebouwen.

Vanaf de 16^e eeuw werden op de voormalige immuniteit nieuwe straten aangelegd en huizen gebouwd. Er ontstond een structuur, waarbij de oude hoge bebouwing uit de middeleeuwen in het midden kwam te staan, ingebouwd door nieuwe, lagere bebouwing. In de loop van de eeuwen verdween geleidelijk alle bebouwing op het immuniteitsterrein.

Het projectteam trok Bob van Reeth als architect aan vanwege zijn ontwerpbenadering. Hierin staat de 'wil van de plek' centraal en inspireert het ontwerp. Het stedenbouwkundige en architectonische ontwerp van Van Reeth grijpt terug op de aanleg van de immuniteit. Het gerealiseerde plan past, inclusief de toegangspoorten, vrijwel naadloos op de oorspronkelijke plattegrond.

Aan de Mariaplaats ontwerpt Van Reeth een gesloten, formeel gevelfront met trapgevels dat aansluit op de bestaande bebouwing langs het plein. Twee poorten bieden toegang tot het binnengebied. Van hieruit worden alle woningen ontsloten, met uitzondering van de zes huizen aan de Mariaplaats zelf. Aan de informele zijde langs de Walsteeg zijn de huizen, met uitzicht op de Officierstuin aan de overkant, een aantal meters teruggelegd ten opzichte van de straat. Een tuinmuur, met een secundaire toegang tot het project, geeft de rooilijn aan. Ook de parkeergarage wordt aan deze kant ontsloten.

De opzet van het project laat zich niet direct aflezen. Het is een configuratie van pleinen en smalle stegen, waarbinnen verschillende woningtypologieën zijn toegepast die zich onderscheiden in grootte, hoogte, oriëntatie en interne opzet.

Binnen de eenvormige uitvoering van wanden en bestrating in rode baksteen vormt het centrale plein een uitzondering. Het ligt verhoogd en is omringd door drie witgepleisterde gevels. Deze afwijking in materialisatie vormt een duidelijk accent, waarmee Van Reeth verwijst naar de middeleeuwen.

De hoogste bebouwing, vijf lagen, staat in het centrum van het ensemble en wordt omringd door blokken van drie en vier lagen hoog. Elk blok wordt afgebakend door één of meer kopse muurvlakken van metselwerk en vormt daardoor een zelfstandig element binnen het geheel. Door de afwisselende hoogtes en posities van de blokken worden er zowel besloten ruimtes gevormd als meer open plekken, door het vrijhouden van zichtlijnen naar de omringende stad.

The site in the centre of Utrecht was long used as a makeshift car park. In the late 1980s the local council earmarked it for the development of new homes. When a competition failed to produce a satisfying result, the council reformulated the design brief. The focus now shifted towards a cultural and historic consciousness; the site's history was to be central.

The lost Mariakerk, one of the five 11th-century collegiate churches that formed part of the Utrecht cross of churches, was at the centre of a so-called clerical immunity. Walled in and closed off from the outside world, it was a place that housed canons. The immunity was characterized by large plots of land, at the centre of which stood big stone houses of varying heights surrounded by lower servants' quarters.

From the 16th century onwards, new streets and houses were built on the former immunity. The old, tall buildings from the Middle Ages at the centre came to be boxed in by new, lower buildings. Over the centuries, the buildings on the immunity site all disappeared.

The project team hired architect Bob van Reeth because of his approach to design, which prioritizes and is inspired by the 'will of the place'. Van Reeth's urban and architectural design harks back to the construction of the immunity. The realized plan, including its gates, fits almost perfectly onto the original ground plan.

Van Reeth has designed a closed, formal façade with stepped gables that complements the existing buildings along Mariaplaats. Two gates open onto the inner courtyard, which features the entrances to all the homes, with the exception of the six houses along the Mariaplaats itself. The houses along the informal side on Walsteeg, which look out onto the Officierstuin across the street, have been set back from the street by a few metres. A garden wall, providing a second entrance into the development, indicates the building line. The car park can also be accessed from this side.

The project's layout is not immediately obvious. It is a configuration of squares and narrow alleyways, featuring a variety of dwelling types that differ in size, height, orientation and interior layout.

The central square forms an exception to the uniform red-brick walls and paving. It is higher and surrounded by three white-plastered façades. The material variation that Van Reeth introduces here is a distinctive touch and a clear reference to the Middle Ages.

The tallest building, five storeys, sits at the heart of the configuration and is enclosed by three and four-storey blocks. Each block is demarcated by one or more brick head walls and as such forms an autonomous element within the development as a whole. The varying heights and positions of the blocks create both enclosed and more open spaces and clear views of the surrounding city.

Bronnen / Sources
Geert Bekaert, *A.W.G. bOb van Reeth architecten*, (Amsterdam/ Ghent: Uitgeverij Ludion, 2000)
L. Vrolijks, H. Gladys, S. Feenstra, *Wonen à la Carte*, (Bussum: Uitgeverij Thoth, 2003), 24-25
Annette Marx, 'Wonen in een Immuniteit', *de Architect* (november/ November 1998) 82-85
Toelichting van de betrokken partijen, verkregen van/Comments by Christine de Ruijter, AWG Architecten (oktober/October 2004)

Zicht vanaf het centrale plein naar de omringende stad
View of the city from the central square

Poort vanaf de Mariaplaats naar het centrale plein
Gate from Mariaplaats to the central square

Gevel aan de Mariaplaats
Façade on Mariaplaats

Poort vanaf het centrale plein naar de Mariaplaats
Gate from the central square to Mariaplaats

Situering ten opzichte van het stadshart
Location in relation to the city centre

Projectie van de voormalige Immuniteit op de huidige situatie
Projection of the former Immunity onto the current situation

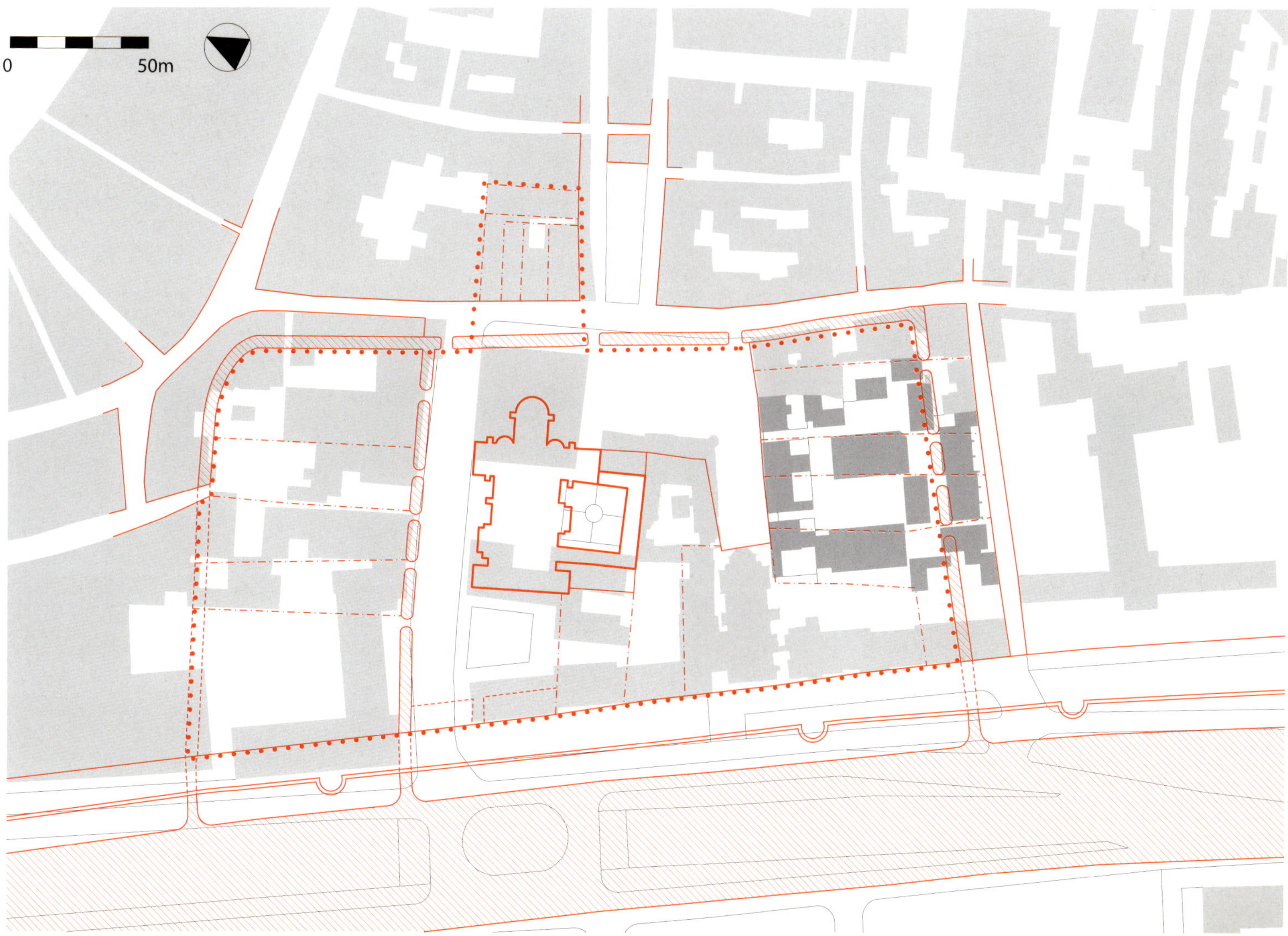

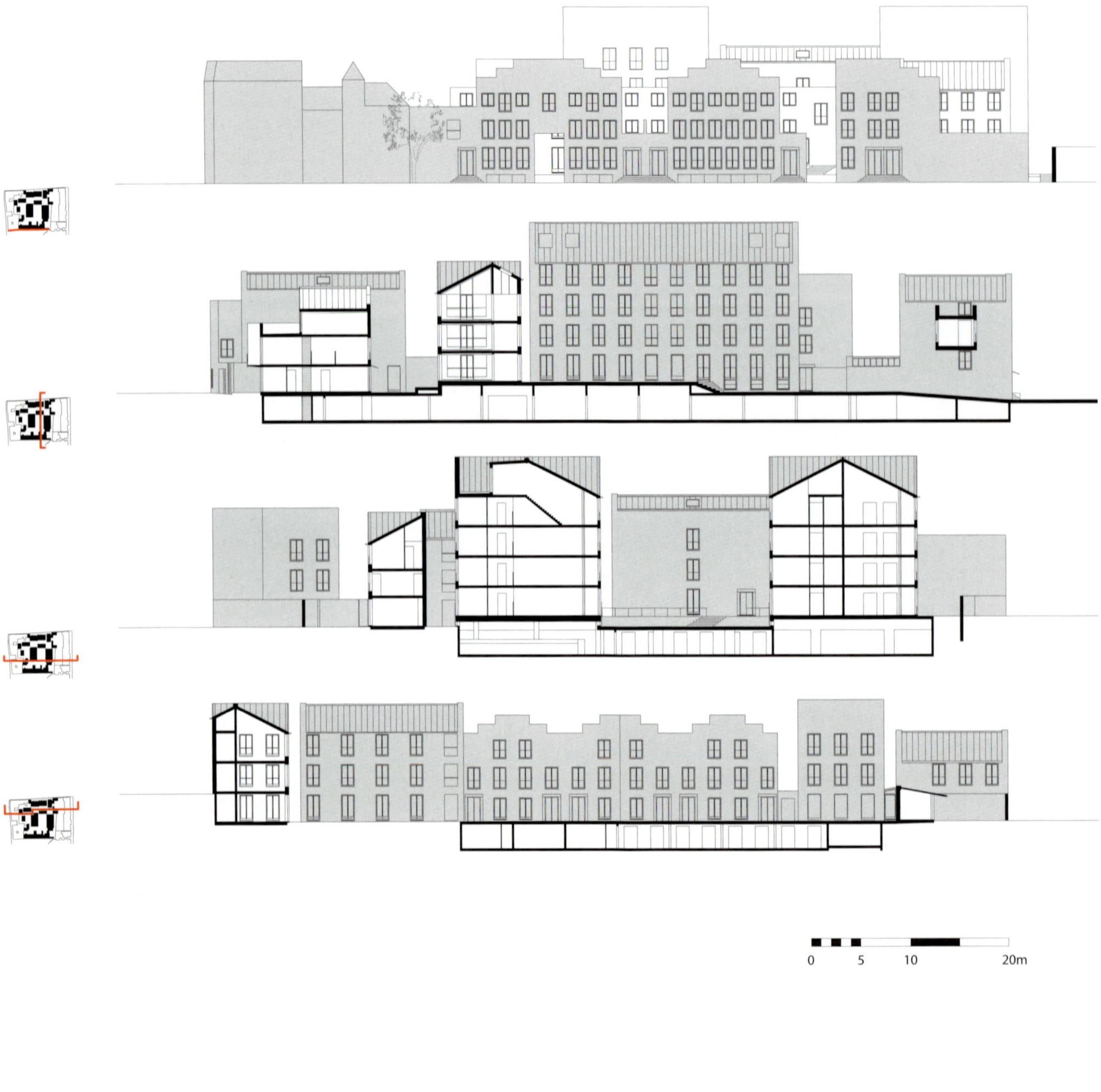
0
5
10
20m

walsteeg
springweg
willemsplantsoen
mariaplaats
0
5
10
20m

Pleinruimte aan de oostzijde
Eastern side of the square

Het Pentagon Amsterdam

Aldo van Eyck & Theo Bosch

De binnenhof
The courtyard

Architect:
Architectenbureau Theo Bosch en Aldo van Eyck
Opdrachtgever / Client: Woningbouwvereniging / Housing association
Ontwerp / Design: 1975-1978
Uitvoering / Realization: 1981-1983
Totaal aantal woningen / Total number of dwellings: 87
Woningtypes / Dwelling types: Appartementen, maisonnettes (aan portiek), seniorenwoningen en atelierwoningen / Apartments, walk-up maisonettes, accommodation for the elderly and studio houses
Marktsegment / Market segment: Huur / Rental properties
Overige functies / Other functions: Commerciële ruimtes / Commercial spaces
Parkeeroplossing / Parking solution: Openbare straat / Public street
Eigendom en beheer binnengebied / Ownership and management of inner area: Woningbouwvereniging, gemeente / Housing association, municipality
Afsluitbaarheid binnengebied / Secure inner area Nee / No
Binnengebied onderdeel van een doorlopende route / Inner area part of a through-route Ja / Yes

In 1969 wonnen de architecten Aldo van Eyck en Theo Bosch de besloten prijsvraag voor de Amsterdamse Nieuwmarktbuurt. De prijsvraag was het gevolg van felle onenigheid tussen buurtbewoners en de gemeente Amsterdam over het gemeentelijk stedenbouwkundig plan voor dit gebied, waarin 'cityvorming' centraal stond. De oorspronkelijke kleinschalige binnenstadsbuurt moest plaatsmaken voor grote kantoren en winkels, een vierbaansweg, duizend parkeerplaatsen en een metro. Het wonen werd verschoven naar de periferie.

Van Eyck en Bosch stonden kritisch tegenover de gemeentelijke plannen. In hun visie was er een grote behoefte aan herwaardering van de stad en moest er juist zo min mogelijk worden gesloopt. De rooilijnen en smalle straatpatronen zouden juist opnieuw toegepast moeten worden; menging van functies en de opbouw op pand- en perceelsniveau waren cruciaal. In het ontwerp voor de openbare ruimte introduceerden de architecten poorten en binnenhoven, waardoor secundaire routes ontstonden die de verloren levendigheid in dit stadsdeel zouden kunnen terugbrengen.

Zowel de krachtige en goed georganiseerde stem van de buurt, als de onverzettelijkheid van het bureau Van Eyck en Bosch leidde ertoe dat de gemeentelijke eisen werden aangepast. De komst van de metro stond echter al vast.

Van Eyck en Bosch ontwierpen in het plangebied zelf onder andere Het Pentagon. Dit blok ligt op de kop van de voor de metrotunnel grotendeels gesloopte Sint Antoniesbreestraat. Het bouwblok volgt nauwkeurig de oude rooilijnen en vormt een vijfhoek. De binnenhof is openbaar toegankelijk gemaakt via poorten aan de Sint Antoniesbreestraat en de Raamgracht en via een steeg vanaf het Zuiderkerkhof. De twee poorten en de verbindende route vallen samen met een straatje dat hier oorspronkelijk was. Met deze voetgangers- en fietsroute door het complex wordt een nieuwe laag aan de stadsstructuur toegevoegd. Volgens Theo Bosch vormt de begane grond van een gebouw de schakel met de rest van de stad en moet daarom een openbaar karakter hebben: 'de begane grond moet terug worden gegeven aan de stad'. Via de poorten en de steeg zijn ook de onder het complex gelegen bergingen bereikbaar.

In Het Pentagon worden de woningen op de begane grond om en om ontsloten vanaf de straat en vanuit de hof. Voor- en achterdeuren komen naast elkaar voor. Kleine tuinen, lage muurtjes en plantenbakken zowel aan de straat als in de hof werken als overgangszones tussen openbaar en privé. De gevels van de zes dubbelhoge bedrijfsruimten langs de Sint Antoniesbreestraat liggen terug ten opzichte van de rooilijn; doordat de bovenbouw wel de rooilijn volgt, is een arcade gemaakt als overgang tussen winkels en straat. De bedrijfsruimten en de vier atelierwoningen aan het Zuiderkerkhof hebben zowel aan de hof- als de straatzijde een entree om een scheiding te maken tussen wonen en werken. De eerste twee verdiepingen bestaan uit appartementen; de bovenste vier lagen bevatten gestapelde maisonnettes die door een portiek vanuit de binnenhof worden ontsloten.

In 1969, architects Aldo van Eyck and Theo Bosch won the invited competition for the Nieuwmarkt area in Amsterdam. The competition followed fierce arguments between residents and the city council of Amsterdam about the latter's master plan for the area, which pushed for the formation of a central business district. The original, small-scale inner-city neighbourhood had to make way for large offices and shops, a dual carriage way, one thousand parking spaces and the underground. Living was relocated to the periphery.

Van Eyck and Bosch were critical of the city council's plans. In their view, Amsterdam was due a reassessment and any demolition should be kept to a minimum. The building lines and narrow street patterns should actually be restored; mixed-function development and reconstruction at building and individual plot level were crucial. The architects introduced gates and courtyards into their design for the public space, which produced secondary routes that might restore a lost vitality to this part of town.

The combined force of the powerful and well-organized neighbourhood pressure group and the uncompromising stance of the office of Van Eyck and Bosch led to a revision of the city council's plans. The arrival of the underground, however, was a done deal.

Van Eyck and Bosch designed some of the buildings in the planning area themselves, among them Het Pentagon. This block sits at the head of Sint Antoniesbreestraat, a street largely demolished to make way for the planned underground tunnel. The pentagonal perimeter block carefully follows the old building lines. Its courtyard is publicly accessible via gates on Sint Antoniesbreestraat and Raamgracht and via an alleyway from Zuiderkerkhof. The two gates and connecting alley coincide with a street that used to be here. This pedestrian and bicycle route through the development adds another layer to the urban space. According to Theo Bosch, a building's ground-floor level is a vital link with the rest of the city and should therefore have a public character: 'The ground floor level must be restored to the city.' The gates and the alleyway also provide access to the storage spaces underneath the development.

Access to the ground-floor homes in Het Pentagon alternates between the street and the courtyard. Front doors and back doors sit side-by-side. Small gardens, low fences and flower boxes, bordering on both the street and the courtyard, form transitional zones between public and private. The façades of the six double-height commercial premises along Sint Antoniesbreestraat are set back from the building line; the upper level, however, does follow the building line, resulting in an arcade that serves as a transition between shops and street. The commercial premises and the four studio apartments on Zuiderkerkhof have entrances on both the courtyard and the street in order to differentiate between life and work. The first two storeys feature apartments; the upper four levels contain stacked maisonettes with porch-access from the courtyard.

Bronnen / Sources:
S. Komossa, M. Risselada, *De Atlas van het Hollandse bouwblok*, (Bussum: Uitgeverij Thoth, ism TU Delft, faculteit Bouwkunde/in collaboration with Delft University of Technology, Faculty of Architecture, 2003)
H. van Heeswijk, P. de Ley, 'Woningbouwprojecten in de Nieuwmarktbuurt te Amsterdam', *Bouw* 24 (1985)
M. Teunissen, *Theo Bosch, Knokken voor de Stad* (Rotterdam: Stichting BONAS, NAI, 2006)

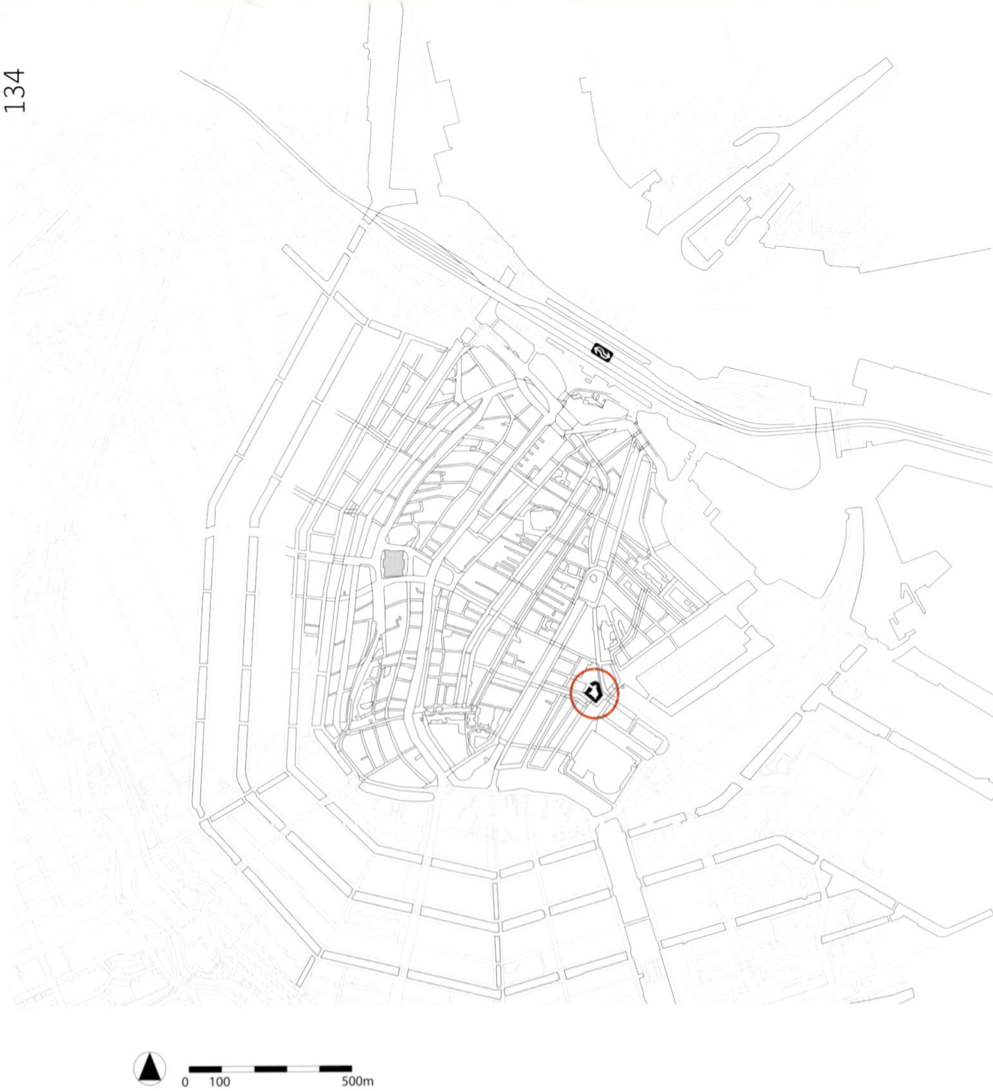

Situering ten opzichte van het stadshart
Location in relation to the city centre

Doorsnede door de hof en een fragment van de gevel langs de Sint Antoniesbreestraat
Section of the courtyard and a fragment of the façade along Sint Antoniesbreestraat

Begane grond
Ground floor

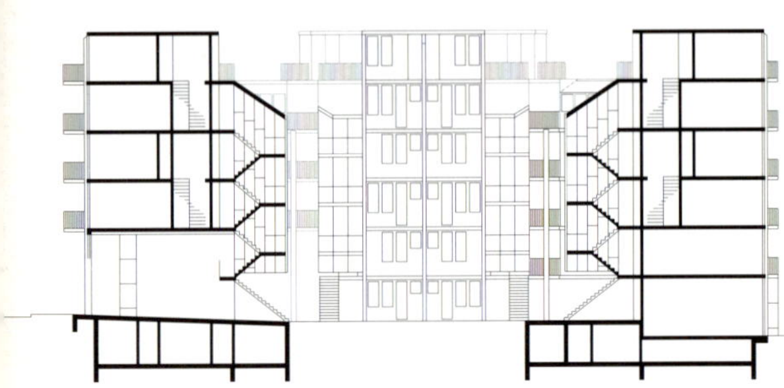

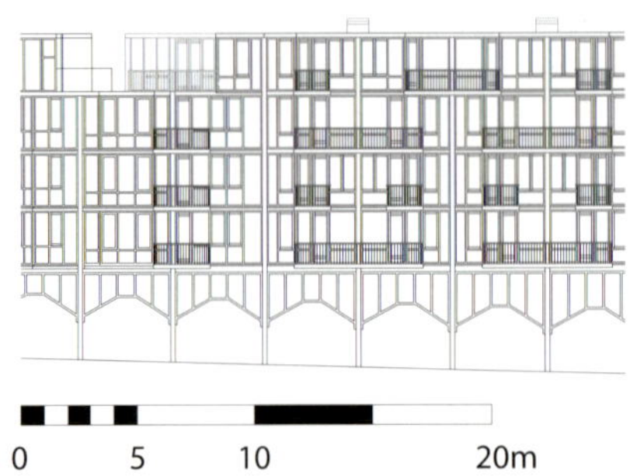

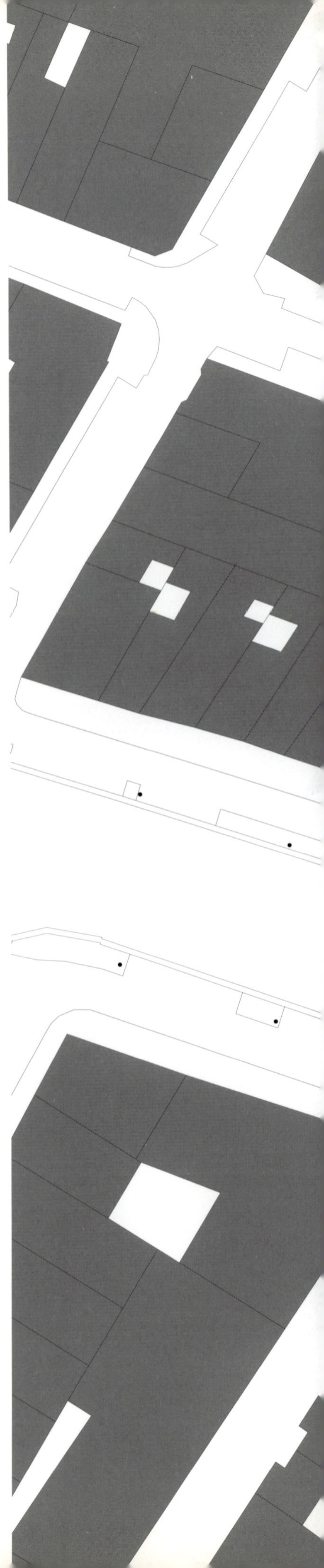

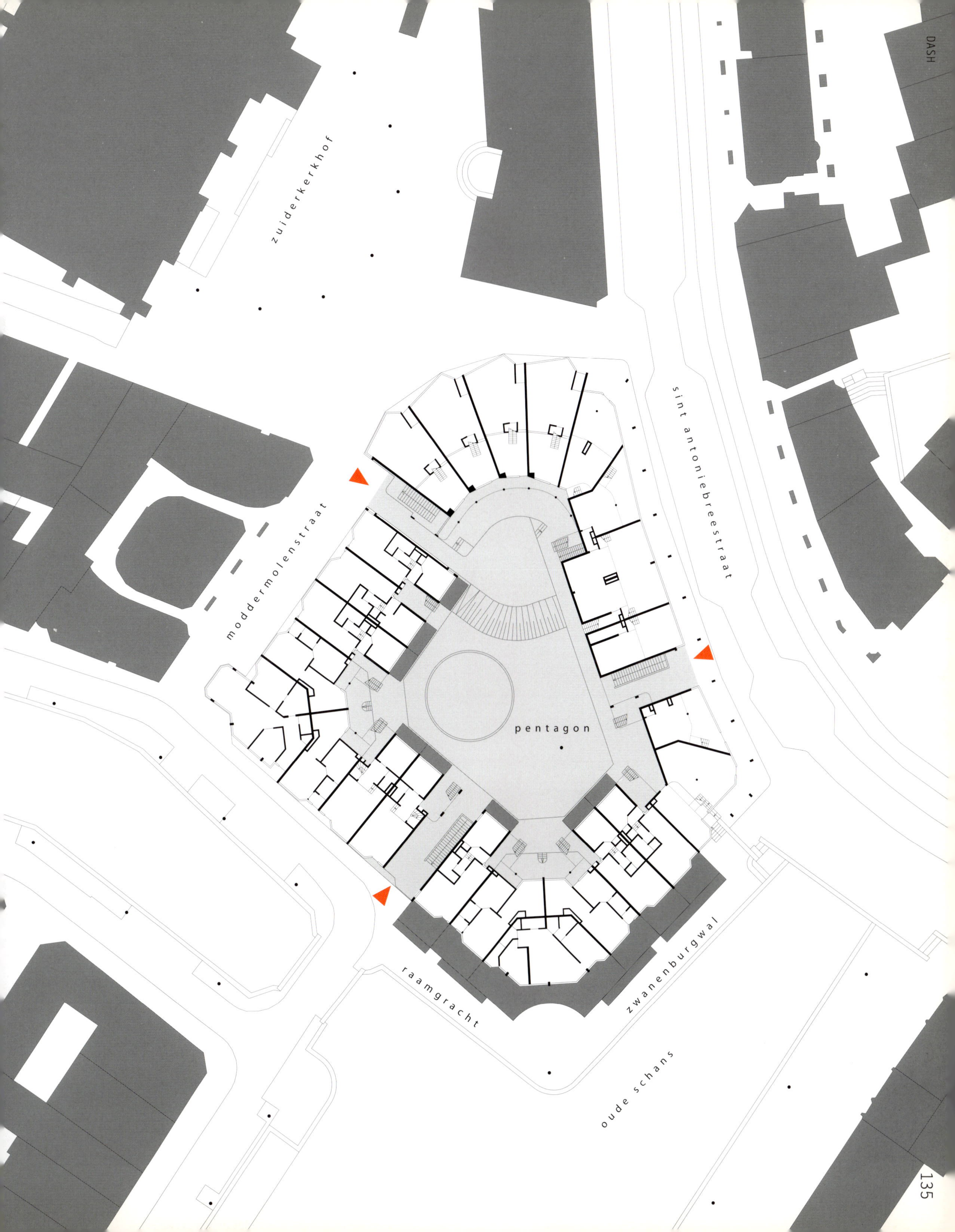
zuiderkerkhof
sint antoniebreestraat
moddermolenstraat
pentagon
raamgracht
zwanenburgwal
oude schans

Poort aansluitend op de brug over de Raamgracht
Gate linked to the bridge across Raamgracht

Steeg tussen het Pentagon en het Zuiderkerkhof
Alleyway between the Pentagon and Zuiderkerkhof

Poort vanuit de binnenhof naar de Raamgracht
Gate from the courtyard to Raamgracht

Poort vanuit de Sint Antonies-breestraat
Gate from Sint Antoniesbreestraat

De Kasbah Hengelo

Piet Blom

Arcade langs de zuidzijde
Arcade along the south side

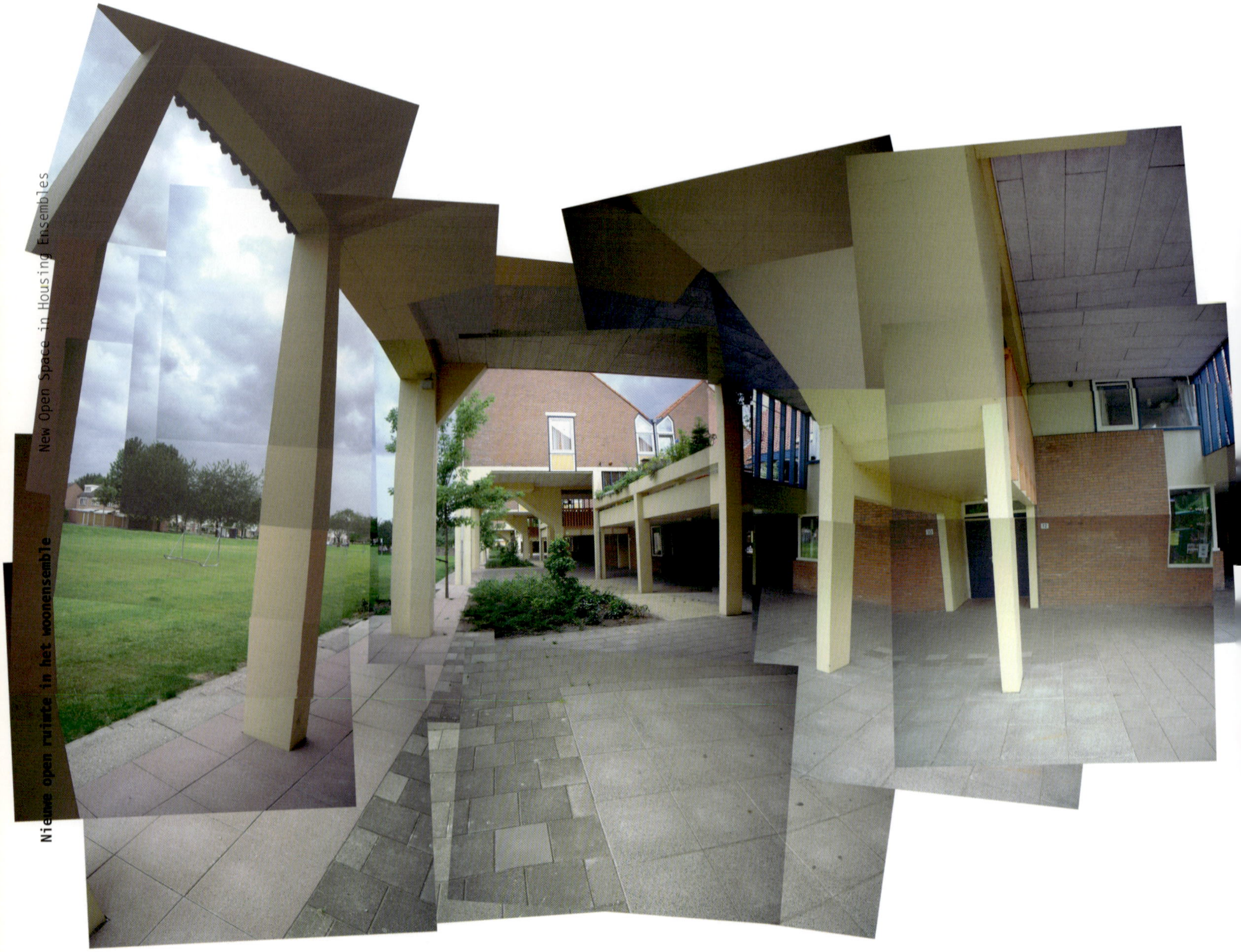

Architect:
Architectenbureau Piet Blom
Opdrachtgever / Client: Gemeente / Municipality
Ontwerp / Design: 1966-1973
Uitvoering / Realization: 1973-1974
Totaal aantal woningen / Total number of dwellings: 184
Woningtypes / Dwelling types:
Type A: 'de onvolledige woning' / 'the incomplete house'
Type B: 'de kleine woning' / 'the small house'
Type C: 'de normale middelgrote woning' / 'the average house'
Type D: 'het grote huis' / 'the large house'
Type E: 'het zeer grote huis' / 'the very large house'
Overige functies / Other functions: Commerciële ruimtes / Commercial spaces
Marktsegment / Market segment: (Sociale) huur / (Subsidized) rental properties
Parkeeroplossing / Parking solution: Overdekt op maaiveld onder de woningen / Covered, ground-floor parking underneath the dwellings
Eigendom en beheer binnengebied / Ownership and management of inner area: Woningbouwvereniging / Housing association
Afsluitbaarheid binnengebied / Secure inner area: Nee / No
Binnengebied onderdeel van een doorlopende route / Inner area part of a through-route: Ja / Yes

Geïnspireerd door de Amsterdamse Jordaan waarin hij opgroeit, streeft Piet Blom in zijn projecten een combinatie van wonen en werken na. Naast wonen moest er ook plaats zijn voor bedrijfjes of winkels.

In 1965 presenteert Blom de brochure 'Wonen als Stedelijk Dak', waarin hij een weerwoord geeft op de monotonie van de rijtjeshuizen en flats uit die tijd. Kenmerkend in deze studie - later toegepast in het Kasbahproject - is het idee dat de woningen zich in een dicht aaneengeschakelde configuratie op de eerste verdieping bevinden. Ze vormen een dak boven een gemeenschappelijk gebied dat de bewoners zelf moeten veroveren. Door het stedelijk leven in twee niveaus onder te brengen, blijft de ruimte op het maaiveld behouden voor het openbare leven van de stad. Het is in Bloms overtuiging niet aan de architect die ruimte in te vullen.

Met een subsidie van het ministerie van Volkshuisvesting en Ruimtelijke Ordening voor experimentele woningbouw, stelt de gemeente Hengelo in 1968 een terrein aan de rand van de stad ter beschikking. Piet Blom krijgt hier de kans zijn ideeën te realiseren. De perifere ligging doet er voor hem niet zoveel toe, hij ziet dit plan meer als een alternatief voor het variatieloze ruimtelijke ordeningsbeleid dan als een lokaal project. Hij beoogt een leefomgeving te creëren voor diverse doelgroepen, met woningen die goedkoop gemaakt kunnen worden en een eigen identiteit hebben. Kasbah is 'een experiment voor het gewone wonen, voor gewone mensen, met een gewone portemonnee, een experiment in het gebied dat men woningwetsector noemt.' (*Wonen TA/BK*, 1969)

De Kasbah heeft een dichtheid van zo'n 100 woningen per hectare, vier keer zo hoog als in de omringende woonwijken. Over de configuratie van de woningen zegt Blom in datzelfde artikel: 'En dan: hoe zullen we die woningen ordenen? Wanneer we ze samenstellen tot rijen, stapels, blokken of torens, dan moet daar nog naast: tuinen, trottoirs, wegen, garages, parkeerplaatsen, plantsoenen, winkels, scholen enz. Kortom, dan ligt alles buiten en naast elkaar, dan ligt alles ver weg, dan kan er later ook niets meer anders dan we nu projecteren, en dat is altijd te weinig; dan kun je de woningen tellen in de lengte en de hoogte, in rijen en verdiepingen, dan zijn we nergens meer. Daarom maakte ik van de woningen geen rij maar een dak, een dak tussen hemel en stad. Een dak met precies zoveel en zulke grote gaten dat het in de stad licht is en regen kan vallen.'

Er komen in het plan vier woningtypes voor: *de onvolledige woning (atelier of studentenhuis)*; *de kleine woning met tuin (terras)*; de *normale middelgrote woning met tuin (doorsnee familiehuis).* Het vierde type is een samenvoeging van A en B: *het grote huis met tuin.*

Het maaiveld is nooit helemaal volgens het oorspronkelijke idee ontwikkeld. De invulling van de particuliere initiatieven verliep vanaf de oplevering traag. Er kwam wel een aantal hobbyruimtes, een supermarkt, een kleine kinderboerderij en een buurtcafé, maar de wijkwinkeltjes bleken financieel onhaalbaar. Daarnaast ontstonden er soms problemen over de overdekte parkeerplaatsen. De Kasbah-bewoners waren niet gecharmeerd van het feit dat mensen uit de buurt hier parkeerden en aan hun auto sleutelden, terwijl alleen zij aan deze plekken meebetalen.

In 2006 is de groenstructuur van de Kasbah opnieuw vormgegeven, waarbij de oorspronkelijke inrichting van de binnenhof van Blom nagenoeg is verdwenen.

Inspired by the Jordaan, the neighbourhood in Amsterdam where he grew up, Piet Blom seeks to achieve a mix of life and work in his projects. There should be room not just for homes, but for small businesses and shops as well.

In 1965 Blom published the brochure 'Wonen als Stedelijk Dak' (Living as an Urban Roof), his reaction against the monotony of the terraced houses and flats of the time. The study is noteworthy for the idea – later applied in the Kasbah project – that the homes are situated in a closely-packed configuration on the first floor. They form a roof above a communal area that the residents will have to appropriate for themselves. By accommodating urban life on two levels, the ground floor space will be the reserve of the city's public life. According to Blom it is not up to the architect to determine how that space is used.

Using a subsidy for experimental housing from the Ministry of Housing and Spatial Planning, in 1968 the municipality of Hengelo provided a site on the edge of the city where Piet Blom could put his ideas into practice. Seeing the plan as an alternative to monotonous spatial planning policy rather than as a local project, he was not too concerned by its peripheral location. He sought to create a living environment for a range of target groups, with dwellings that are inexpensive to build and that have a distinct identity. Kasbah is 'an experiment for ordinary living, for ordinary people, with an ordinary income, an experiment in the field known as the social housing sector'. (*Wonen TA/BK*, 1969)

De Kasbah has a density of some 100 dwellings per hectare, fourfold that of the neighbouring residential areas. In the same article, Blom comments on the configuration of the homes: 'Next: how to organize these homes? When we arrange them into rows, stacks, blocks or towers, we must add: gardens, pavements, roads, garages, parking spaces, public gardens, shops, schools, etc. In short, everything is outside, next to one another and far away. It means that later on we cannot make any changes to our projections, and these never suffice. Then it is houses as far as the eye can see – row upon row and storey upon storey – and we have no more room for manoeuvre. That is why I did not arrange the homes into rows but into a roof instead: a roof between sky and city, a roof with exactly the right number and the right size holes, admitting light and rain into the city.'

The plan features four types of dwelling: *the incomplete dwelling (studio or student residence)*; *the small dwelling with garden (patio)*; *the ordinary, medium-sized dwelling with garden (average family dwelling).* The fourth type is a combination of A and B: *the large house with garden.*

The ground floor level was never fully developed according to the original plan. From the moment the homes were completed, the private initiatives were slow to get off the ground. A number of workshops, a supermarket, a small children's farm and a local pub were opened, but the corner shops proved to be financially unviable. The covered parking spaces also sparked occasional friction. The Kasbah residents were not impressed by the fact that people from nearby areas parked and tinkered with their cars here, whereas they alone picked up the tab. In 2006 the Kasbah's green spaces were redesigned, leaving hardly any trace of Blom's original inner courtyard design.

Bronnen / Sources
W. J. van den Heuvel, 'De Kasbah, een Werkelijk Experiment', *Polytechnisch Tijdschrift - B* 13 en/and 30 (1975).
Piet Blom, 'Piet Blom, 1', *Tijdschrift voor Architectuur en Beeldende Kunsten* 22 (October 1969), speciaal nummer over/special issue on Piet Blom
J. Hengeveld, F. Strauven, *Piet Blom* (Amersfoort: Jaap Hengeveld Publicaties, 2008)

Begane grond en doorsneden
Ground floor and sections

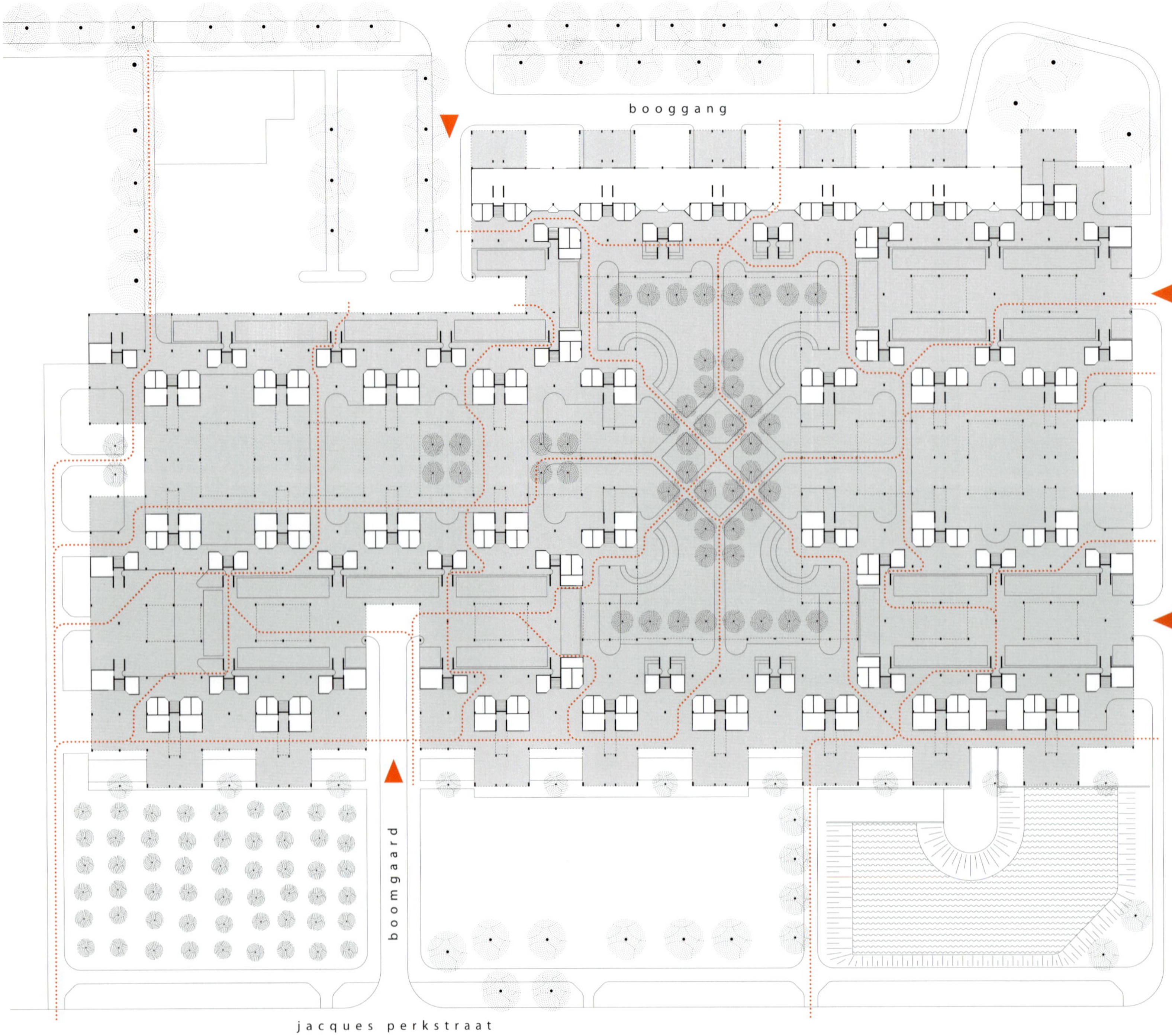

Situering ten opzichte van het stadshart
Location in relation to the city centre

Vogelvlucht tijdens de bouw
Aerial view of the construction

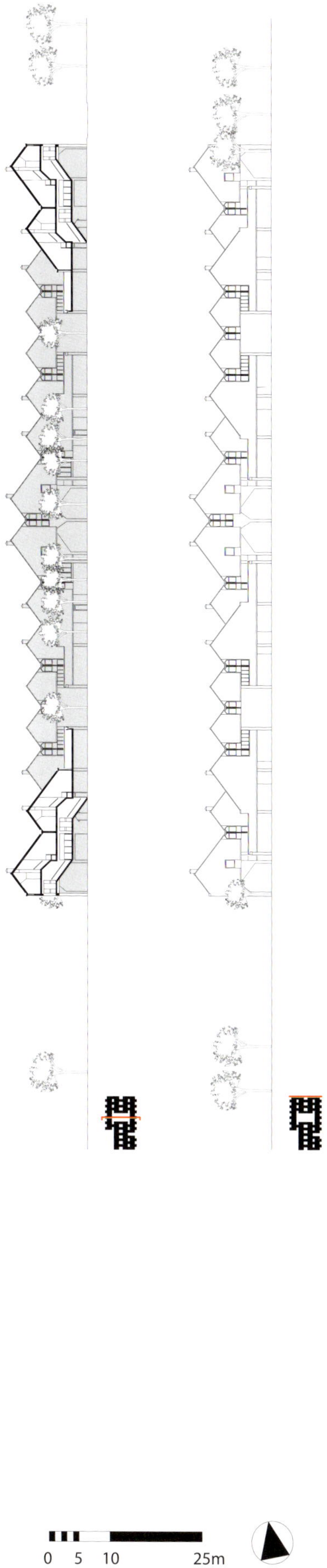

Oorspronkelijke inrichting van de open ruimte
Original design of the open space

Moestuin als een van de bewonersinitiatieven
One of the residents' initiatives was a vegetable garden

De Kasbah gezien vanaf de zuidzijde
De Kasbah seen from the south side

De begane grond gezien vanuit het westen
Western view of the ground floor

Zicht vanuit de centrale open ruimte naar de weilanden aan de oostzijde
View of the meadows to the east from the central open space

Centraal gelegen, open ruimte
Central open space

Veronesestraat Amsterdam

Architectenbureau Eduard Cuypers

Zicht naar de binnenhof
View of the courtyard

Architect:
Architectenbureau Eduard Cuypers
K. van Geijn, H.J.A. Bijlard
Opdrachtgever / Client: Woningbouwvereniging / Housing association
Ontwerp / Design: 1928
Uitvoering / Realization: 1928-1929
Totaal aantal woningen / Total number of dwellings: 17
Woningtypes / Dwelling types: Eengezinswoningen / Single-family dwellings
Marktsegment / Market segment: Koop / Owner-occupied properties
Parkeeroplossing / Parking solution: Openbare straat / Public street
Eigendom en beheer binnengebied / Ownership and management of inner area: Vereniging van Eigenaren / Home-owners' Association
Afsluitbaarheid binnengebied / Secure inner area: Ja / Yes
Binnengebied onderdeel van een doorlopende route / Inner area part of a through-route: Nee / No

In zijn uitgevoerde tweede plan voor Amsterdam-Zuid (1905-1917) zocht H.P. Berlage naar evenwicht tussen het picturale en het monumentale, geïnspireerd door de concentrische grachtenaanleg van Amsterdam.

Het monumentale systeem van plan Zuid is gebaseerd op de eenvoud van symmetrie, ordening en rechtlijnigheid, en op een duidelijke hiërarchie in de straten. Het deel tussen Olympiaplein, Beethovenstraat, Apollolaan en Stadionkade heeft ten opzichte van de Minervalaan een symmetrische opzet. Deze laan vormt de centrale as tussen het niet uitgevoerde Minervastation aan de zuidzijde (in Berlages visie 'het portaal van de stad') en een groot, monumentaal gebouw aan de noordzijde (werd uiteindelijk het Hiltonhotel).

Het Minervaplein vormt in de compositie van dit deel van (nieuw) Zuid het stedelijk zwaartepunt, met omringende gevelwanden van zes tot zeven lagen hoog. De bebouwing aan weerszijden van de monumentale Minervalaan telt vijf tot zes bouwlagen, de daarachter gelegen blokken zijn drie tot vier lagen hoog. In deze blokkenstructuur is een aantal pleintjes en plantsoenen opgenomen die de buurt een kleinschalig karakter verlenen. Dit zijn de picturale accenten van het plan.

Het bouwblok tussen Titiaanstraat en Veronesestraat vormt samen met het aangrenzende plantsoen een ruimtelijke eenheid binnen het plan van Berlage. Aan de zijde van het plantsoen is het blok met zijn achterkant U-vormig geopend; alleen een lage stenen muur met een stalen hekje scheidt de collectieve tuin van het plantsoen. Daarmee onderscheidt dit blok zich van de gesloten bouwblokken die het beeld van de buurt bepalen. Deze hebben slechts kleine poorten als opening naar het binnenterrein, ook als er zich hier publieke functies bevinden (zoals scholen). De U-vorm van het blok aan de Veronesestraat heeft waarschijnlijk te maken met de vereisten van bezonning. Door de ruimte die het plantsoen inneemt, zijn de afmetingen van het blok te klein om gesloten te kunnen worden uitgevoerd.

Ten opzichte van de omringende straten is de begane grond circa 1,5 m verhoogd ten gunste van half verdiepte kelders en vanuit de hof toegankelijke bergingen. Met uitzondering van de hoekwoningen hebben alle woningen aan de achterzijde een terras bovenop deze uitgebouwde laag met bergingen. Door het hoogteverschil hebben deze terrassen enige privacy ten opzichte van de collectieve hof.

Van Geijn en Bijlard van Architectenbureau Eduard Cuypers hebben de hoeken van het bouwblok en de opening naar het binnengebied geaccentueerd met erkers, balkons en plantenbakken, evenals een verlaging van de noklijn. De plantenbakken hebben dezelfde hoogte als de gemeenschappelijke bordessen die telkens drie woningen ontsluiten. Deze bordessen vormen een klein collectief binnen het geheel van het blok en markeren daarmee een overgangszone.

Het blok is, net als de rest van plan Zuid, uitgevoerd in baksteen en laat naast de vrij sobere architectuur in zijn details nog enige Amsterdamse School invloeden zien.

In his realized second plan for Amsterdam-Zuid (1905-1917), H.P. Berlage tried to find a balance between the picturesque and the monumental, inspired by Amsterdam's concentric canals.

The monumental system of plan 'Zuid' is based on the simplicity of symmetry, structure and linearity, and on a clear hierarchy of streets.

The area between Olympiaplein, Beethovenstraat, Apollolaan and Stadionkade is symmetrical in relation to Minervalaan. This avenue forms the central axis between the unrealized Minervastation to the south ('the city's portal' in Berlage's view) and a large, monumental building to the north (which eventually became the Hilton Hotel).

Enclosed by six- or seven-storey façades, Minervaplein is the urban heart within the composition of this part of (new) Zuid. The buildings on either side of the monumental Minervalaan are five to six storeys in height, and the adjacent blocks three to four storeys. This configuration of blocks features a number of small squares and public gardens that lend the neighbourhood its small-town character. They constitute the plan's picturesque touches.

The block between Titiaanstraat and Veronesestraat and the neighbouring public garden form a spatial unity in Berlage's plan. At the rear, the U-shaped block opens out onto the public garden, with only a low brick wall and steel fence separating the communal garden from the public garden. The block thus distinguishes itself from the closed housing blocks that dominate this neighbourhood. Their internal spaces can only be accessed via small gates, even when they contain public services (such as schools). The U-shape of the block on Veronesestraat was probably motivated by daylight requirements. The public garden takes up too much space for the block to be closed.

In relation to the surrounding streets, the ground-floor level has been raised by approximately 1.5 m to create semi-sunken cellars and storage spaces with access from the courtyard. With the exception of the end-of-terrace houses all dwellings have a patio on top of this storage extension. The difference in height lends these patios some privacy compared with the communal courtyard.

Van Geijn and Bijlard, of architecture firm Eduard Cuypers have accentuated the block's corners and the entrance to the internal space by adding bay windows, balconies and flower boxes, and by lowering the ridge line. The flower boxes are as tall as the communal terraces that provide access to three houses at a time. These terraces form a small cluster within the block as a whole and thus constitute a transitional zone.

Like the rest of plan Zuid, the block is executed in brick and despite its relatively sober architectural style its detailing betrays some influences from the Amsterdam School.

Bronnen / Sources:
P. Singelenberg, M. Boot, H. Searing, F.F. Fraenkel, G. Hoogewoud, *H.P. Berlage, 1856-1934* (Bussum: Fibula-van Dishoeck, 1975)
J. Castex, J.Ch. Depaule, Ph. Panerai, *De Rationele Stad* (Nijmegen: SUN, 1990)
J.G. Wattjes, F.A. Warners, *Amsterdams Bouwkunst en Stadsschoon, 1306-1942* (Amsterdam: C.V. Allert de Lange, 1943)

Situering ten opzichte van het stadshart
Location in relation to the city centre

Symmetrische opzet van de openingen binnen plan-Berlage
Symmetrical design of the openings in Berlage's plan

Relatie tussen plantsoen en binnenhof
Relationship between public garden and courtyard

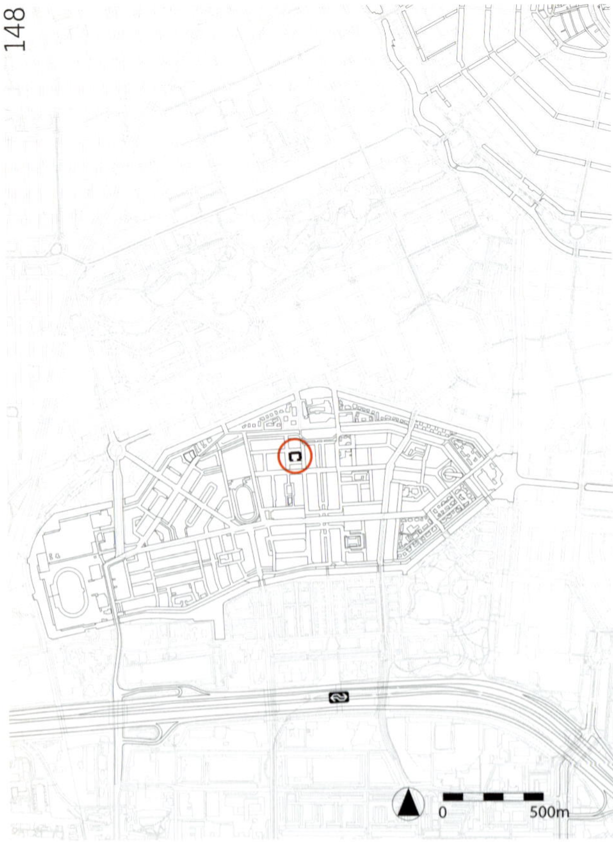

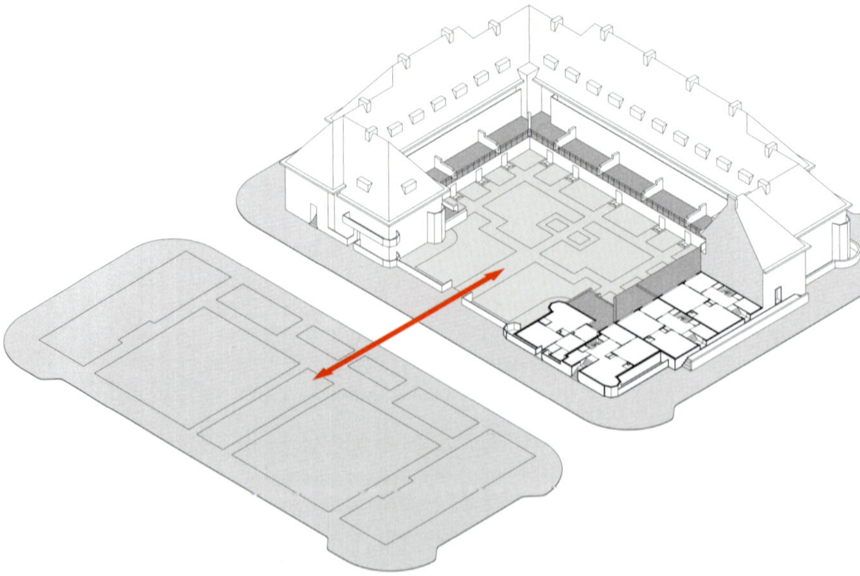

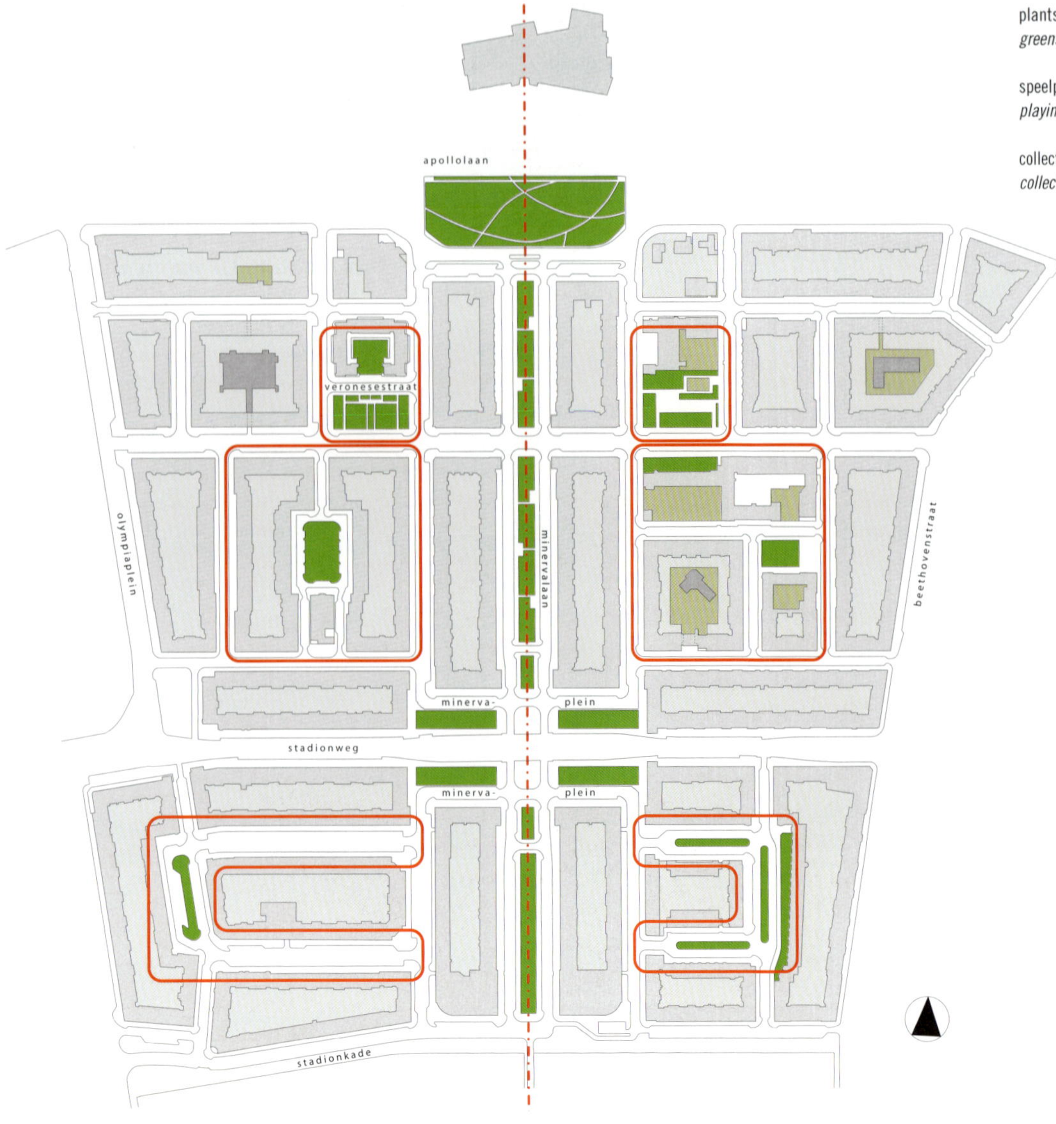

plantsoenen en pleintjes
greens and squares

speelplaatsen
playing fields

collectieve functies op binnengebied
collective functions inner area

Begane grond en gevels
Ground floor and façades

Oorspronkelijk beeld vanaf de Veronesestraat
Original view from Veronesestraat

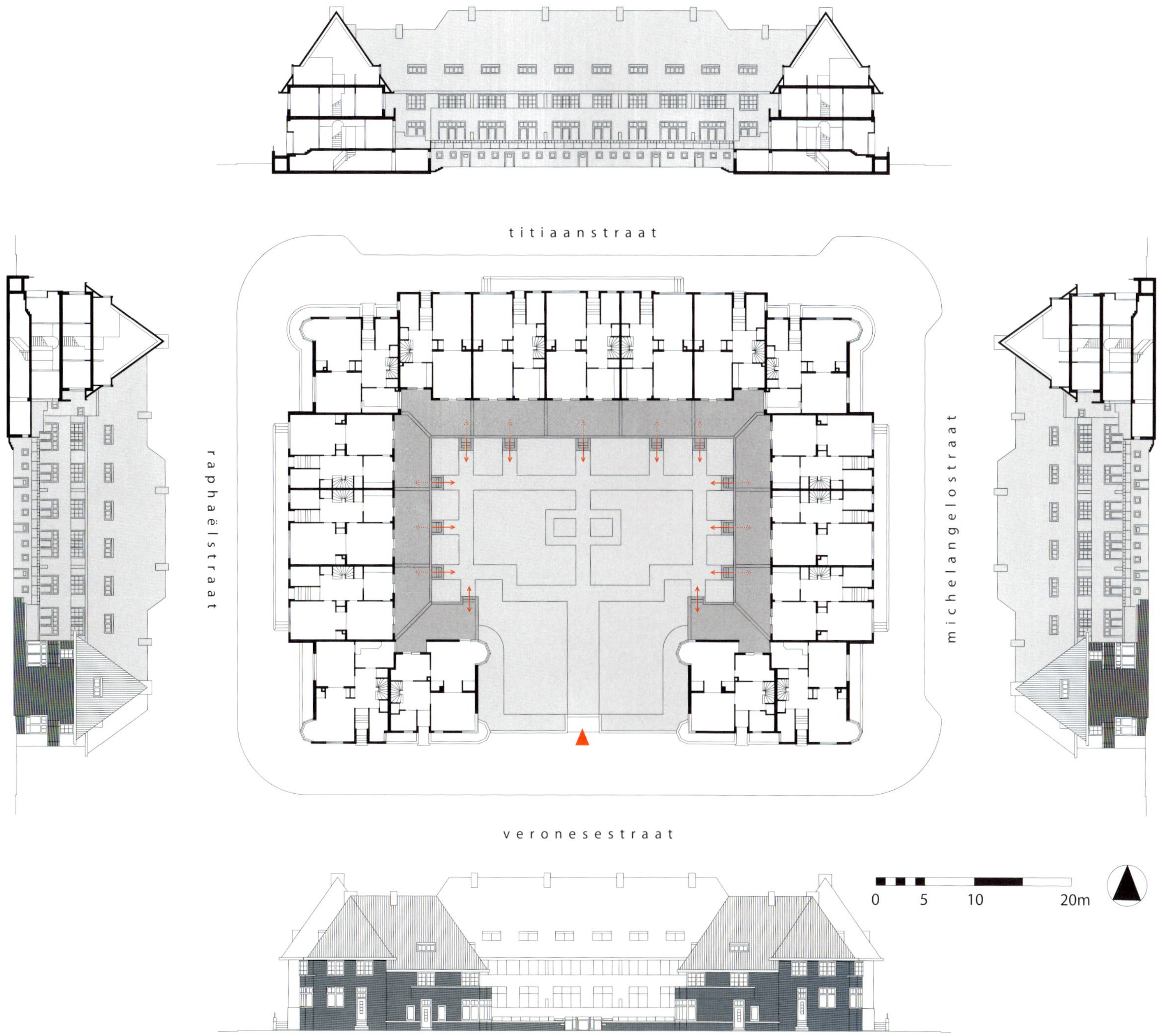

Zicht vanuit de binnenhof richting Veronesestraat
View of Veronesestraat from the courtyard

Hoek Raphaëlstraat/Titiaanstraat
Corner of Raphaëlstraat and Titiaanstraat

Afscheiding tussen Veronesestraat en de binnenhof
Partition between Veronesestraat and the courtyard

Tuinwijk-Zuid Haarlem

J.B. van Loghem

Doorlopende route door de binnentuin
Through-route across the courtyard garden

Architect:
Architectenbureau J.B. van Loghem
Opdrachtgever / Client: Woningbouwvereniging / Housing association
Ontwerp / Design: 1918-1920
Uitvoering / Realization: 1920-1922
Totaal aantal woningen / Total number of dwellings: 86
Woningtypes / Dwelling types: Eengezinshuizen / Single-family dwellings
Marktsegment / Market segment: *toen:* huur voor middenstand / *then:* middle-class rental properties, *vanaf 1992:* koop / *from 1992:* owner-occupied properties
Parkeeroplossing / Parking solution: Openbare straat / Public street
Eigendom en beheer binnengebied / Ownership and management of inner area: *toen:* woningbouwvereniging / *then:* housing association, *nu:* Vereniging van Eigenaren / *now:* Home-owners' Association
Afsluitbaarheid binnengebied / Secure inner area: Nee / No
Binnengebied onderdeel van een doorlopende route / Inner area part of a through-route: Ja / Yes

De Haarlemmerhout en de ten oosten daarvan gelegen voormalige buitenplaats Oosterhout werden vanaf het begin van de 20e eeuw geëxploiteerd als villapark. Tuinarchitect Leonard A. Springer maakte in 1900 hiervoor een stedenbouwkundig plan volgens de Engelse tuinstadgedachte. Het voorzag in ruime kavels voor vrijstaande huizen, maar ook in lange aaneengesloten rijen woningen met diepe achtertuinen. De rijenbebouwing was waarschijnlijk nodig om grotere grondopbrengsten te genereren bij een terugvallende economie.

De woningbouwvereniging Tuinwijk, met een sociale doelstelling, gaf in 1918 architect Van Loghem opdracht het deelplan Tuinwijk-Zuid te ontwerpen. Het ging hierbij om gesubsidieerde bouw van middenstandswoningen.

De socialistische ideeën van Van Loghem over gemeenschapszin onder de bewoners en de tuin als bindend element speelden een grote rol bij zijn aanpassingen van Springers ontwerp. Van Loghem hield vast aan het gebogen lanenpatroon, maar hij liet de oorspronkelijke tussenlaan weg en verlengde de Zonnelaan, waardoor er ruimte voor gemeenschappelijke binnentuinen ontstond. Het binnengebied werd verder vergroot door de bebouwde randen dicht langs de straten te situeren en de diepte van de met ligusterhagen afgescheiden achtertuinen terug te brengen tot ongeveer 5 m.

De gedeelde voortuinen vormen een overgangszone tussen openbare straat en privéhuis. Door de beide bouwblokken is een route gemaakt die nagenoeg Springers tussenlaan volgt.

De binnentuinen veroorzaakten onmiddellijk financiële problemen: de te hoge erfpacht leidde bijna tot het faillissement van de vereniging. De suggestie om de binnentuinen alsnog te verkavelen voor meer grondopbrengsten, werd uiteindelijk verworpen, omdat dit het aanzien van het project zou schaden. De tuinen werden vanaf het begin als een sterke kwaliteit ervaren.

Zoals je vaker ziet in tuinsteden, wordt het overbouwen van de doorgangen naar het binnengebied ingezet als een architectonisch middel om stedelijkheid uit te drukken. De Tuinlaan is ter plaatse van deze poortwoningen aan beide zijden verruimd. De poortbebouwing is een verdieping lager dan de aangrenzende woningen. Aan weerszijden van de poorten zijn twee hoge schoorstenen geplaatst die vooral vanuit de binnentuinen een markering vormen.

Het wonen is gericht op de binnentuin. Door de keuken en dienstvertrekken aan de straatzijde te leggen, en de woon- en eetkamer aan de achterzijde, wordt de traditionele plattegrond omgekeerd. In verband met de oriëntatie op het zuiden geldt dit niet voor de huizen aan de Spaarnelaan. Dit woningtype heeft een traditionele en-suite indeling met de keuken aan de achterzijde.

Binnen Tuinwijk-Zuid zijn het vooral de achtergevels van de Tuinwijklaan en Zonnelaan die het waardige aanzicht vormen. Hier zijn de gevels met hun grote identieke ramen rustiger en formeler dan de voorgevels, die vooral door de met hout beklede balkons op de uitspringende bergingen en de pergola's van de bovenste bouwlaag een sterke plasticiteit bezitten. Om monotone achtergevels te vermijden, heeft Van Loghem hier net als bij de voorgevels een geleding toegepast, door de eetkamers een meter uit te laten springen.

De houten pergola's aan de voorzijde suggereren, ook door het materiaalgebruik, een soort tuinhuisje op het dak; ze waren bedoeld om te laten begroeien. Als zonnebalkon werden deze ruimtes vanaf het begin al niet veel gebruikt, omdat de meeste bewoners kozen voor het rustige, aantrekkelijke achtergebied.

From the early 20th century onwards, Haarlemmerhout and the more easterly country estate Oosterhout were developed as a residential area. In 1900 landscape architect Leonard A. Springer drew up a master plan modelled on the English garden suburb. It envisioned spacious plots for detached houses, as well as long rows of seried houses with deep back gardens. The seriated development was probably needed to generate bigger land revenues during a downturn in the economy.

Housing Association Tuinwijk, which had a social remit, commissioned architect Van Loghem in 1918 to design section plan Tuinwijk-Zuid. It covered the subsidized construction of medium-sized dwellings.

Van Loghem's socialist ideas about a sense of community spirit among residents and the garden as a cohesive force played a major role in his adaptations of Springer's design. Van Loghem retained the curved pattern of avenues, but left out the original middle avenue and extended Zonnelaan, thus creating space for communal courtyard gardens. The internal space was made even bigger by situating the perimeter walls right beside the streets and by reducing the depth of the back gardens, separated by privet hedges, to approximately 5 m. The shared front gardens form a transitional zone between public street and private home. The two blocks are traversed by a path that closely follows Springer's middle avenue.

The courtyard gardens promptly caused financial problems: the excessive ground rent nearly bankrupted the housing association. The proposal to subdivide the courtyard gardens in a bid to generate more land revenue was rejected in the end, for fear it would damage the project's reputation. From the outset, the gardens were seen as a strong feature.

As is common in garden suburbs, the architectural device of straddling passages to the internal space is used to evoke urbanity. Where it approaches these gatehouses Tuinlaan has been widened on either side, while the gatehouses themselves are one storey lower than the neighbouring houses. On either side of the gates are two tall chimneys that form a clear demarcation, especially when seen from the courtyard gardens.

Life here centres on the courtyard garden. With the kitchen and utility rooms situated street-side and the living and dining room at the rear, the traditional floor plan has been reversed. The same does not apply to the south-facing houses on Spaarnelaan. These dwellings have a traditional en-suite organisation with the kitchen at the back.

The rear walls of Tuinwijklaan and Zonnelaan, especially, lend Tuinwijk-Zuid a certain dignity. With their large identical windows the rear elevations are both more formal and understated than the front façades, which are particularly striking with their wood-clad balconies above the projecting storage spaces and their rooftop pergolas. In a bid to avoid monotonous back façades Van Loghem has articulated them like he did the front façades, by having the dining rooms jut out 1 m.

The wooden pergolas at the front resemble little rooftop bowers, not least because of the material used; they were meant to be covered by greenery. From the outset however, these spaces were rarely used for sunbathing, because the majority of the residents opted for the quiet, pleasant space at the back.

Bronnen / Sources:
J. van de Beek, G. Smienk, 'Ir. J. B. van Loghem b.i. architect', *Plan, Maandblad voor Ontwerp en Omgeving* 12 (1971)
H. Overduin, 'Tuinwijk-Zuid, Een halve eeuw oud en nog nooit zo gewaardeerd', *Wonen -TA/BK* (februari/February 1974)
W. de Wagt, *Van Loghem 1881-1940, Beelding van Levenshouding* (Haarlem: Schuyt & Co, 1995)
R. A. Eggink, *J.B. van Loghem, Architect van een Optimistische Generatie* (Proefschrift TU Delft/ doctoral thesis Delft University of Technology, 1998

Situering ten opzichte van het stadshart
Location in relation to the city centre

Projectie Tuinwijk-Zuid op het plan-Springer
Projection of Tuinwijk-Zuid onto Springer's plan

Begane grond en gevels
Ground floor and façades

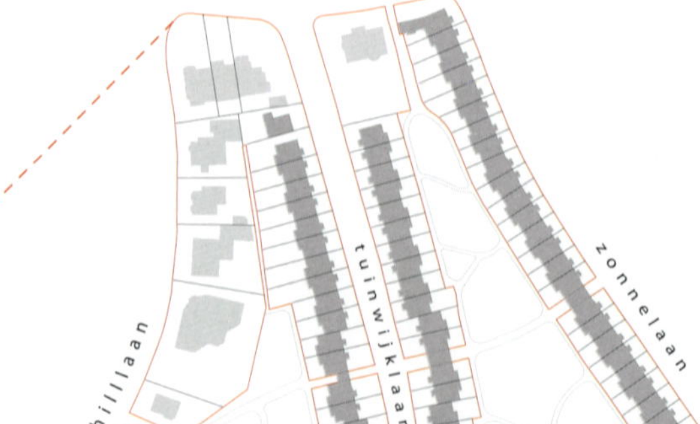

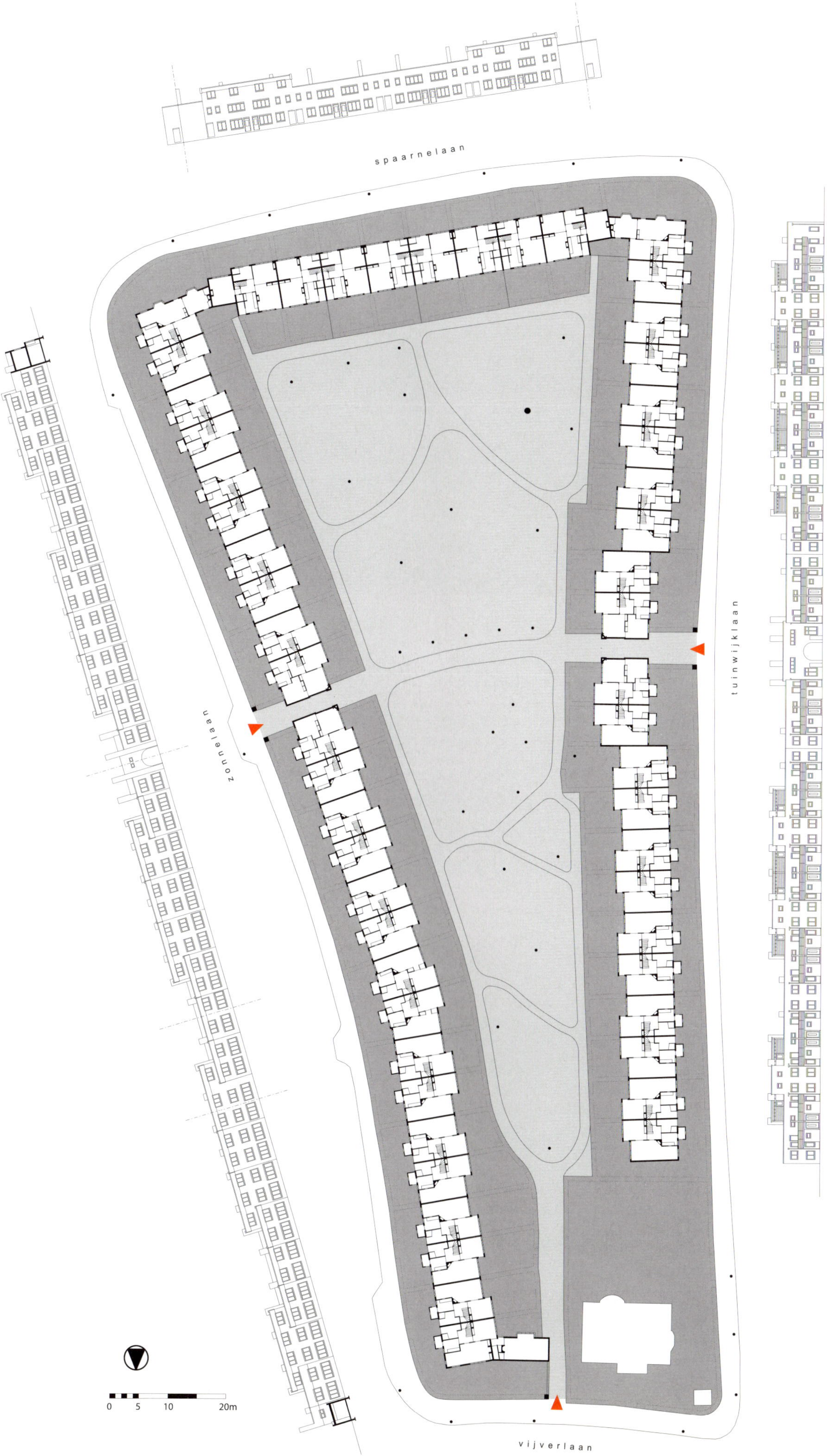
spaarnelaan
zonnelaan
tuinwijklaan
vijverlaan
0 5 10 20m

Gevel aan de Zonnelaan
Façade on Zonnelaan

Achterpad tussen binnentuin en achtertuinen
Back path between courtyard garden and back gardens

Op elkaar aansluitende poorten tussen de beide plandelen
Matching gates between the two sections of the plan

Poort aan de Zonnelaan naar de binnentuin
Gate on Zonnelaan leading to the courtyard garden

Binnentuin
Courtyard garden

Aanzicht achtergevel met tuinen
Aspect of the rear with gardens

Like Bijlsma is opgeleid als geograaf aan de Universiteit Utrecht (1990) en als architect aan de TU Delft (1999). Ze is partner bij Suboffice architecten en geeft regelmatig les aan de TU Delft en verschillende Academies van Bouwkunst. Daarnaast is ze als onderzoeker verbonden aan het Planbureau voor de Leefomgeving, waar zij onder andere meewerkte aan *De Landstad. Landelijk wonen in de netwerkstad* (2005) en *Transformatie van woonwijken met behoud van stedenbouwkundige identiteit* (2008). Ze was lange tijd redacteur van het architectuurtijdschrift OASE en is medeauteur van *De Tussenmaat. Een handboek voor het collectieve woongebouw* (2006).
Like Bijlsma (b. 1966) received her training as an architect at Delft University of Technology (1999) and as a geographer at Utrecht University (1990). She is a partner at Suboffice architecten and teaches regularly at Delft and various academies of architecture. In addition, she works as a researcher affiliated with the Planbureau voor de Leefomgeving, where she contributed to *De Landstad. Landelijk wonen in de netwerkstad* (2005) and *Transformatie van woonwijken met behoud van stedenbouwkundige identiteit* (2008). She was a long-time editor of *OASE* journal for architecture and is co-author of *The Intermediate Size. A Handbook for Collective Dwellings* (2006).

Dick van Gameren is architect en hoogleraar. In 2005 richtte hij het bureau Dick van Gameren architecten op. Van 1993 tot 2005 was hij partner bij de Architectengroep in Amsterdam. Het werk van Van Gameren is veelvuldig gepubliceerd in nationale en internationale tijdschriften. In 2007 won Van Gameren samen met B. Mastenbroek de Aga Kahn Award voor het ontwerp van de Nederlandse ambassade in Ethiopië. Sinds 2005 is Dick van Gameren als hoogleraar Architectuur en Woningbouwontwerp verbonden aan de TU Delft. Publicaties: *Prototype en Experiment* (2000, samen met B. Mastenbroek); *Revisies van de Ruimte* (2005).
Dick van Gameren is an architect and professor. In 2005, he founded Dick van Gameren architecten. From 1993 to 2005, he was a partner of 'de architectengroep' in Amsterdam. Van Gameren's work has been published frequently in national and international magazines. In 2007, Van Gameren and B. Masenbroek won the Aga Kahn for the design of the Dutch Embassy in Ethiopia. Since 2005, Dick van Gameren has been affiliated with Delft University of Technology as a professor of Architecture and Housing Design. Publications: *Prototype > Experiment* (2000, together with B. Mastenbroek); *Revisions of Space* (2005).

Nynke Jutten is architect, opgeleid aan de TU Delft (1998). Na haar studie werkte zij als projectleider bij De Nijl Architecten aan stedelijke vernieuwingsopgaven. Sinds 2005 werkt zij onder eigen naam aan ontwerp- en onderzoeksopgaven op het gebied van architectuur en stedenbouw. Jutten Architectuur hecht grote waarde aan de typologie als verbindende schakel tussen stad en gebouw. Als onderzoeker werkte zij lange tijd aan de TU Delft, onder meer aan de publicatie *De Atlas van het Hollandse Bouwblok* (2002).
Nynke Jutten (b. 1972) is an architect who studied at Delft University of Technology (class of 1998). She went on to work at De Nijl Architecten as a project leader on urban renewal assignments. Since 2005, she has worked under her own name on design and research assignments related to architecture and urban design. Jutten Architectuur has an investigative manner of working and attaches great value to typology as a connecting link between the city and its architecture. As a researcher, she worked for a long time at TU Delft, among other things contributing to the book *Atlas of the Dutch Urban Block* (2002).

Sebastiaan Kaal studeerde in 1996 met eervolle vermelding af aan de faculteit Bouwkunde van de TU Delft. Vanaf 1998 werkte hij voor Dick van Gameren en Bjarne Mastenbroek binnen de Architectengroep in Amsterdam; sinds 2003 is hij werkzaam bij Dick van Gameren architecten. Sinds 2006 is hij tevens als onderzoeker verbonden aan de leerstoel Woningbouw van de faculteit Bouwkunde te Delft. Daarnaast heeft hij als zelfstandig architect tussen 2002 en 2004 met Michael Durgaram enige particuliere woningen gerealiseerd.
Sebastiaan Kaal (b. 1973) graduated with honourable mention in 1996 from the Faculty of Architecture at Delft University of Technology. In 1998, he began working for Dick van Gameren and Bjarne Mastenbroek within 'de Architectengroep' in Amsterdam; since 2003, he works at Dick van Gameren architecten. As of 2006, he also is affiliated as a researcher with the Chair of Dwelling of the Faculty of Architecture in Delft. As an independent architect, he additionally designed and realized several private dwellings between 2002 and 2004 in collaboration with Michael Durgaram.

Olv Klijn studeerde Bouwkunde aan de TU Eindhoven. Hij schreef voor verschillende architectuurbladen, waaronder de Architect, en werkte als junior-architect bij O.M.A in Rotterdam. Hij is sinds 2007 partner en oprichter van FABRIC, bureau voor architectuur en stedenbouw. Klijn is ghostwriter van de in 2007 verschenen monografie over de geschiedenis van architectenbureau VMX, getiteld Agenda.
Olv Klijn studied architecture at Eindhoven University of Technology. He has written articles for various architectural magazines, including *de Architect*, and worked as a junior architect for OMA in Rotterdam. In 2007, he cofounded FABRIC, an architecture and urban design practice. Klijn is the ghostwriter of *Agenda*, a monograph on the history of the architecture firm WMX, published in 2007.

Karin Theunissen studeerde in 1986 af als architect aan de faculteit Bouwkunde van de TU Delft. Na haar afstuderen richtte zij samen met Arjan Hebly het bureau Hebly Theunissen architecten op, dat zich in het bijzonder bezighoudt met het ontwerp van en het onderzoek naar woningbouw, waaronder reconstructieplannen voor naoorlogse wijken. Sinds 1996 heeft zij een aanstelling als universitair docent aan de faculteit Bouwkunde, leerstoel Woningbouw in Delft. Haar promotieonderzoek naar het werk van Robert Venturi en Denise Scott Brown zal in 2009 worden afgerond. Ze heeft artikelen gepubliceerd in diverse tijdschriften en boeken, waaronder de Architect, de Architectural Annual Delft en ARQ.
Karin Theunissen (b. 1954) graduated as an architect from the Faculty of Architecture at Delft University of Technology in1986, after which she partnered with Arjan Hebly to form Hebly Theunissen architecten. The firm is specialized in housing design and research, including reconstruction plans for post-war districts. Since 1996, she has held a position as university instructor in the Chair of Dwelling at the Faculty of Architecture in Delft. Her doctoral research on the work of Robert Venturi and Denise Scott Brown will be completed in 2009. She has published articles in various magazines and books, including *de Architect*, TU Dellt's *Architectural Annual* and *ARQ*.

Willemijn Wilms Floet studeerde in 1988 af als bouwkundig ingenieur aan de TU Delft. Ze is als universitair docent Architectonisch Ontwerpen verbonden aan de faculteit Bouwkunde van de TU Delft. Haar expertise betreft documentatie en analyse van architectonische projecten. Ze werkte mee aan de publicatie *Honderd Jaar Nederlandse Architectuur, 1900-2000* (1999), is coauteur van het *Zakboek voor de woonomgeving* (2001), en samensteller van *Het ontwerp van het kleine woonhuis* (2005). Als zelfstandig architect won ze in 1998 de Henk Overduin Prijs voor de verbouwing van een woonhuis in Den Haag en een strandpaviljoen in IJmuiden. Op dit moment werkt zij aan een promotie met de werktitel 'De hof in de Hollandse stad'.
Willemijn Wilms Floet (b. 1962) graduated as an architect from Delft University of Technology in 1988. She teaches architectural design at the Faculty of Architecture of Delft University of Technology. Her specialization is documentation and analysis of architectural projects. She contributed to the publication *A Hundred Years of Dutch Architecture, 1901-2000* (1999), is co-author of *Zakboek voor de woonomgeving* (2001) and compiler of *Het ontwerp van het kleine woonhuis* (2005). As a free-lance architect, she won the Henk Overduin Award in 1998 for the renovation of a home in The Hague and a seaside pavilion in IJmuiden. Now she is working on a PhD thesis with the working title of 'the courtyard in Dutch cities'.

Onafhankelijk peer-reviewed architectuurtijdschrift, halfjaarlijks uitgegeven door NAi Uitgevers voor de afdeling Architectuur, leerstoel Woningbouw aan de faculteit Bouwkunde van de Technische Universiteit Delft
Independent peer-reviewed Journal for Architecture, published twice a year by NAi Publishers for the Chair of Architecture and Dwelling of Delft University of Technology

TU Delft

DASH, Delft Architectural Studies on Housing
Leerstoel Architectuur en Woningontwerp
(Chair of Architecture and Dwelling)
Julianalaan 132-134
2628 BL Delft
Postbus 5043
2600 GA Delft

Redactie/Editors
Dick van Gameren
Dirk van den Heuvel
Harald Mooij
Pierijn van der Putt
Olv Klijn

Gastredacteur/Guest editor DASH 1
Karin Theunissen

Tekenwerk/Draughting DASH 1

Tekeningen plandocumentatie/
Plan documentation drawings
Sebastiaan Kaal, Hendrik Schikarski, Janine Toussaint
Fotocollages plandocumentatie/
Plan documentation photo collages
Sebastiaan Kaal
Analysetekeningen/Analysis drawings (p. 68, 69)
Karin Theunissen, Janine Toussaint, Sebastiaan Kaal
Analysetekeningen/Analysis drawings (p. 58, 59, 65)
Karin Theunissen, Janine Toussaint
Diagrammen/Diagrams (p. 42, 43, 44, 48, 49)
Nynke Jutten, Like Bijlsma
Analysetekeningen/Analysis drawings (p. 8, 56)
Karin Theunissen
Analysetekeningen/Analysis drawings (p. 18, 20)
Marcel Haasnoot, Jasper Garssen, Slaven Ruzic, Otto Diesfeldt en/and Iskandar Pane

Dank voor het aanleveren van tekeningen en kaartmateriaal/We would like to thank the following firms for contributing drawings and maps:
ANA architecten
De Architecten Cie
bOb van Reeth/AWG
Claus en Kaan architecten
Dick van Gameren architecten
Geurst en Schulze architecten
Historische Vereniging Utrecht
KuiperCompagnons
Meyer en van Schooten architecten
Rapp + Rapp
S333 architecture + urbanism
Ton Schaap en D.R.O Amsterdam
Soeters Van Eldonk architecten
Venhoeven CS
VMX architects

De redactie bedankt de volgende personen voor hun bijdrage aan de totstandkoming van dit nummer/The editors are indebted to the following people for their contribution to the realization of this issue
Ton Schaap, Ton Venhoeven, Sjoerd Soeters, Christine de Ruijter (AWG), Jeroen Geurst, Rens Schulze, Arnold Reijndorp, Ivan Nio, Wouter Hilhorst (Rapp+Rapp), Frans de Rooy (D.R.O.) en /and Arjan Hebly.

In november 2007 werd als onderdeel van het onderzoek naar de 'nieuwe, open ruimte' een rondetafelgesprek gevoerd onder de naam 'het woonblok heropend' met deskundigen uit architectonische en andere disciplines, zoals stedenbouwkundigen en sociologen. De aan dit gesprek ontleende inzichten zijn verwerkt in deze publicatie en leidden onder andere tot de bijdragen van de auteurs
As part of the research on the 'new open space', in November 2007 a round table discussion was held, entitled 'Re-opening the building block'. Experts from various fields participated, including urban designers and sociologists. The insights gained from this discussion have been incorporated in this publication and lead to some of the contributions.
Deelnemers/Participants
Ton Schaap, Ivan Nio, Like Bijlsma, Willemijn Wilms Floet, Dirk van den Heuvel, Birgit Jurgenhake, Stijnie Lohof en/and Arjan Hebly.

Fotografie/Photo credits

p. 10: Schilderij/painting Pieter de Hooch: Archief/archive Rijksmuseum, Amsterdam (permanente bruikleen/on permanent loan from the Amsterdams Historisch Museum)
p. 12: Project Kruisplein: W.Patijn et al., *Prijsvraag Jongerenhuisvesting Kruisplein* (Rotterdam: DROS, 1981); project GWL-terrein: Jan Bitter; collage/collage Straatkamerwoningen: Hebly Theunissen Architecten
p. 22: Collectie/Collection Kennemerland
p. 24: Scagliola Brakkee Rotterdam
p. 27: Walter Ison, The Georgian Buildings of Bath; from 1700 to 1830 (Londen: Faber and Faber, 1948)
p. 28: Vincent Maroteaux, Marly, *l'autre Palais du Soleil* (Genève: Vogèle, 2002)
p. 30 en 34: Uit/from: Felix Claus, Ton Schaap en/and Frits van Dongen (red./ ed.), *IJburg. Haveneiland en Rieteilanden* (Rotterdam: 010 Publishers, 2001), p. 93, 129
p. 36 t/m 53: Tekeningen/drawings: Jutten Architectuur
p. 38: Serie uit / series from: C. van der Hoeven en J. Louwe, *Amsterdam als Stedelijk Bouwwerk. Een morfologische analyse* (Amsterdam: SUN, 2003)
p. 40: Courhuis / courtyard building: M. Eleb en/and A. Debarre, *Architectures de la vie privée* (Bruxelles: Editions Hazan and A.A.M., 1989) p 33; Maison à Loyer: Eleb en/and Debarre, p.99; Gevel/façade: M. Dennis, *Court and Garden. From the French Hôtel to the City of Modern Architecture* (Cambridge – Mass: MIT Press, 1986) p. 183; stadsplattegrond/city plan: J. Castex, J.C. Depaule en/and P. Panerai, *De rationele stad. Van bouwblok tot wooneenheid* [The Rational City. From City Block to the Individual Unit] (Amsterdam: SUN,1984) p. 143; Typologie/typology: Dennis, p. 183
p. 141 Luchtfoto/Arial photo KLM Aero
p. 142: Boven/top: Wim J. van Heuvel, *Structuralism in Dutch Architecture* (Rotterdam: 010 Publishers, 1992), p 132; Onder/bottom: Jaap Hengeveld, *Piet Blom* (Amersfoort: Hengeveld Publicaties, 2008)
p. 149: Foto/photo: J.G. Wattjes en F.A. Warners, *Amsterdams Bouwkunst en Stadsschoon, 1306-1942* (Amsterdam: de Lange, 1943)

Tekstredactie/Copy editing
Gerda ten Cate, D'Laine Camp

Vertaling/Translation
Jane Bemont, Laura Vroomen

Vormgeving/Design
Joseph Plateau, Amsterdam

Papier/Paper
Perigord 150 gr/m², 1.1

Druk/Printing
Die Keure, Brugge/Bruges

Projectleiding/Production
Marcel Witvoet
NAi Uitgevers/Publishers

Uitgever/Publisher
Eelco van Welie,
NAi Uitgevers/Publishers

NAi Uitgevers is een internationaal georiënteerde uitgever, gespecialiseerd in het ontwikkelen, produceren en distribueren van boeken over architectuur, beeldende kunst en verwante disciplines.
www.naipublishers.nl

NAi Publishers is an internationally orientated publisher specialized in developing, producing and distributing books on architecture, visual arts and related disciplines.
www.naipublishers.nl

Available in North, South and Central America through D.A.P./Distributed Art Publishers Inc, 155 Sixth Avenue 2nd Floor, New York, NY 10013-1507, Tel 212 6271999, Fax 212 6279484.

Available in the United Kingdom and Ireland through Art Data, 12 Bell Industrial Estate, 50 Cunnington Street, London W4 5HB, Tel 208 7471061, Fax 208 7422319.

Printed and bound in Belgium

Abonnementenadministratie/
Subscriptions and administration
Abonnementenland
P.O. Box 20
1910 AA Uitgeest
the Netherlands
Tel +31 (0)900 – ABOLAND
(0900-2265263 - € 0,10 p.m)
Fax +31 (0)251 310405
www.aboland.nl

Abonnementen/Subscriptions
DASH verschijnt twee keer per jaar. Recht op reductie hebben: studenten aan universiteiten en academies van bouwkunst, houders van CJP. Abonnementen worden stilzwijgend verlengd. Opzeggingen (uitsluitend schriftelijk) dienen 4 weken voor afloop van de abonnementsperiode in het bezit te zijn van de administratie. Prijswijzigingen voorbehouden.

DASH is published twice times a year. For subscriptions please contact the administration. Subscriptions are renewed automatically. If you wish to cancel, please inform the administration in writing 4 weeks before the end of the subscription period.
Prices are subject to change.

Abonnementen in Nederland en België
particulieren € 49,50
instellingen € 49,50
studenten € 45,00

Abonnementen Europa/
Subscriptions in Europe
particulieren/individuals € 59,50
instellingen/organisations € 59,50
studenten/students € 52,50

Abonnementen buiten Europa/
Subscriptions outside Europe
particulieren/individuals € 59,50
instellingen/organisations € 59,50
studenten/students € 52,50

ISSN 1877-7007
ISBN 978-90-5662-654-9